退役军人工作政策法规汇编与解读

退役军人事务部退役军人培训中心　编

中国出版集团
中国民主法制出版社
全国百佳图书出版单位

图书在版编目（CIP）数据

退役军人工作政策法规汇编与解读 / 退役军人事务部退役军人培训中心编；—北京：中国民主法制出版社，2022.3

ISBN 978-7-5162-2779-4

Ⅰ.①退… Ⅱ.①退… Ⅲ.①退役－军人－就业政策－中国②退役军人保障法－中国 Ⅳ.①E263②D922.5

中国版本图书馆 CIP 数据核字(2022)第 036486 号

图书出品人： 刘海涛
出 版 统 筹： 石　松
责 任 编 辑： 张佳彬　刘险涛

书　　　名/退役军人工作政策法规汇编与解读
编　　　者/退役军人事务部退役军人培训中心

出版 · 发行/ 中国民主法制出版社
地址/ 北京市丰台区右安门外玉林里 7 号（100069）
电话/（010）63055259（总编室）　63058068　63057714（营销中心）
传真/（010）63055259
http：/ / www.npcpub.com
E-mail：mzfz@npcpub.com
开本/ 16 开　710mm×1000mm
印张/ 20　**字数**/ 278 千字
版本/ 2022 年 7 月第 1 版　2023 年 11 月第 4 次印刷
印刷/ 廊坊市佳艺印务有限公司

书号/ ISBN 978-7-5162-2779-4
定价/ 40.00 元

Contents

第一部分　法律

第二部分　部门规章

第三部分　规范性文件

第四部分　政策解读

第一部分　法律

中华人民共和国英雄烈士保护法

（2018年4月27日第十三届全国人民代表大会常务委员会第二次会议通过）

第一条 为了加强对英雄烈士的保护，维护社会公共利益，传承和弘扬英雄烈士精神、爱国主义精神，培育和践行社会主义核心价值观，激发实现中华民族伟大复兴中国梦的强大精神力量，根据宪法，制定本法。

第二条 国家和人民永远尊崇、铭记英雄烈士为国家、人民和民族作出的牺牲和贡献。

近代以来，为了争取民族独立和人民解放，实现国家富强和人民幸福，促进世界和平和人类进步而毕生奋斗、英勇献身的英雄烈士，功勋彪炳史册，精神永垂不朽。

第三条 英雄烈士事迹和精神是中华民族的共同历史记忆和社会主义核心价值观的重要体现。

国家保护英雄烈士，对英雄烈士予以褒扬、纪念，加强对英雄烈士事迹和精神的宣传、教育，维护英雄烈士尊严和合法权益。

全社会都应当崇尚、学习、捍卫英雄烈士。

第四条 各级人民政府应当加强对英雄烈士的保护，将宣传、弘扬英雄烈士事迹和精神作为社会主义精神文明建设的重要内容。

县级以上人民政府负责英雄烈士保护工作的部门和其他有关部门应当依法履行职责，做好英雄烈士保护工作。

军队有关部门按照国务院、中央军事委员会的规定，做好英雄烈士保护工作。

县级以上人民政府应当将英雄烈士保护工作经费列入本级预算。

第五条 每年9月30日为烈士纪念日，国家在首都北京天安门广场人民英雄纪念碑前举行纪念仪式，缅怀英雄烈士。

县级以上地方人民政府、军队有关部门应当在烈士纪念日举行纪念活动。

举行英雄烈士纪念活动，邀请英雄烈士遗属代表参加。

第六条 在清明节和重要纪念日，机关、团体、乡村、社区、学校、企业事业单位和军队有关单位根据实际情况，组织开展英雄烈士纪念活动。

第七条 国家建立并保护英雄烈士纪念设施，纪念、缅怀英雄烈士。

矗立在首都北京天安门广场的人民英雄纪念碑，是近代以来中国人民和中华民族争取民族独立解放、人民自由幸福和国家繁荣富强精神的象征，是国家和人民纪念、缅怀英雄烈士的永久性纪念设施。

人民英雄纪念碑及其名称、碑题、碑文、浮雕、图形、标志等受法律保护。

第八条 县级以上人民政府应当将英雄烈士纪念设施建设和保护纳入国民经济和社会发展规划、城乡规划，加强对英雄烈士纪念设施的保护和管理；对具有重要纪念意义、教育意义的英雄烈士纪念设施依照《中华人民共和国文物保护法》的规定，核定公布为文物保护单位。

中央财政对革命老区、民族地区、边疆地区、贫困地区英雄烈士纪念设施的修缮保护，应当按照国家规定予以补助。

第九条 英雄烈士纪念设施应当免费向社会开放，供公众瞻仰、悼念英雄烈士，开展纪念教育活动，告慰先烈英灵。

前款规定的纪念设施由军队有关单位管理的，按照军队有关规定实行开放。

第十条 英雄烈士纪念设施保护单位应当健全服务和管理工作规范，方便瞻仰、悼念英雄烈士，保持英雄烈士纪念设施庄严、肃穆、清净的环境和氛围。

任何组织和个人不得在英雄烈士纪念设施保护范围内从事有损纪念英雄烈士环境和氛围的活动，不得侵占英雄烈士纪念设施保护范围内的土地和设施，不得破坏、污损英雄烈士纪念设施。

第十一条　安葬英雄烈士时，县级以上人民政府、军队有关部门应当举行庄严、肃穆、文明、节俭的送迎、安葬仪式。

第十二条　国家建立健全英雄烈士祭扫制度和礼仪规范，引导公民庄严有序地开展祭扫活动。

县级以上人民政府有关部门应当为英雄烈士遗属祭扫提供便利。

第十三条　县级以上人民政府有关部门应当引导公民通过瞻仰英雄烈士纪念设施、集体宣誓、网上祭奠等形式，铭记英雄烈士的事迹，传承和弘扬英雄烈士的精神。

第十四条　英雄烈士在国外安葬的，中华人民共和国驻该国外交、领事代表机构应当结合驻在国实际情况组织开展祭扫活动。

国家通过与有关国家的合作，查找、收集英雄烈士遗骸、遗物和史料，加强对位于国外的英雄烈士纪念设施的修缮保护工作。

第十五条　国家鼓励和支持开展对英雄烈士事迹和精神的研究，以辩证唯物主义和历史唯物主义为指导认识和记述历史。

第十六条　各级人民政府、军队有关部门应当加强对英雄烈士遗物、史料的收集、保护和陈列展示工作，组织开展英雄烈士史料的研究、编纂和宣传工作。

国家鼓励和支持革命老区发挥当地资源优势，开展英雄烈士事迹和精神的研究、宣传和教育工作。

第十七条　教育行政部门应当以青少年学生为重点，将英雄烈士事迹和精神的宣传教育纳入国民教育体系。

教育行政部门、各级各类学校应当将英雄烈士事迹和精神纳入教育内容，组织开展纪念教育活动，加强对学生的爱国主义、集体主义、社会主义教育。

第十八条 文化、新闻出版、广播电视、电影、网信等部门应当鼓励和支持以英雄烈士事迹为题材、弘扬英雄烈士精神的优秀文学艺术作品、广播电视节目以及出版物的创作生产和宣传推广。

第十九条 广播电台、电视台、报刊出版单位、互联网信息服务提供者，应当通过播放或者刊登英雄烈士题材作品、发布公益广告、开设专栏等方式，广泛宣传英雄烈士事迹和精神。

第二十条 国家鼓励和支持自然人、法人和非法人组织以捐赠财产、义务宣讲英雄烈士事迹和精神、帮扶英雄烈士遗属等公益活动的方式，参与英雄烈士保护工作。

自然人、法人和非法人组织捐赠财产用于英雄烈士保护的，依法享受税收优惠。

第二十一条 国家实行英雄烈士抚恤优待制度。英雄烈士遗属按照国家规定享受教育、就业、养老、住房、医疗等方面的优待。抚恤优待水平应当与国民经济和社会发展相适应并逐步提高。

国务院有关部门、军队有关部门和地方人民政府应当关心英雄烈士遗属的生活情况，每年定期走访慰问英雄烈士遗属。

第二十二条 禁止歪曲、丑化、亵渎、否定英雄烈士事迹和精神。

英雄烈士的姓名、肖像、名誉、荣誉受法律保护。任何组织和个人不得在公共场所、互联网或者利用广播电视、电影、出版物等，以侮辱、诽谤或者其他方式侵害英雄烈士的姓名、肖像、名誉、荣誉。任何组织和个人不得将英雄烈士的姓名、肖像用于或者变相用于商标、商业广告，损害英雄烈士的名誉、荣誉。

公安、文化、新闻出版、广播电视、电影、网信、市场监督管理、负责英雄烈士保护工作的部门发现前款规定行为的，应当依法及时处理。

第二十三条 网信和电信、公安等有关部门在对网络信息进行依法监督管理工作中，发现发布或者传输以侮辱、诽谤或者其他方式侵害英雄烈士的姓名、肖像、名誉、荣誉的信息的，应当要求网络运营者停止传输，采取消除等处置措施和其他必要措施；对来源于中华人民共和国境外的上述信息，应当通知有关机构采取技术措施和其他必要措施阻断传播。

网络运营者发现其用户发布前款规定的信息的，应当立即停止传输该信息，采取消除等处置措施，防止信息扩散，保存有关记录，并向有关主管部门报告。网络运营者未采取停止传输、消除等处置措施的，依照《中华人民共和国网络安全法》的规定处罚。

第二十四条 任何组织和个人有权对侵害英雄烈士合法权益和其他违反本法规定的行为，向负责英雄烈士保护工作的部门、网信、公安等有关部门举报，接到举报的部门应当依法及时处理。

第二十五条 对侵害英雄烈士的姓名、肖像、名誉、荣誉的行为，英雄烈士的近亲属可以依法向人民法院提起诉讼。

英雄烈士没有近亲属或者近亲属不提起诉讼的，检察机关依法对侵害英雄烈士的姓名、肖像、名誉、荣誉，损害社会公共利益的行为向人民法院提起诉讼。

负责英雄烈士保护工作的部门和其他有关部门在履行职责过程中发现第一款规定的行为，需要检察机关提起诉讼的，应当向检察机关报告。

英雄烈士近亲属依照第一款规定提起诉讼的，法律援助机构应当依法提供法律援助服务。

第二十六条 以侮辱、诽谤或者其他方式侵害英雄烈士的姓名、肖像、名誉、荣誉，损害社会公共利益的，依法承担民事责任；构成违反治安管理行为的，由公安机关依法给予治安管理处罚；构成犯罪的，依法追究刑事责任。

第二十七条 在英雄烈士纪念设施保护范围内从事有损纪念英雄烈

士环境和氛围的活动的，纪念设施保护单位应当及时劝阻；不听劝阻的，由县级以上地方人民政府负责英雄烈士保护工作的部门、文物主管部门按照职责规定给予批评教育，责令改正；构成违反治安管理行为的，由公安机关依法给予治安管理处罚。

亵渎、否定英雄烈士事迹和精神，宣扬、美化侵略战争和侵略行为，寻衅滋事，扰乱公共秩序，构成违反治安管理行为的，由公安机关依法给予治安管理处罚；构成犯罪的，依法追究刑事责任。

第二十八条 侵占、破坏、污损英雄烈士纪念设施的，由县级以上人民政府负责英雄烈士保护工作的部门责令改正；造成损失的，依法承担民事责任；被侵占、破坏、污损的纪念设施属于文物保护单位的，依照《中华人民共和国文物保护法》的规定处罚；构成违反治安管理行为的，由公安机关依法给予治安管理处罚；构成犯罪的，依法追究刑事责任。

第二十九条 县级以上人民政府有关部门及其工作人员在英雄烈士保护工作中滥用职权、玩忽职守、徇私舞弊的，对直接负责的主管人员和其他直接责任人员，依法给予处分；构成犯罪的，依法追究刑事责任。

第三十条 本法自2018年5月1日起施行。

中华人民共和国退役军人保障法

（2020年11月11日第十三届全国人民代表大会常务委员会第二十三次会议通过）

第一章　总　则

第一条　为了加强退役军人保障工作，维护退役军人合法权益，让军人成为全社会尊崇的职业，根据宪法，制定本法。

第二条　本法所称退役军人，是指从中国人民解放军依法退出现役的军官、军士和义务兵等人员。

第三条　退役军人为国防和军队建设做出了重要贡献，是社会主义现代化建设的重要力量。

尊重、关爱退役军人是全社会的共同责任。国家关心、优待退役军人，加强退役军人保障体系建设，保障退役军人依法享有相应的权益。

第四条　退役军人保障工作坚持中国共产党的领导，坚持为经济社会发展服务、为国防和军队建设服务的方针，遵循以人为本、分类保障、服务优先、依法管理的原则。

第五条　退役军人保障应当与经济发展相协调，与社会进步相适应。

退役军人安置工作应当公开、公平、公正。

退役军人的政治、生活等待遇与其服现役期间所做贡献挂钩。

国家建立参战退役军人特别优待机制。

第六条　退役军人应当继续发扬人民军队优良传统，模范遵守宪法和法律法规，保守军事秘密，践行社会主义核心价值观，积极参加社会主义现代化建设。

第七条 国务院退役军人工作主管部门负责全国的退役军人保障工作。县级以上地方人民政府退役军人工作主管部门负责本行政区域的退役军人保障工作。

中央和国家有关机关、中央军事委员会有关部门、地方各级有关机关应当在各自职责范围内做好退役军人保障工作。

军队各级负责退役军人有关工作的部门与县级以上人民政府退役军人工作主管部门应当密切配合，做好退役军人保障工作。

第八条 国家加强退役军人保障工作信息化建设，为退役军人建档立卡，实现有关部门之间信息共享，为提高退役军人保障能力提供支持。

国务院退役军人工作主管部门应当与中央和国家有关机关、中央军事委员会有关部门密切配合，统筹做好信息数据系统的建设、维护、应用和信息安全管理等工作。

第九条 退役军人保障工作所需经费由中央和地方财政共同负担。退役安置、教育培训、抚恤优待资金主要由中央财政负担。

第十条 国家鼓励和引导企业、社会组织、个人等社会力量依法通过捐赠、设立基金、志愿服务等方式为退役军人提供支持和帮助。

第十一条 对在退役军人保障工作中做出突出贡献的单位和个人，按照国家有关规定给予表彰、奖励。

第二章 移交接收

第十二条 国务院退役军人工作主管部门、中央军事委员会政治工作部门、中央和国家有关机关应当制定全国退役军人的年度移交接收计划。

第十三条 退役军人原所在部队应当将退役军人移交安置地人民政府退役军人工作主管部门，安置地人民政府退役军人工作主管部门负责接收退役军人。

退役军人的安置地，按照国家有关规定确定。

第十四条　退役军人应当在规定时间内，持军队出具的退役证明到安置地人民政府退役军人工作主管部门报到。

第十五条　安置地人民政府退役军人工作主管部门在接收退役军人时，向退役军人发放退役军人优待证。

退役军人优待证全国统一制发、统一编号，管理使用办法由国务院退役军人工作主管部门会同有关部门制定。

第十六条　军人所在部队在军人退役时，应当及时将其人事档案移交安置地人民政府退役军人工作主管部门。

安置地人民政府退役军人工作主管部门应当按照国家人事档案管理有关规定，接收、保管并向有关单位移交退役军人人事档案。

第十七条　安置地人民政府公安机关应当按照国家有关规定，及时为退役军人办理户口登记，同级退役军人工作主管部门应当予以协助。

第十八条　退役军人原所在部队应当按照有关法律法规规定，及时将退役军人及随军未就业配偶的养老、医疗等社会保险关系和相应资金，转入安置地社会保险经办机构。

安置地人民政府退役军人工作主管部门应当与社会保险经办机构、军队有关部门密切配合，依法做好有关社会保险关系和相应资金转移接续工作。

第十九条　退役军人移交接收过程中，发生与其服现役有关的问题，由原所在部队负责处理；发生与其安置有关的问题，由安置地人民政府负责处理；发生其他移交接收方面问题的，由安置地人民政府负责处理，原所在部队予以配合。

退役军人原所在部队撤销或者转隶、合并的，由原所在部队的上级单位或者转隶、合并后的单位按照前款规定处理。

第三章　退役安置

第二十条　地方各级人民政府应当按照移交接收计划，做好退役军人安置工作，完成退役军人安置任务。

机关、群团组织、企业事业单位和社会组织应当依法接收安置退役军人，退役军人应当接受安置。

第二十一条 对退役的军官，国家采取退休、转业、逐月领取退役金、复员等方式妥善安置。

以退休方式移交人民政府安置的，由安置地人民政府按照国家保障与社会化服务相结合的方式，做好服务管理工作，保障其待遇。

以转业方式安置的，由安置地人民政府根据其德才条件以及服现役期间的职务、等级、所做贡献、专长等和工作需要安排工作岗位，确定相应的职务职级。

服现役满规定年限，以逐月领取退役金方式安置的，按照国家有关规定逐月领取退役金。

以复员方式安置的，按照国家有关规定领取复员费。

第二十二条 对退役的军士，国家采取逐月领取退役金、自主就业、安排工作、退休、供养等方式妥善安置。

服现役满规定年限，以逐月领取退役金方式安置的，按照国家有关规定逐月领取退役金。

服现役不满规定年限，以自主就业方式安置的，领取一次性退役金。

以安排工作方式安置的，由安置地人民政府根据其服现役期间所做贡献、专长等安排工作岗位。

以退休方式安置的，由安置地人民政府按照国家保障与社会化服务相结合的方式，做好服务管理工作，保障其待遇。

以供养方式安置的，由国家供养终身。

第二十三条 对退役的义务兵，国家采取自主就业、安排工作、供养等方式妥善安置。

以自主就业方式安置的，领取一次性退役金。

以安排工作方式安置的，由安置地人民政府根据其服现役期间所做贡献、专长等安排工作岗位。

以供养方式安置的，由国家供养终身。

第二十四条　退休、转业、逐月领取退役金、复员、自主就业、安排工作、供养等安置方式的适用条件，按照相关法律法规执行。

第二十五条　转业军官、安排工作的军士和义务兵，由机关、群团组织、事业单位和国有企业接收安置。对下列退役军人，优先安置：

（一）参战退役军人；

（二）担任作战部队师、旅、团、营级单位主官的转业军官；

（三）属于烈士子女、功臣模范的退役军人；

（四）长期在艰苦边远地区或者特殊岗位服现役的退役军人。

第二十六条　机关、群团组织、事业单位接收安置转业军官、安排工作的军士和义务兵的，应当按照国家有关规定给予编制保障。

国有企业接收安置转业军官、安排工作的军士和义务兵的，应当按照国家规定与其签订劳动合同，保障相应待遇。

前两款规定的用人单位依法裁减人员时，应当优先留用接收安置的转业和安排工作的退役军人。

第二十七条　以逐月领取退役金方式安置的退役军官和军士，被录用为公务员或者聘用为事业单位工作人员的，自被录用、聘用下月起停发退役金，其待遇按照公务员、事业单位工作人员管理相关法律法规执行。

第二十八条　国家建立伤病残退役军人指令性移交安置、收治休养制度。军队有关部门应当及时将伤病残退役军人移交安置地人民政府安置。安置地人民政府应当妥善解决伤病残退役军人的住房、医疗、康复、护理和生活困难。

第二十九条　各级人民政府加强拥军优属工作，为军人和家属排忧解难。

符合条件的军官和军士退出现役时，其配偶和子女可以按照国家有关规定随调随迁。

随调配偶在机关或者事业单位工作，符合有关法律法规规定的，安置地人民政府负责安排到相应的工作单位；随调配偶在其他单位工作或者无工作单位的，安置地人民政府应当提供就业指导，协助实现就业。

随迁子女需要转学、入学的，安置地人民政府教育行政部门应当予以及时办理。对下列退役军人的随迁子女，优先保障：

（一）参战退役军人；

（二）属于烈士子女、功臣模范的退役军人；

（三）长期在艰苦边远地区或者特殊岗位服现役的退役军人；

（四）其他符合条件的退役军人。

第三十条 军人退役安置的具体办法由国务院、中央军事委员会制定。

第四章 教育培训

第三十一条 退役军人的教育培训应当以提高就业质量为导向，紧密围绕社会需求，为退役军人提供有特色、精细化、针对性强的培训服务。

国家采取措施加强对退役军人的教育培训，帮助退役军人完善知识结构，提高思想政治水平、职业技能水平和综合职业素养，提升就业创业能力。

第三十二条 国家建立学历教育和职业技能培训并行并举的退役军人教育培训体系，建立退役军人教育培训协调机制，统筹规划退役军人教育培训工作。

第三十三条 军人退役前，所在部队在保证完成军事任务的前提下，可以根据部队特点和条件提供职业技能储备培训，组织参加高等教育自学考试和各类高等学校举办的高等学历继续教育，以及知识拓展、技能培训等非学历继续教育。

部队所在地县级以上地方人民政府退役军人工作主管部门应当为现役军人所在部队开展教育培训提供支持和协助。

第三十四条 退役军人在接受学历教育时，按照国家有关规定享受学费和助学金资助等国家教育资助政策。

高等学校根据国家统筹安排，可以通过单列计划、单独招生等方式招考退役军人。

第三十五条 现役军人入伍前已被普通高等学校录取或者是正在普通高等学校就学的学生，服现役期间保留入学资格或者学籍，退役后两年内允许入学或者复学，可以按照国家有关规定转入本校其他专业学习。达到报考研究生条件的，按照国家有关规定享受优惠政策。

第三十六条 国家依托和支持普通高等学校、职业院校（含技工院校）、专业培训机构等教育资源，为退役军人提供职业技能培训。退役军人未达到法定退休年龄需要就业创业的，可以享受职业技能培训补贴等相应扶持政策。

军人退出现役，安置地人民政府应当根据就业需求组织其免费参加职业教育、技能培训，经考试考核合格的，发给相应的学历证书、职业资格证书或者职业技能等级证书并推荐就业。

第三十七条 省级人民政府退役军人工作主管部门会同有关部门加强动态管理，定期对为退役军人提供职业技能培训的普通高等学校、职业院校（含技工院校）、专业培训机构的培训质量进行检查和考核，提高职业技能培训质量和水平。

第五章 就业创业

第三十八条 国家采取政府推动、市场引导、社会支持相结合的方式，鼓励和扶持退役军人就业创业。

第三十九条 各级人民政府应当加强对退役军人就业创业的指导和服务。

县级以上地方人民政府退役军人工作主管部门应当加强对退役军人

就业创业的宣传、组织、协调等工作，会同有关部门采取退役军人专场招聘会等形式，开展就业推荐、职业指导，帮助退役军人就业。

第四十条 服现役期间因战、因公、因病致残被评定残疾等级和退役后补评或者重新评定残疾等级的残疾退役军人，有劳动能力和就业意愿的，优先享受国家规定的残疾人就业优惠政策。

第四十一条 公共人力资源服务机构应当免费为退役军人提供职业介绍、创业指导等服务。

国家鼓励经营性人力资源服务机构和社会组织为退役军人就业创业提供免费或者优惠服务。

退役军人未能及时就业的，在人力资源和社会保障部门办理求职登记后，可以按照规定享受失业保险待遇。

第四十二条 机关、群团组织、事业单位和国有企业在招录或者招聘人员时，对退役军人的年龄和学历条件可以适当放宽，同等条件下优先招录、招聘退役军人。退役的军士和义务兵服现役经历视为基层工作经历。

退役的军士和义务兵入伍前是机关、群团组织、事业单位或者国有企业人员的，退役后可以选择复职复工。

第四十三条 各地应当设置一定数量的基层公务员职位，面向服现役满五年的高校毕业生退役军人招考。

服现役满五年的高校毕业生退役军人可以报考面向服务基层项目人员定向考录的职位，同服务基层项目人员共享公务员定向考录计划。

各地应当注重从优秀退役军人中选聘党的基层组织、社区和村专职工作人员。

军队文职人员岗位、国防教育机构岗位等，应当优先选用符合条件的退役军人。

国家鼓励退役军人参加稳边固边等边疆建设工作。

第四十四条 退役军人服现役年限计算为工龄，退役后与所在单位工作年限累计计算。

第四十五条　县级以上地方人民政府投资建设或者与社会共建的创业孵化基地和创业园区，应当优先为退役军人创业提供服务。有条件的地区可以建立退役军人创业孵化基地和创业园区，为退役军人提供经营场地、投资融资等方面的优惠服务。

第四十六条　退役军人创办小微企业，可以按照国家有关规定申请创业担保贷款，并享受贷款贴息等融资优惠政策。

退役军人从事个体经营，依法享受税收优惠政策。

第四十七条　用人单位招用退役军人符合国家规定的，依法享受税收优惠等政策。

第六章　抚恤优待

第四十八条　各级人民政府应当坚持普惠与优待叠加的原则，在保障退役军人享受普惠性政策和公共服务基础上，结合服现役期间所做贡献和各地实际情况给予优待。

对参战退役军人，应当提高优待标准。

第四十九条　国家逐步消除退役军人抚恤优待制度城乡差异、缩小地区差异，建立统筹平衡的抚恤优待量化标准体系。

第五十条　退役军人依法参加养老、医疗、工伤、失业、生育等社会保险，并享受相应待遇。

退役军人服现役年限与入伍前、退役后参加职工基本养老保险、职工基本医疗保险、失业保险的缴费年限依法合并计算。

第五十一条　退役军人符合安置住房优待条件的，实行市场购买与军地集中统建相结合，由安置地人民政府统筹规划、科学实施。

第五十二条　军队医疗机构、公立医疗机构应当为退役军人就医提供优待服务，并对参战退役军人、残疾退役军人给予优惠。

第五十三条 退役军人凭退役军人优待证等有效证件享受公共交通、文化和旅游等优待，具体办法由省级人民政府制定。

第五十四条 县级以上人民政府加强优抚医院、光荣院建设，充分利用现有医疗和养老服务资源，收治或者集中供养孤老、生活不能自理的退役军人。

各类社会福利机构应当优先接收老年退役军人和残疾退役军人。

第五十五条 国家建立退役军人帮扶援助机制，在养老、医疗、住房等方面，对生活困难的退役军人按照国家有关规定给予帮扶援助。

第五十六条 残疾退役军人依法享受抚恤。

残疾退役军人按照残疾等级享受残疾抚恤金，标准由国务院退役军人工作主管部门会同国务院财政部门综合考虑国家经济社会发展水平、消费物价水平、全国城镇单位就业人员工资水平、国家财力情况等因素确定。残疾抚恤金由县级人民政府退役军人工作主管部门发放。

第七章　褒扬激励

第五十七条 国家建立退役军人荣誉激励机制，对在社会主义现代化建设中做出突出贡献的退役军人予以表彰、奖励。退役军人服现役期间获得表彰、奖励的，退役后按照国家有关规定享受相应待遇。

第五十八条 退役军人安置地人民政府在接收退役军人时，应当举行迎接仪式。迎接仪式由安置地人民政府退役军人工作主管部门负责实施。

第五十九条 地方人民政府应当为退役军人家庭悬挂光荣牌，定期开展走访慰问活动。

第六十条 国家、地方和军队举行重大庆典活动时，应当邀请退役军人代表参加。

被邀请的退役军人参加重大庆典活动时，可以穿着退役时的制式服装，佩戴服现役期间和退役后荣获的勋章、奖章、纪念章等徽章。

第六十一条 国家注重发挥退役军人在爱国主义教育和国防教育活动中的积极作用。机关、群团组织、企业事业单位和社会组织可以邀请退役军人协助开展爱国主义教育和国防教育。县级以上人民政府教育行政部门可以邀请退役军人参加学校国防教育培训，学校可以聘请退役军人参与学生军事训练。

第六十二条 县级以上人民政府退役军人工作主管部门应当加强对退役军人先进事迹的宣传，通过制作公益广告、创作主题文艺作品等方式，弘扬爱国主义精神、革命英雄主义精神和退役军人敬业奉献精神。

第六十三条 县级以上地方人民政府负责地方志工作的机构应当将本行政区域内下列退役军人的名录和事迹，编辑录入地方志：

（一）参战退役军人；

（二）荣获二等功以上奖励的退役军人；

（三）获得省部级或者战区级以上表彰的退役军人；

（四）其他符合条件的退役军人。

第六十四条 国家统筹规划烈士纪念设施建设，通过组织开展英雄烈士祭扫纪念活动等多种形式，弘扬英雄烈士精神。退役军人工作主管部门负责烈士纪念设施的修缮、保护和管理。

国家推进军人公墓建设。符合条件的退役军人去世后，可以安葬在军人公墓。

第八章 服务管理

第六十五条 国家加强退役军人服务机构建设，建立健全退役军人服务体系。县级以上人民政府设立退役军人服务中心，乡镇、街道、农村和城市社区设立退役军人服务站点，提升退役军人服务保障能力。

第六十六条 退役军人服务中心、服务站点等退役军人服务机构应当加强与退役军人联系沟通，做好退役军人就业创业扶持、优抚帮扶、走访慰问、权益维护等服务保障工作。

第六十七条 县级以上人民政府退役军人工作主管部门应当加强退役军人思想政治教育工作，及时掌握退役军人的思想情况和工作生活状况，指导接收安置单位和其他组织做好退役军人的思想政治工作和有关保障工作。

接收安置单位和其他组织应当结合退役军人工作和生活状况，做好退役军人思想政治工作和有关保障工作。

第六十八条 县级以上人民政府退役军人工作主管部门、接收安置单位和其他组织应当加强对退役军人的保密教育和管理。

第六十九条 县级以上人民政府退役军人工作主管部门应当通过广播、电视、报刊、网络等多种渠道宣传与退役军人相关的法律法规和政策制度。

第七十条 县级以上人民政府退役军人工作主管部门应当建立健全退役军人权益保障机制，畅通诉求表达渠道，为退役军人维护其合法权益提供支持和帮助。退役军人的合法权益受到侵害，应当依法解决。公共法律服务有关机构应当依法为退役军人提供法律援助等必要的帮助。

第七十一条 县级以上人民政府退役军人工作主管部门应当依法指导、督促有关部门和单位做好退役安置、教育培训、就业创业、抚恤优待、褒扬激励、拥军优属等工作，监督检查退役军人保障相关法律法规和政策措施落实情况，推进解决退役军人保障工作中存在的问题。

第七十二条 国家实行退役军人保障工作责任制和考核评价制度。县级以上人民政府应当将退役军人保障工作完成情况，纳入对本级人民政府负责退役军人有关工作的部门及其负责人、下级人民政府及其负责人的考核评价内容。

对退役军人保障政策落实不到位、工作推进不力的地区和单位，由省级以上人民政府退役军人工作主管部门会同有关部门约谈该地区人民政府主要负责人或者该单位主要负责人。

第七十三条　退役军人工作主管部门及其工作人员履行职责，应当自觉接受社会监督。

第七十四条　对退役军人保障工作中违反本法行为的检举、控告，有关机关和部门应当依法及时处理，并将处理结果告知检举人、控告人。

第九章　法律责任

第七十五条　退役军人工作主管部门及其工作人员有下列行为之一的，由其上级主管部门责令改正，对直接负责的主管人员和其他直接责任人员依法给予处分：

（一）未按照规定确定退役军人安置待遇的；

（二）在退役军人安置工作中出具虚假文件的；

（三）为不符合条件的人员发放退役军人优待证的；

（四）挪用、截留、私分退役军人保障工作经费的；

（五）违反规定确定抚恤优待对象、标准、数额或者给予退役军人相关待遇的；

（六）在退役军人保障工作中利用职务之便为自己或者他人谋取私利的；

（七）在退役军人保障工作中失职渎职的；

（八）有其他违反法律法规行为的。

第七十六条　其他负责退役军人有关工作的部门及其工作人员违反本法有关规定的，由其上级主管部门责令改正，对直接负责的主管人员和其他直接责任人员依法给予处分。

第七十七条　违反本法规定，拒绝或者无故拖延执行退役军人安置任务的，由安置地人民政府退役军人工作主管部门责令限期改正；逾期不改正的，予以通报批评。对该单位主要负责人和直接责任人员，由有关部门依法给予处分。

第七十八条 退役军人弄虚作假骗取退役相关待遇的，由县级以上地方人民政府退役军人工作主管部门取消相关待遇，追缴非法所得，并由其所在单位或者有关部门依法给予处分。

第七十九条 退役军人违法犯罪的，由省级人民政府退役军人工作主管部门按照国家有关规定中止、降低或者取消其退役相关待遇，报国务院退役军人工作主管部门备案。

退役军人对省级人民政府退役军人工作主管部门作出的中止、降低或者取消其退役相关待遇的决定不服的，可以依法申请行政复议或者提起行政诉讼。

第八十条 违反本法规定，构成违反治安管理行为的，依法给予治安管理处罚；构成犯罪的，依法追究刑事责任。

第十章　附　则

第八十一条 中国人民武装警察部队依法退出现役的警官、警士和义务兵等人员，适用本法。

第八十二条 本法有关军官的规定适用于文职干部。

军队院校学员依法退出现役的，参照本法有关规定执行。

第八十三条 参试退役军人参照本法有关参战退役军人的规定执行。

参战退役军人、参试退役军人的范围和认定标准、认定程序，由中央军事委员会有关部门会同国务院退役军人工作主管部门等部门规定。

第八十四条 军官离职休养和军级以上职务军官退休后，按照国务院和中央军事委员会的有关规定安置管理。

本法施行前已经按照自主择业方式安置的退役军人的待遇保障，按照国务院和中央军事委员会的有关规定执行。

第八十五条 本法自 2021 年 1 月 1 日起施行。

中华人民共和国兵役法

（1984年5月31日第六届全国人民代表大会第二次会议通过　根据1998年12月29日第九届全国人民代表大会常务委员会第六次会议《关于修改〈中华人民共和国兵役法〉的决定》第一次修正　根据2009年8月27日第十一届全国人民代表大会常务委员会第十次会议《关于修改部分法律的决定》第二次修正　根据2011年10月29日第十一届全国人民代表大会常务委员会第二十三次会议《关于修改〈中华人民共和国兵役法〉的决定》第三次修正　2021年8月20日第十三届全国人民代表大会常务委员会第三十次会议修订）

第一章　总　则

第一条　为了规范和加强国家兵役工作，保证公民依法服兵役，保障军队兵员补充和储备，建设巩固国防和强大军队，根据宪法，制定本法。

第二条　保卫祖国、抵抗侵略是中华人民共和国每一个公民的神圣职责。

第三条　中华人民共和国实行以志愿兵役为主体的志愿兵役与义务兵役相结合的兵役制度。

第四条　兵役工作坚持中国共产党的领导，贯彻习近平强军思想，贯彻新时代军事战略方针，坚持与国家经济社会发展相协调，坚持与国防和军队建设相适应，遵循服从国防需要、聚焦备战打仗、彰显服役光荣、体现权利和义务一致的原则。

第五条 中华人民共和国公民，不分民族、种族、职业、家庭出身、宗教信仰和教育程度，都有义务依照本法的规定服兵役。

有严重生理缺陷或者严重残疾不适合服兵役的公民，免服兵役。

依照法律被剥夺政治权利的公民，不得服兵役。

第六条 兵役分为现役和预备役。在中国人民解放军服现役的称军人；预编到现役部队或者编入预备役部队服预备役的，称预备役人员。

第七条 军人和预备役人员，必须遵守宪法和法律，履行公民的义务，同时享有公民的权利；由于服兵役而产生的权利和义务，由本法和其他相关法律法规规定。

第八条 军人必须遵守军队的条令和条例，忠于职守，随时为保卫祖国而战斗。

预备役人员必须按照规定参加军事训练、担负战备勤务、执行非战争军事行动任务，随时准备应召参战，保卫祖国。

军人和预备役人员入役时应当依法进行服役宣誓。

第九条 全国的兵役工作，在国务院、中央军事委员会领导下，由国防部负责。

省军区（卫戍区、警备区）、军分区（警备区）和县、自治县、不设区的市、市辖区的人民武装部，兼各该级人民政府的兵役机关，在上级军事机关和同级人民政府领导下，负责办理本行政区域的兵役工作。

机关、团体、企业事业组织和乡、民族乡、镇的人民政府，依照本法的规定完成兵役工作任务。兵役工作业务，在设有人民武装部的单位，由人民武装部办理；不设人民武装部的单位，确定一个部门办理。普通高等学校应当有负责兵役工作的机构。

第十条 县级以上地方人民政府兵役机关应当会同相关部门，加强对本行政区域内兵役工作的组织协调和监督检查。

县级以上地方人民政府和同级军事机关应当将兵役工作情况作为拥

军优属、拥政爱民评比和有关单位及其负责人考核评价的内容。

第十一条　国家加强兵役工作信息化建设，采取有效措施实现有关部门之间信息共享，推进兵役信息收集、处理、传输、存储等技术的现代化，为提高兵役工作质量效益提供支持。

兵役工作有关部门及其工作人员应当对收集的个人信息严格保密，不得泄露或者向他人非法提供。

第十二条　国家采取措施，加强兵役宣传教育，增强公民依法服兵役意识，营造服役光荣的良好社会氛围。

第十三条　军人和预备役人员建立功勋的，按照国家和军队关于功勋荣誉表彰的规定予以褒奖。

组织和个人在兵役工作中作出突出贡献的，按照国家和军队有关规定予以表彰和奖励。

第二章　兵役登记

第十四条　国家实行兵役登记制度。兵役登记包括初次兵役登记和预备役登记。

第十五条　每年十二月三十一日以前年满十八周岁的男性公民，都应当按照兵役机关的安排在当年进行初次兵役登记。

机关、团体、企业事业组织和乡、民族乡、镇的人民政府，应当根据县、自治县、不设区的市、市辖区人民政府兵役机关的安排，负责组织本单位和本行政区域的适龄男性公民进行初次兵役登记。

初次兵役登记可以采取网络登记的方式进行，也可以到兵役登记站（点）现场登记。进行兵役登记，应当如实填写个人信息。

第十六条　经过初次兵役登记的未服现役的公民，符合预备役条件的，县、自治县、不设区的市、市辖区人民政府兵役机关可以根据需要，对其进行预备役登记。

第十七条 退出现役的士兵自退出现役之日起四十日内，退出现役的军官自确定安置地之日起三十日内，到安置地县、自治县、不设区的市、市辖区人民政府兵役机关进行兵役登记信息变更；其中，符合预备役条件，经部队确定需要办理预备役登记的，还应当办理预备役登记。

第十八条 县级以上地方人民政府兵役机关负责本行政区域兵役登记工作。

县、自治县、不设区的市、市辖区人民政府兵役机关每年组织兵役登记信息核验，会同有关部门对公民兵役登记情况进行查验，确保兵役登记及时，信息准确完整。

第三章 平时征集

第十九条 全国每年征集服现役的士兵的人数、次数、时间和要求，由国务院和中央军事委员会的命令规定。

县级以上地方各级人民政府组织兵役机关和有关部门组成征集工作机构，负责组织实施征集工作。

第二十条 年满十八周岁的男性公民，应当被征集服现役；当年未被征集的，在二十二周岁以前仍可以被征集服现役。普通高等学校毕业生的征集年龄可以放宽至二十四周岁，研究生的征集年龄可以放宽至二十六周岁。

根据军队需要，可以按照前款规定征集女性公民服现役。

根据军队需要和本人自愿，可以征集年满十七周岁未满十八周岁的公民服现役。

第二十一条 经初次兵役登记并初步审查符合征集条件的公民，称应征公民。

在征集期间，应征公民应当按照县、自治县、不设区的市、市辖区征集工作机构的通知，按时参加体格检查等征集活动。

应征公民符合服现役条件，并经县、自治县、不设区的市、市辖区征集工作机构批准的，被征集服现役。

第二十二条　在征集期间，应征公民被征集服现役，同时被机关、团体、企业事业组织招录或者聘用的，应当优先履行服兵役义务；有关机关、团体、企业事业组织应当服从国防和军队建设的需要，支持兵员征集工作。

第二十三条　应征公民是维持家庭生活唯一劳动力的，可以缓征。

第二十四条　应征公民因涉嫌犯罪正在被依法监察调查、侦查、起诉、审判或者被判处徒刑、拘役、管制正在服刑的，不征集。

第四章　士兵的现役和预备役

第二十五条　现役士兵包括义务兵役制士兵和志愿兵役制士兵，义务兵役制士兵称义务兵，志愿兵役制士兵称军士。

第二十六条　义务兵服现役的期限为二年。

第二十七条　义务兵服现役期满，根据军队需要和本人自愿，经批准可以选改为军士；服现役期间表现特别优秀的，经批准可以提前选改为军士。根据军队需要，可以直接从非军事部门具有专业技能的公民中招收军士。

军士实行分级服现役制度。军士服现役的期限一般不超过三十年，年龄不超过五十五周岁。

军士分级服现役的办法和直接从非军事部门招收军士的办法，按照国家和军队有关规定执行。

第二十八条　士兵服现役期满，应当退出现役。

士兵因国家建设或者军队编制调整需要退出现役的，经军队医院诊断证明本人健康状况不适合继续服现役的，或者因其他特殊原因需要退出现役的，经批准可以提前退出现役。

第二十九条　士兵服现役的时间自征集工作机构批准入伍之日起算。

士兵退出现役的时间为部队下达退出现役命令之日。

第三十条 依照本法第十七条规定经过预备役登记的退出现役的士兵，由部队会同兵役机关根据军队需要，遴选确定服士兵预备役；经过考核，适合担任预备役军官职务的，服军官预备役。

第三十一条 依照本法第十六条规定经过预备役登记的公民，符合士兵预备役条件的，由部队会同兵役机关根据军队需要，遴选确定服士兵预备役。

第三十二条 预备役士兵服预备役的最高年龄，依照其他有关法律规定执行。

预备役士兵达到服预备役最高年龄的，退出预备役。

第五章 军官的现役和预备役

第三十三条 现役军官从下列人员中选拔、招收：

（一）军队院校毕业学员；

（二）普通高等学校应届毕业生；

（三）表现优秀的现役士兵；

（四）军队需要的专业技术人员和其他人员。

战时根据需要，可以从现役士兵、军队院校学员、征召的预备役军官和其他人员中直接任命军官。

第三十四条 预备役军官包括下列人员：

（一）确定服军官预备役的退出现役的军官；

（二）确定服军官预备役的退出现役的士兵；

（三）确定服军官预备役的专业技术人员和其他人员。

第三十五条 军官服现役和服预备役的最高年龄，依照其他有关法律规定执行。

第三十六条 现役军官按照规定服现役已满最高年龄或者衔级最高

年限的，退出现役；需要延长服现役或者暂缓退出现役的，依照有关法律规定执行。

现役军官按照规定服现役未满最高年龄或者衔级最高年限，因特殊情况需要退出现役的，经批准可以退出现役。

第三十七条 依照本法第十七条规定经过预备役登记的退出现役的军官、依照本法第十六条规定经过预备役登记的公民，符合军官预备役条件的，由部队会同兵役机关根据军队需要，遴选确定服军官预备役。

预备役军官按照规定服预备役已满最高年龄的，退出预备役。

第六章 军队院校从青年学生中招收的学员

第三十八条 根据军队建设的需要，军队院校可以从青年学生中招收学员。招收学员的年龄，不受征集服现役年龄的限制。

第三十九条 学员完成学业达到军队培养目标的，由院校发给毕业证书；按照规定任命为现役军官或者军士。

第四十条 学员未达到军队培养目标或者不符合军队培养要求的，由院校按照国家和军队有关规定发给相应证书，并采取多种方式分流；其中，回入学前户口所在地的学员，就读期间其父母已办理户口迁移手续的，可以回父母现户口所在地，由县、自治县、不设区的市、市辖区的人民政府按照国家有关规定接收安置。

第四十一条 学员被开除学籍的，回入学前户口所在地；就读期间其父母已办理户口迁移手续的，可以回父母现户口所在地，由县、自治县、不设区的市、市辖区的人民政府按照国家有关规定办理。

第四十二条 军队院校从现役士兵中招收的学员，适用本法第三十九条、第四十条、第四十一条的规定。

第七章 战时兵员动员

第四十三条 为了应对国家主权、统一、领土完整、安全和发展利益遭受的威胁，抵抗侵略，各级人民政府、各级军事机关，在平时必须做好战时兵员动员的准备工作。

第四十四条 在国家发布动员令或者国务院、中央军事委员会依照《中华人民共和国国防动员法》采取必要的国防动员措施后，各级人民政府、各级军事机关必须依法迅速实施动员，军人停止退出现役，休假、探亲的军人立即归队，预备役人员随时准备应召服现役，经过预备役登记的公民做好服预备役被征召的准备。

第四十五条 战时根据需要，国务院和中央军事委员会可以决定适当放宽征召男性公民服现役的年龄上限，可以决定延长公民服现役的期限。

第四十六条 战争结束后，需要复员的军人，根据国务院和中央军事委员会的复员命令，分期分批地退出现役，由各级人民政府妥善安置。

第八章 服役待遇和抚恤优待

第四十七条 国家保障军人享有符合军事职业特点、与其履行职责相适应的工资、津贴、住房、医疗、保险、休假、疗养等待遇。军人的待遇应当与国民经济发展相协调，与社会进步相适应。

女军人的合法权益受法律保护。军队应当根据女军人的特点，合理安排女军人的工作任务和休息休假，在生育、健康等方面为女军人提供特别保护。

第四十八条 预备役人员参战、参加军事训练、担负战备勤务、执行非战争军事行动任务，享受国家规定的伙食、交通等补助。预备役人员是机关、团体、企业事业组织工作人员的，参战、参加军事训练、担负战备勤务、执行非战争军事行动任务期间，所在单位应当保持其原有的工资、奖金和福利待遇。预备役人员的其他待遇保障依照有关法律法规和国家有关规定执行。

第四十九条 军人按照国家有关规定，在医疗、金融、交通、参观游览、法律服务、文化体育设施服务、邮政服务等方面享受优待政策。公民入伍时保留户籍。

军人因战、因公、因病致残的，按照国家规定评定残疾等级，发给残疾军人证，享受国家规定的待遇、优待和残疾抚恤金。因工作需要继续服现役的残疾军人，由所在部队按照规定发给残疾抚恤金。

军人牺牲、病故，国家按照规定发给其遗属抚恤金。

第五十条 国家建立义务兵家庭优待金制度。义务兵家庭优待金标准由地方人民政府制定，中央财政给予定额补助。具体补助办法由国务院退役军人工作主管部门、财政部门会同中央军事委员会机关有关部门制定。

义务兵和军士入伍前是机关、团体、事业单位或者国有企业工作人员的，退出现役后可以选择复职复工。

义务兵和军士入伍前依法取得的农村土地承包经营权，服现役期间应当保留。

第五十一条 现役军官和军士的子女教育，家属的随军、就业创业以及工作调动，享受国家和社会的优待。

符合条件的军人家属，其住房、医疗、养老按照有关规定享受优待。

军人配偶随军未就业期间，按照国家有关规定享受相应的保障待遇。

第五十二条 预备役人员因参战、参加军事训练、担负战备勤务、执行非战争军事行动任务致残、牺牲的，由当地人民政府依照有关规定给予抚恤优待。

第九章 退役军人的安置

第五十三条 对退出现役的义务兵，国家采取自主就业、安排工作、供养等方式妥善安置。

义务兵退出现役自主就业的，按照国家规定发给一次性退役金，由安置地的县级以上地方人民政府接收，根据当地的实际情况，可以发给经济补助。国家根据经济社会发展，适时调整退役金的标准。

服现役期间平时获得二等功以上荣誉或者战时获得三等功以上荣誉以及属于烈士子女的义务兵退出现役，由安置地的县级以上地方人民政府安排工作；待安排工作期间由当地人民政府按照国家有关规定发给生活补助费；根据本人自愿，也可以选择自主就业。

因战、因公、因病致残的义务兵退出现役，按照国家规定的评定残疾等级采取安排工作、供养等方式予以妥善安置；符合安排工作条件的，根据本人自愿，也可以选择自主就业。

第五十四条 对退出现役的军士，国家采取逐月领取退役金、自主就业、安排工作、退休、供养等方式妥善安置。

军士退出现役，服现役满规定年限的，采取逐月领取退役金方式予以妥善安置。

军士退出现役，服现役满十二年或者符合国家规定的其他条件的，由安置地的县级以上地方人民政府安排工作；待安排工作期间由当地人民政府按照国家有关规定发给生活补助费；根据本人自愿，也可以选择自主就业。

军士服现役满三十年或者年满五十五周岁或者符合国家规定的其他条件的，作退休安置。

因战、因公、因病致残的军士退出现役，按照国家规定的评定残疾等级采取安排工作、退休、供养等方式予以妥善安置；符合安排工作条件的，根据本人自愿，也可以选择自主就业。

军士退出现役，不符合本条第二款至第五款规定条件的，依照本法第五十三条规定的自主就业方式予以妥善安置。

第五十五条 对退出现役的军官，国家采取退休、转业、逐月领取退役金、复员等方式妥善安置；其安置方式的适用条件，依照有关法律法规的规定执行。

第五十六条 残疾军人、患慢性病的军人退出现役后，由安置地的县级以上地方人民政府按照国务院、中央军事委员会的有关规定负责接收安置；其中，患过慢性病旧病复发需要治疗的，由当地医疗机构负责给予治疗，所需医疗和生活费用，本人经济困难的，按照国家规定给予补助。

第十章 法律责任

第五十七条 有服兵役义务的公民有下列行为之一的，由县级人民政府责令限期改正；逾期不改正的，由县级人民政府强制其履行兵役义务，并处以罚款：

（一）拒绝、逃避兵役登记的；

（二）应征公民拒绝、逃避征集服现役的；

（三）预备役人员拒绝、逃避参加军事训练、担负战备勤务、执行非战争军事行动任务和征召的。

有前款第二项行为，拒不改正的，不得录用为公务员或者参照《中华人民共和国公务员法》管理的工作人员，不得招录、聘用为国有企业和事业单位工作人员，两年内不准出境或者升学复学，纳入履行国防义务严重失信主体名单实施联合惩戒。

第五十八条 军人以逃避服兵役为目的，拒绝履行职责或者逃离部队的，按照中央军事委员会的规定给予处分。

军人有前款行为被军队除名、开除军籍或者被依法追究刑事责任的，依照本法第五十七条第二款的规定处罚；其中，被军队除名的，并处以罚款。

明知是逃离部队的军人而招录、聘用的，由县级人民政府责令改正，并处以罚款。

第五十九条 机关、团体、企业事业组织拒绝完成本法规定的兵役工作任务的，阻挠公民履行兵役义务的，或者有其他妨害兵役工作行为的，由县级以上地方人民政府责令改正，并可以处以罚款；对单位负有责任的领导人员、直接负责的主管人员和其他直接责任人员，依法予以处罚。

第六十条 扰乱兵役工作秩序，或者阻碍兵役工作人员依法执行职务的，依照《中华人民共和国治安管理处罚法》的规定处罚。

第六十一条 国家工作人员和军人在兵役工作中，有下列行为之一的，依法给予处分：

（一）贪污贿赂的；

（二）滥用职权或者玩忽职守的；

（三）徇私舞弊，接送不合格兵员的；

（四）泄露或者向他人非法提供兵役个人信息的。

第六十二条 违反本法规定，构成犯罪的，依法追究刑事责任。

第六十三条 本法第五十七条、第五十八条、第五十九条规定的处罚，由县级以上地方人民政府兵役机关会同有关部门查明事实，经同级地方人民政府作出处罚决定后，由县级以上地方人民政府兵役机关、发展改革、公安、退役军人工作、卫生健康、教育、人力资源和社会保障等部门按照职责分工具体执行。

第十一章 附 则

第六十四条 本法适用于中国人民武装警察部队。

第六十五条 本法自2021年10月1日起施行。

第二部分　部门规章

伤残抚恤管理办法

（2007年7月31日民政部令第34号公布　根据2013年7月5日《民政部关于修改〈伤残抚恤管理办法〉的决定》修订　2019年12月16日退役军人事务部令第1号修订）

第一章　总　则

第一条　为了规范和加强退役军人事务部门管理的伤残抚恤工作，根据《军人抚恤优待条例》等法规，制定本办法。

第二条　本办法适用于符合下列情况的中国公民：

（一）在服役期间因战因公致残退出现役的军人，在服役期间因病评定了残疾等级退出现役的残疾军人；

（二）因战因公负伤时为行政编制的人民警察；

（三）因参战、参加军事演习、军事训练和执行军事勤务致残的预备役人员、民兵、民工以及其他人员；

（四）为维护社会治安同违法犯罪分子进行斗争致残的人员；

（五）为抢救和保护国家财产、人民生命财产致残的人员；

（六）法律、行政法规规定应当由退役军人事务部门负责伤残抚恤的其他人员。

前款所列第（三）、第（四）、第（五）项人员根据《工伤保险条例》应当认定视同工伤的，不再办理因战、因公伤残抚恤。

第三条　本办法第二条所列人员符合《军人抚恤优待条例》及有关政策中因战因公致残规定的，可以认定因战因公致残；个人对导致伤残的事件和行为负有过错责任的，以及其他不符合因战因公致残情形的，不得认定为因战因公致残。

第四条 伤残抚恤工作应当遵循公开、公平、公正的原则。县级人民政府退役军人事务部门应当公布有关评残程序和抚恤金标准。

第二章 残疾等级评定

第五条 评定残疾等级包括新办评定残疾等级、补办评定残疾等级、调整残疾等级。

新办评定残疾等级是指对本办法第二条第一款第（一）项以外的人员认定因战因公残疾性质，评定残疾等级。补办评定残疾等级是指对现役军人因战因公致残未能及时评定残疾等级，在退出现役后依据《军人抚恤优待条例》的规定，认定因战因公残疾性质、评定残疾等级。调整残疾等级是指对已经评定残疾等级，因原致残部位残疾情况变化与原评定的残疾等级明显不符的人员调整残疾等级级别，对达不到最低评残标准的可以取消其残疾等级。

属于新办评定残疾等级的，申请人应当在因战因公负伤或者被诊断、鉴定为职业病 3 年内提出申请；属于调整残疾等级的，应当在上一次评定残疾等级 1 年后提出申请。

第六条 申请人（精神病患者由其利害关系人帮助申请，下同）申请评定残疾等级，应当向所在单位提出书面申请。申请人所在单位应及时审查评定残疾等级申请，出具书面意见并加盖单位公章，连同相关材料一并报送户籍地县级人民政府退役军人事务部门审查。

没有工作单位的或者以原致残部位申请评定残疾等级的，可以直接向户籍地县级人民政府退役军人事务部门提出申请。

第七条 申请人申请评定残疾等级，应当提供以下真实确切材料：书面申请，身份证或者居民户口簿复印件，退役军人证（退役军人登记表）、人民警察证等证件复印件，本人近期二寸免冠彩色照片。

申请新办评定残疾等级，应当提交致残经过证明和医疗诊断证明。致残经过证明应包括相关职能部门提供的执行公务证明，交通事故责任认定书、调解协议书、民事判决书、医疗事故鉴定书等证明材料；抢救和保护国家财产、人民生命财产致残或者为维护社会治安同犯罪分子斗争致残证明；统一组织参战、参加军事演习、军事训练和执行军事勤务的证明材料。医疗诊断证明应包括加盖出具单位相关印章的门诊病历原件、住院病历复印件及相关检查报告。

申请补办评定残疾等级，应当提交因战因公致残档案记载或者原始医疗证明。档案记载是指本人档案中所在部队作出的涉及本人负伤原始情况、治疗情况及善后处理情况等确切书面记载。职业病致残需提供有直接从事该职业病相关工作经历的记载。医疗事故致残需提供军队后勤卫生机关出具的医疗事故鉴定结论。原始医疗证明是指原所在部队体系医院出具的能说明致残原因、残疾情况的病情诊断书、出院小结或者门诊病历原件、加盖出具单位相关印章的住院病历复印件。

申请调整残疾等级，应当提交近6个月内在二级甲等以上医院的就诊病历及医院检查报告、诊断结论等。

第八条　县级人民政府退役军人事务部门对报送的有关材料进行核对，对材料不全或者材料不符合法定形式的应当告知申请人补充材料。

县级人民政府退役军人事务部门经审查认为申请人符合因战因公负伤条件的，在报经设区的市级人民政府以上退役军人事务部门审核同意后，应当填写《残疾等级评定审批表》，并在受理之日起20个工作日内，签发《受理通知书》，通知本人到设区的市级人民政府以上退役军人事务部门指定的医疗卫生机构，对属于因战因公导致的残疾情况进行鉴定，由医疗卫生专家小组根据《军人残疾等级评定标准》，出具残疾等级医学鉴定意见。职业病的残疾情况鉴定由省级人民政府退役军人事务部门指定的承担职业病诊断的医疗卫生机构作出；精神病的残疾情况鉴定由省级人民政府退役军人事务部门指定的二级以上精神病专科医院作出。

县级人民政府退役军人事务部门依据医疗卫生专家小组出具的残疾等级医学鉴定意见对申请人拟定残疾等级，在《残疾等级评定审批表》上签署意见，加盖印章，连同其他申请材料，于收到医疗卫生专家小组签署意见之日起 20 个工作日内，一并报送设区的市级人民政府退役军人事务部门。

县级人民政府退役军人事务部门对本办法第二条第一款第（一）项人员，经审查认为不符合因战因公负伤条件的，或者经医疗卫生专家小组鉴定达不到补评或者调整残疾等级标准的，应当根据《军人抚恤优待条例》相关规定逐级上报省级人民政府退役军人事务部门。对本办法第二条第一款第（一）项以外的人员，经审查认为不符合因战因公负伤条件的，或者经医疗卫生专家小组鉴定达不到新评或者调整残疾等级标准的，应当填写《残疾等级评定结果告知书》，连同申请人提供的材料，退还申请人或者所在单位。

第九条 设区的市级人民政府退役军人事务部门对报送的材料审查后，在《残疾等级评定审批表》上签署意见，并加盖印章。

对符合条件的，于收到材料之日起 20 个工作日内，将上述材料报送省级人民政府退役军人事务部门。对不符合条件的，属于本办法第二条第一款第（一）项人员，根据《军人抚恤优待条例》相关规定上报省级人民政府退役军人事务部门；属于本办法第二条第一款第（一）项以外的人员，填写《残疾等级评定结果告知书》，连同申请人提供的材料，逐级退还申请人或者其所在单位。

第十条 省级人民政府退役军人事务部门对报送的材料初审后，认为符合条件的，逐级通知县级人民政府退役军人事务部门对申请人的评残情况进行公示。公示内容应当包括致残的时间、地点、原因、残疾情况（涉及隐私或者不宜公开的不公示）、拟定的残疾等级以及县级退役军人事务部门联系方式。公示应当在申请人工作单位所在地或者居住地进行，时间不少于 7 个工作日。县级人民政府退役军人事务部门应当对公示中反馈的意见进行核实并签署意见，逐级上报省级人民政府退役军人事务部门，对调整等级的应当将本人持有的伤残人员证一并上报。

省级人民政府退役军人事务部门应当对公示的意见进行审核，在《残疾等级评定审批表》上签署审批意见，加盖印章。对符合条件的，办理伤残人员证（调整等级的，在证件变更栏处填写新等级），于公示结束之日起 60 个工作日内逐级发给申请人或者其所在单位。对不符合条件的，填写《残疾等级评定结果告知书》，连同申请人提供的材料，于收到材料之日或者公示结束之日起 60 个工作日内逐级退还申请人或者其所在单位。

第十一条　申请人或者退役军人事务部门对医疗卫生专家小组作出的残疾等级医学鉴定意见有异议的，可以到省级人民政府退役军人事务部门指定的医疗卫生机构重新进行鉴定。

省级人民政府退役军人事务部门可以成立医疗卫生专家小组，对残疾情况与应当评定的残疾等级提出评定意见。

第十二条　伤残人员以军人、人民警察或者其他人员不同身份多次致残的，退役军人事务部门按上述顺序只发给一种证件，并在伤残证件变更栏上注明再次致残的时间和性质，以及合并评残后的等级和性质。

致残部位不能合并评残的，可以先对各部位分别评残。等级不同的，以重者定级；两项（含）以上等级相同的，只能晋升一级。

多次致残的伤残性质不同的，以等级重者定性。等级相同的，按因战、因公、因病的顺序定性。

第三章　伤残证件和档案管理

第十三条　伤残证件的发放种类：

（一）退役军人在服役期间因战因公因病致残的，发给《中华人民共和国残疾军人证》；

（二）人民警察因战因公致残的，发给《中华人民共和国伤残人民警察证》；

（三）退出国家综合性消防救援队伍的人员在职期间因战因公因病致残的，发给《中华人民共和国残疾消防救援人员证》；

（四）因参战、参加军事演习、军事训练和执行军事勤务致残的预备役人员、民兵、民工以及其他人员，发给《中华人民共和国伤残预备役人员、伤残民兵民工证》；

（五）其他人员因公致残的，发给《中华人民共和国因公伤残人员证》。

第十四条 伤残证件由国务院退役军人事务部门统一制作。证件的有效期：15 周岁以下为 5 年，16—25 周岁为 10 年，26—45 周岁为 20 年，46 周岁以上为长期。

第十五条 伤残证件有效期满或者损毁、遗失的，证件持有人应当到县级人民政府退役军人事务部门申请换发证件或者补发证件。伤残证件遗失的须本人登报声明作废。

县级人民政府退役军人事务部门经审查认为符合条件的，填写《伤残人员换证补证审批表》，连同照片逐级上报省级人民政府退役军人事务部门。省级人民政府退役军人事务部门将新办理的伤残证件逐级通过县级人民政府退役军人事务部门发给申请人。各级退役军人事务部门应当在 20 个工作日内完成本级需要办理的事项。

第十六条 伤残人员前往我国香港特别行政区、澳门特别行政区、台湾地区定居或者其他国家和地区定居前，应当向户籍地（或者原户籍地）县级人民政府退役军人事务部门提出申请，由户籍地（或者原户籍地）县级人民政府退役军人事务部门在变更栏内注明变更内容。对需要换发新证的，“身份证号”处填写定居地的居住证件号码。“户籍地”为国内抚恤关系所在地。

第十七条　伤残人员死亡的，其家属或者利害关系人应及时告知伤残人员户籍地县级人民政府退役军人事务部门，县级人民政府退役军人事务部门应当注销其伤残证件，并逐级上报省级人民政府退役军人事务部门备案。

第十八条　退役军人事务部门对申报和审批的各种材料、伤残证件应当有登记手续。送达的材料或者证件，均须挂号邮寄或者由申请人签收。

第十九条　县级人民政府退役军人事务部门应当建立伤残人员资料档案，一人一档，长期保存。

第四章　伤残抚恤关系转移

第二十条　残疾军人退役或者向政府移交，必须自军队办理了退役手续或者移交手续后 60 日内，向户籍迁入地的县级人民政府退役军人事务部门申请转入抚恤关系。退役军人事务部门必须进行审查、登记、备案。审查的材料有：《户口登记簿》、《残疾军人证》、军队相关部门监制的《军人残疾等级评定表》、《换领〈中华人民共和国残疾军人证〉申报审批表》、退役证件或者移交政府安置的相关证明。

县级人民政府退役军人事务部门应当对残疾军人残疾情况及有关材料进行审查，必要时可以复查鉴定残疾情况。认为符合条件的，将《残疾军人证》及有关材料逐级报送省级人民政府退役军人事务部门。省级人民政府退役军人事务部门审查无误的，在《残疾军人证》变更栏内填写新的户籍地、重新编号，并加盖印章，将《残疾军人证》逐级通过县级人民政府退役军人事务部门发还申请人。各级退役军人事务部门应当在 20 个工作日内完成本级需要办理的事项。如复查、鉴定残疾情况的可以适当延长工作日。

《军人残疾等级评定表》或者《换领〈中华人民共和国残疾军人证〉申报审批表》记载的残疾情况与残疾等级明显不符的，县级退役军人事务部门应当暂缓登记，逐级上报省级人民政府退役军人事务部门通知原审批机关更正，或者按复查鉴定的残疾情况重新评定残疾等级。伪造、变造《残疾军人证》和评残材料的，县级人民政府退役军人事务部门收回《残疾军人证》不予登记，并移交当地公安机关处理。

第二十一条 伤残人员跨省迁移户籍时，应同步转移伤残抚恤关系，迁出地的县级人民政府退役军人事务部门根据伤残人员申请及其伤残证件和迁入地户口簿，将伤残档案、迁入地户口簿复印件以及《伤残人员关系转移证明》，发送迁入地县级人民政府退役军人事务部门，并同时将此信息逐级上报本省级人民政府退役军人事务部门。

迁入地县级人民政府退役军人事务部门在收到上述材料和申请人提供的伤残证件后，逐级上报省级人民政府退役军人事务部门。省级人民政府退役军人事务部门在向迁出地省级人民政府退役军人事务部门核实无误后，在伤残证件变更栏内填写新的户籍地、重新编号，并加盖印章，逐级通过县级人民政府退役军人事务部门发还申请人。各级退役军人事务部门应当在 20 个工作日内完成本级需要办理的事项。

迁出地退役军人事务部门邮寄伤残档案时，应当将伤残证件及其军队或者地方相关的评残审批表或者换证表复印备查。

第二十二条 伤残人员本省、自治区、直辖市范围内迁移的有关手续，由省、自治区、直辖市人民政府退役军人事务部门规定。

第五章　抚恤金发放

第二十三条 伤残人员从被批准残疾等级评定后的下一个月起，由户籍地县级人民政府退役军人事务部门按照规定予以抚恤。伤残人员抚恤关系转移的，其当年的抚恤金由部队或者迁出地的退役军人事务部门负责发给，从下一年起由迁入地退役军人事务部门按当地标准发给。由于申请人原因造成抚恤金断发的，不再补发。

第二十四条 在境内异地（指非户籍地）居住的伤残人员或者前往我国香港特别行政区、澳门特别行政区、台湾地区定居或者其他国家和地区定居的伤残人员，经向其户籍地（或者原户籍地）县级人民政府退役军人事务部门申请并办理相关手续后，其伤残抚恤金可以委托他人代领，也可以委托其户籍地（或者原户籍地）县级人民政府退役军人事务部门存入其指定的金融机构账户，所需费用由本人负担。

第二十五条 伤残人员本人（或者其家属）每年应当与其户籍地（或者原户籍地）的县级人民政府退役军人事务部门联系一次，通过见面、人脸识别等方式确认伤残人员领取待遇资格。当年未联系和确认的，县级人民政府退役军人事务部门应当经过公告或者通知本人或者其家属及时联系、确认；经过公告或者通知本人或者其家属后 60 日内仍未联系、确认的，从下一个月起停发伤残抚恤金和相关待遇。

伤残人员（或者其家属）与其户籍地（或者原户籍地）退役军人事务部门重新确认伤残人员领取待遇资格后，从下一个月起恢复发放伤残抚恤金和享受相关待遇，停发的抚恤金不予补发。

第二十六条 伤残人员变更国籍、被取消残疾等级或者死亡的，从变更国籍、被取消残疾等级或者死亡后的下一个月起停发伤残抚恤金和相关待遇，其伤残人员证件自然失效。

第二十七条 有下列行为之一的，由县级人民政府退役军人事务部门给予警告，停止其享受的抚恤、优待，追回非法所得；构成犯罪的，依法追究刑事责任：

（一）伪造残情的；

（二）冒领抚恤金的；

（三）骗取医药费等费用的；

（四）出具假证明，伪造证件、印章骗取抚恤金和相关待遇的。

第二十八条 县级人民政府退役军人事务部门依据人民法院生效的

法律文书、公安机关发布的通缉令或者国家有关规定，对具有中止抚恤、优待情形的伤残人员，决定中止抚恤、优待，并通知本人或者其家属、利害关系人。

第二十九条 中止抚恤的伤残人员在刑满释放并恢复政治权利、取消通缉或者符合国家有关规定后，经本人（精神病患者由其利害关系人）申请，并经县级退役军人事务部门审查符合条件的，从审核确认的下一个月起恢复抚恤和相关待遇，原停发的抚恤金不予补发。办理恢复抚恤手续应当提供下列材料：本人申请、户口登记簿、司法机关的相关证明。需要重新办证的，按照证件丢失规定办理。

第六章 附 则

第三十条 本办法适用于中国人民武装警察部队。

第三十一条 因战因公致残的深化国防和军队改革期间部队现役干部转改的文职人员，因参加军事训练、非战争军事行动和作战支援保障任务致残的其他文职人员，因战因公致残消防救援人员、因病致残评定了残疾等级的消防救援人员，退出军队或国家综合性消防救援队伍后的伤残抚恤管理参照退出现役的残疾军人有关规定执行。

第三十二条 未列入行政编制的人民警察，参照本办法评定伤残等级，其伤残抚恤金由所在单位按规定发放。

第三十三条 省级人民政府退役军人事务部门可以根据本地实际情况，制定具体工作细则。

第三十四条 本办法自2007年8月1日起施行。

境外烈士纪念设施保护管理办法

（2020年2月1日退役军人事务部、外交部、财政部、中央军委政治工作部令第2号公布 自2020年4月1日起施行）

第一条 为了传承和弘扬烈士精神，加强境外烈士纪念设施保护管理，彰显我国良好国家形象，根据《中华人民共和国英雄烈士保护法》、《烈士褒扬条例》和国家有关规定，制定本办法。

第二条 本办法所称境外烈士纪念设施，是指在中华人民共和国境外为纪念中国烈士修建的烈士陵园、纪念堂馆、纪念碑亭、纪念塔祠、纪念塑像、烈士骨灰堂、烈士墓等设施。

第三条 境外烈士纪念设施保护管理领导小组统筹协调境外烈士纪念设施保护管理工作。

境外烈士纪念设施保护管理领导小组由退役军人事务部会同外交部、财政部、中央军委政治工作部等部门组成。退役军人事务部负责领导小组日常事务，驻外使领馆协助处理有关具体工作。

第四条 境外烈士纪念设施保护管理应当尊重历史、结合现实，根据纪念设施现状、所在国情况以及双边关系，经与所在国政府有关部门协商，通过签署双边合作协议等方式，明确保护管理具体事项。

第五条 境外烈士纪念设施保护管理工作包括下列事项：

（一）调查核实烈士纪念设施，查找、收集烈士遗骸、遗物；

（二）修缮保护、新建迁建烈士纪念设施；

（三）负责烈士纪念设施日常维护管理；

（四）搜集、整理、编纂、陈列、展示、保管烈士事迹和遗物史料；

（五）组织开展烈士祭扫和宣传纪念活动；

（六）其他相关事项。

第六条 境外烈士纪念设施保护管理工作所需经费，由中央财政安排，列入部门预算。

第七条 境外烈士纪念设施保护管理领导小组应当掌握境外烈士纪念设施基本情况并建立档案。

退役军人事务部、烈士生前所在工作单位或其主管部门应当根据历史线索和资料，调查核实境外烈士纪念设施，搜寻查找烈士遗骸，驻外使领馆提供协助。

第八条 境外烈士纪念设施一般就地修缮保护。对于散落在境外的烈士墓，可以依托当地现有境外烈士纪念设施集中保护管理。

第九条 具有重大历史意义、确需新建境外烈士纪念设施的，以及因修缮保护需要或者因所在国建设规划等原因确需迁建境外烈士纪念设施的，应当按照有关规定经批准后实施。

第十条 境外烈士纪念设施保护管理领导小组应当与所在国政府有关部门协商划定境外烈士纪念设施保护范围，明确不得侵占保护范围内的土地和设施，不得单方面拆除、变更、迁移纪念设施，在保护范围内不得从事与纪念烈士无关的活动。

第十一条 境外烈士纪念设施保护管理领导小组与所在国政府有关部门协商确定境外烈士纪念设施管理方式，驻外使领馆可以根据纪念设施现状、所在国情况提出建议。

确定由所在国政府负责管理的，境外烈士纪念设施保护管理领导小组应当协调所在国政府有关部门指定专门机构进行管理。

确定由我国政府负责管理的，由境外烈士纪念设施保护管理领导小组或授权驻外使领馆通过签署委托协议的方式，委托中资企业（机构）、所在国华侨华人友好社团等进行管理，也可以委托所在国华侨华人进行管理。

第十二条 各有关部门和单位应当开展烈士史料收集整理、事迹编纂和陈列展示工作，宣传烈士英雄事迹，褒扬英烈风范，加深我国同所在国的友谊。

烈士史料等属于文物的，依照有关法律法规的规定予以保护。

第十三条　在烈士纪念日、清明节或者其他重要纪念日期间，驻外使领馆应当结合所在国情况组织烈士公祭活动。

烈士公祭活动可以根据实际情况邀请所在国政府、中资企业（机构）、华侨华人和社会各界代表参加。

第十四条　驻外使领馆可以结合实际，为赴所在国祭扫的烈士家属提供协助，引导赴所在国参观访问的我国代表团、旅游者及旅居所在国我国侨民、留学生前往境外烈士纪念设施瞻仰祭扫。

烈士纪念活动应当庄严、肃穆，符合我国祭扫习惯和境外烈士纪念设施所在国习俗。

第十五条　驻外使领馆应当敦促境外烈士纪念设施管理机构或者人员对在境外烈士纪念设施举行的各项祭扫纪念活动进行登记。

第十六条　驻外使领馆应当敦促境外烈士纪念设施管理机构或者人员做好纪念设施保护范围内的设施维护、安全保卫、绿化美化、环境卫生等工作。

第十七条　侵占境外烈士纪念设施保护范围内土地、设施，破坏、污损境外烈士纪念设施，在保护范围内从事与纪念活动无关的活动的，驻外使领馆应当敦促境外烈士纪念设施管理机构或者人员及时制止。情节严重、造成损害后果的，驻外使领馆应当通过外交途径向所在国政府提出交涉，敦促其严肃处理；涉及已返回境内中国公民的，驻外使领馆应当敦促所在国相关部门将相关材料移交境外烈士纪念设施保护管理领导小组，由有关部门依法处理。

第十八条　我国在境外的其他因公牺牲人员纪念设施保护管理工作，参照本办法执行。

第十九条　香港特别行政区、澳门特别行政区和台湾地区烈士纪念设施的保护管理，参照国家有关规定执行。

第二十条　本办法自 2020 年 4 月 1 日起施行。

光荣院管理办法

（2010年12月25日民政部令第40号公布　2020年4月10日退役军人事务部令第3号修订）

第一章　总　则

第一条　为了加强光荣院管理，做好抚恤优待对象集中供养等工作，更好服务国防和军队建设，让退役军人成为全社会尊重的人，让军人成为全社会尊崇的职业，根据《军人抚恤优待条例》和国家有关规定，制定本办法。

第二条　光荣院是国家集中供养孤老和生活不能自理的抚恤优待对象，并对其实行特殊保障的优抚事业单位。

第三条　国务院退役军人事务部门负责指导全国光荣院的管理工作。县级以上地方人民政府退役军人事务部门是光荣院的主管部门（以下简称光荣院主管部门），对光荣院集中供养等工作进行管理、监督和检查。

第四条　国家兴办光荣院，所需经费列入同级地方政府预算。光荣院的建设服务水平应当与当地经济和社会发展相适应，满足集中供养和服务需求。

国家鼓励公民、法人和其他组织对光荣院提供社会捐助和服务。

光荣院各项经费应当按照批复的预算执行，接受财政、审计部门和社会的监督。

第五条　光荣院在建设、用地、水电、燃气、供暖、电信、农副业生产等方面享受国家有关社会福利机构的优惠政策。

第六条　对在光荣院建设和管理工作中成绩显著的单位和个人，按照国家有关规定给予表彰和奖励。

第二章　服务对象

第七条　老年、残疾或者未满 16 周岁的烈士遗属、因公牺牲军人遗属、病故军人遗属和进入老年的残疾军人、复员军人、退伍军人，无法定赡养人、扶养人、抚养人或者法定赡养人、扶养人、抚养人无赡养、扶养、抚养能力且享受国家定期抚恤补助待遇的为集中供养对象，可以申请享受光荣院集中供养待遇。

光荣院在保障好集中供养对象的前提下，可利用空余床位为其他老年且无法定赡养人、扶养人或者法定赡养人、扶养人无赡养、扶养能力的抚恤优待对象提供优惠服务。

有条件的光荣院在满足上述对象集中供养、优惠服务的需求外，可面向其他抚恤优待对象开展优待服务。

第八条　申请享受光荣院集中供养、优惠服务，应当由本人向户籍地村（社区）退役军人服务站提出申请，或者由其居民委员会（村民委员会）向乡镇（街道）退役军人服务站代为提出申请。

退役军人服务站应当在 10 个工作日内将申请材料报光荣院，光荣院初审后及时报其主管部门审核批准。

光荣院根据其主管部门下达的计划和任务安排集中供养、优惠服务对象入院，并根据实际情况接收优待服务对象。

第九条　服务对象个人随身携带的款物和贵重物品委托光荣院保管的，应当签订财物保管协议。

第十条　光荣院应当坚持入院自愿、出院自由的原则，规范入院、出院手续，建立服务对象的个人档案。

集中供养、优惠服务对象不再符合本办法第七条规定条件的，光荣院应当向其主管部门报告，由其主管部门核准后不再享受集中供养、优惠服务待遇。

集中供养、优惠服务对象死亡的，光荣院应当为其办理丧葬事宜，并向光荣院主管部门报告，其遗产按照《中华人民共和国继承法》的有关规定处理。

光荣院主管部门应当定期核准集中供养、优惠服务对象人数，通报同级人民政府财政部门，并报上一级人民政府退役军人事务部门，由省级人民政府退役军人事务部门汇总后报国务院退役军人事务部门。

第三章　服务要求

第十一条　光荣院应当为服务对象提供下列供养服务：

（一）提供饮食；

（二）提供生活必需品；

（三）提供住房；

（四）提供医疗、康复、护理、保健服务；

（五）提供学习娱乐、精神关怀服务；

（六）提供清洁卫生、安全保卫服务；

（七）提供心理抚慰等社会工作服务；

（八）其他服务。

集中供养对象未满 16 周岁或者已满 16 周岁仍在接受义务教育的，光荣院应当保障其接受义务教育所需费用。

第十二条　光荣院提供的饮食应当符合食品安全要求，并根据服务对象的需要适当调整。

光荣院应当为服务对象提供必备的服装、被褥、生活用具和适合老年人、残疾人居住需求的生活设施，并为其提供适当的出行条件。

光荣院应当保持服务对象住房整洁，帮助其搞好个人卫生，并提供必要的照料，保证其在院期间的人身安全。

第十三条　集中供养对象按照《优抚对象医疗保障办法》的规定享受医疗待遇。

光荣院应当与当地医疗机构建立协作关系，保证患病的服务对象得到及时治疗，并积极推进医养结合的服务模式。

光荣院应当建立服务对象个人医疗和健康档案，为服务对象提供定期体检服务和健康教育服务，帮助服务对象制定医疗康复计划。

第十四条　光荣院实行 24 小时值班制度，对生活不能自理的服务对象实行全日制护理，并配置配备拐杖、轮椅或者其它辅助器具。

第十五条　光荣院应当为服务对象创造良好的生活环境，安排好物质文化生活，组织学习教育，开展有益于身心健康的文体休闲活动。

对有能力并自愿参加劳动和公益活动的服务对象，光荣院可以安排其从事力所能及的劳动和公益活动，丰富日常生活。

第十六条　光荣院应当关爱服务对象，为其组织必要的心理咨询和社会交往活动，使服务对象得到精神慰藉。

第十七条　光荣院应当重点服务保障好集中供养对象，并结合实际视情免除相关费用。

光荣院应当为优惠服务对象提供优惠服务，适当减免相关费用。

光荣院面向其他抚恤优待对象开展优待服务，按规定收取护理费、床位费、伙食费、医疗费等相关费用。

优惠及优待服务对象的具体范围，收费及减免的具体项目、标准等，由省级人民政府退役军人事务部门商财政、民政等有关部门统筹考虑本地财力状况规定，并加大对荣获个人二等功以上奖励的退役军人和荣获个人二等功以上奖励现役军人父母的优惠力度。

第十八条　光荣院集中供养和优惠、优待服务标准由省级人民政府退役军人事务部门商财政等有关部门制定，经省级人民政府批准后公布执行，并根据当地经济社会发展水平适时调整。

第四章 院务管理

第十九条 光荣院实行院长负责制，院长由光荣院主管部门任命，也可以向社会公开招聘。

光荣院工作人员应当经过光荣院主管部门培训考核，专业岗位工作人员应当具备相应的水平和能力。

光荣院应当按集中供养对象人数的 25%配备工作人员，其中管理人员占工作人员总数的比例不超过 20%。

第二十条 光荣院应当设立院务管理委员会。院务管理委员会的成员由光荣院全体人员推选产生，院务管理委员会可以下设专门委员会。

院务管理委员会应当定期召开会议，参与光荣院工作的管理和监督。

第二十一条 光荣院应当定期公布国家对抚恤优待对象的抚恤补助政策和标准，公开院内工作流程、经费开支等情况，明示服务宗旨和项目，并接受服务对象的监督。

第二十二条 光荣院应当按照国家有关规定，建立健全安全、消防、卫生、财务、档案管理等制度。

第二十三条 有条件的光荣院可以开展以改善服务对象生活条件为目的的农副业生产。服务对象自愿参加光荣院组织开展的农副业生产活动，光荣院应当给予报酬。

第二十四条 光荣院应当建立荣誉室或者陈列室，收集、编撰、陈列、展示有关烈士、因战因公牺牲军人和服务对象的光荣事迹，与驻地国家机关、人民团体、社会组织、企业事业单位、学校、部队、社区等开展精神文明共建活动，充分发挥其爱国主义教育和革命传统教育作用。

第五章 建设规范

第二十五条 各地应当优先利用现有光荣院及各类养老机构中设立的光荣楼（层、间）等资源，为符合条件的抚恤优待对象提供集中供养等服务。集中供养需求大的地方，可以根据本地实际情况兴建、改扩建光荣院，每所光荣院床位数应当不低于 50 张，床位利用率应当达到 80%以上。

第二十六条　光荣院的各类建筑应当根据老年人、残疾人和未成年人生活、安全需要进行设计，符合无障碍标准建筑设计规范的要求。

第二十七条　服务对象居住用房每间应当不小于 15 平方米，配置卫生间和洗澡间。

光荣院应当具备开展日常工作和服务所必需的办公室、值班室、厨房、餐厅、储藏室、活动室等辅助用房。有条件的地区还可以建设用于康复保健、文体娱乐等方面的功能室和室外活动场所。

第二十八条　光荣院应当配置应急呼叫设备，并根据当地气候条件和服务对象的实际需要配置取暖、降温设备。

光荣院应当维护好照明、通讯、消防、报警、取暖、降温、排污和水电供应等设施和生活设备，保证其正常运转。

第二十九条　光荣院应当设立医疗室，并视条件配备常用和急救所需的医疗器械、设备及药品。

第三十条　光荣院应做好室外绿化、环境美化工作，为服务对象提供安静、整洁、优美的生活环境。

第六章　责任追究

第三十一条　光荣院的土地、房屋、设施、设备和其他财产依法归光荣院管理和使用，任何单位和个人不得侵占。

侵占、破坏光荣院财物的，由当地人民政府退役军人事务部门责令限期改止，并恢复原状；造成损失的，依法承担赔偿责任。

第三十二条　服务对象应当珍惜荣誉，遵守光荣院的各项规定，自觉配合工作人员的管理。对违反相关规定的，由光荣院和光荣院主管部门进行批评教育，情节严重的，依法追究相应责任。

服务对象因违法犯罪被判处有期徒刑、剥夺政治权利的，中止其集中供养和优惠、优待服务资格；被判处死刑、无期徒刑的，取消其集中供养和优惠、优待服务资格。

第三十三条 光荣院违反本办法的规定，提供的集中供养和优惠、优待服务不符合要求，由光荣院主管部门责令改正；逾期不改正的，对直接负责的责任人和其他主管人员依法给予处分，造成损失的，依法承担赔偿责任。

光荣院造成服务对象人身伤害事故的，应当依法承担赔偿责任。

第三十四条 光荣院主管部门及其工作人员有下列行为之一的，由上级人民政府退役军人事务部门对其直接负责的责任人和其他主管人员进行批评教育，限期改正；情节严重的，依法给予处分；构成犯罪的，依法追究刑事责任：

（一）违反规定审批光荣院集中供养、优惠服务待遇的；

（二）贪污、挪用、截留、私分光荣院款物的；

（三）光荣院建设和管理中有滥用职权、玩忽职守、徇私舞弊行为的；

（四）其他违反相关法律法规行为的。

第七章　附　则

第三十五条 各级民政部门主管的各类福利机构中设立的光荣间、光荣楼可以参照本办法的规定执行。

第三十六条 符合儿童福利机构收留抚养条件的，按相关规定执行。

第三十七条 本办法自 2020 年 6 月 1 日起施行。

军队离休退休干部服务管理办法

（2014年9月23日民政部令第53号公布，2021年12月1日
退役军人事务部令第5号修订）

第一章　总　则

第一条　为了做好军队离休退休干部服务管理工作，根据《中华人民共和国退役军人保障法》和国家有关规定，制定本办法。

本办法所称军队离休退休干部，是指移交政府安置的由退役军人事务部门服务管理的中国人民解放军和中国人民武装警察部队离休退休干部（以下简称军休干部）。

第二条　军休干部服务管理应当从维护军休干部的合法权益出发，贯彻执行国家关于军休干部的法律法规和政策，完善军休干部服务保障和教育管理机制，落实军休干部政治待遇和生活待遇。

军休干部服务管理坚持政治关心、生活照顾、服务优先、依法管理的原则。

第三条　军休干部服务管理工作坚持党的领导，由退役军人事务部门主管，军休服务管理机构（以下简称军休机构）具体组织实施。

退役军人事务部门应当依法负责军休干部服务管理工作，及时研究解决存在的问题，监督检查军休服务管理相关法律法规和政策措施落实情况。

军休机构是服务和管理军休干部的专设机构，包括军休服务管理中心、军休所、军休服务站等，承担军休干部服务管理具体工作。

第四条　军休干部服务管理应当与经济发展相协调，与社会进步相适

应，实行国家保障与社会化服务相结合。

第五条 对在军休干部服务管理中做出突出贡献的单位和个人，按照国家有关规定给予表彰、奖励。

第二章 服务管理内容

第六条 退役军人事务部门、军休机构应当加强军休干部思想政治工作，引导军休干部继续发扬人民军队优良传统，模范遵守宪法和法律法规，永葆政治本色。

第七条 退役军人事务部门、军休机构应当按照规定落实军休干部政治待遇，组织军休干部阅读有关文件、听取党和政府重要会议精神传达等。

退役军人事务部门应当主动协调当地离退休干部管理部门，将军休干部纳入本级老干部工作体系。

第八条 退役军人事务部门在国家、地方和军队举行重大庆典和重大政治活动时，应当按照要求组织军休干部参加。

第九条 退役军人事务部门应当协调当地人民政府和军队有关负责人，在八一建军节、春节等重大节日走访慰问军休干部。

第十条 退役军人事务部门应当按规定落实军休干部荣誉疗养制度，对服役期间或移交安置后作出突出贡献的军休干部，分层级、分批次组织疗养。

第十一条 军休机构应当做好以下服务保障工作：

（一）举行新接收军休干部迎接仪式。

（二）按时发放军休干部离退休费和津贴补贴，帮助符合条件的军休干部落实优抚待遇。

（三）协调做好军休干部的医疗保障工作，落实体检制度，建立健康档案，开展医疗保健知识普及活动，引导军休干部科学保健、健康养生。

（四）培育军休干部文化队伍，开展军休文化体育活动，引导和鼓励军休干部参与社会文化活动。

（五）开展经常性走访探望，定期了解军休干部情况和需求，提供必要的关心照顾。

（六）协助办理军休干部去世后的丧葬事宜，按照政策规定落实遗属待遇。

第十二条　退役军人事务部门、军休机构应当依法依规加强对军休干部参加社会组织、出国（境）、著作出书、发表言论等事项的管理，督促军休干部遵纪守法和遵守军休机构各项规章制度。

第十三条　退役军人事务部门、军休机构应当鼓励支持军休干部保持和发扬优良传统，发挥自身优势，继续贡献力量。

第三章　服务管理方式

第十四条　军休机构应当建立健全工作制度，为军休干部老有所养、老有所医、老有所教、老有所学、老有所为、老有所乐创造条件。

第十五条　军休机构应当建立值班制度，并采取定期联系、定人包户等方式，为军休干部提供及时、方便的日常服务保障。

第十六条　军休机构应当坚持共性服务和个性化服务相结合，为军休干部提供细致周到的服务。对失能、失智、重病、高龄、独居、空巢等军休干部，应当重点照顾并提供必要帮助。

第十七条　军休机构应当按照退役军人事务部门制定的规范标准，推进服务管理工作标准化建设，确保规范运行。

第十八条　军休机构应当推进社会化服务，根据需要引进医疗、养老、志愿服务等方面力量，为军休干部提供多元服务。

第十九条　退役军人事务部门、军休机构应当加强信息化建设，充分运用信息化技术，发挥军休安置服务管理信息系统、网络“军休所”等信息化平台作用，提高工作效率，实现精准服务。

第二十条 退役军人事务部门、军休机构应当推进军休老年大学建设，线上线下融合，扩大教学供给，提高办学水平，不断满足军休干部终身学习需求。

第二十一条 退役军人事务部门应当健全军休机构服务网格，加强军休干部服务保障。

第二十二条 军休干部管理委员会是在军休机构内军休干部自我教育、自我管理、自我服务的群众性组织。

军休机构内设有军休干部管理委员会的，军休机构党组织应当加强对军休干部管理委员会的领导，按照有关规定组织开展活动，发挥军休干部管理委员会的作用，定期听取军休干部管理委员会工作情况报告，研究解决其反映的问题。

第四章 军休机构建设

第二十三条 退役军人事务部门根据安置管理工作实际，按照统筹规划、合理布局、精干高效、便于服务的原则设置、调整军休机构。

第二十四条 军休机构实行法定代表人负责制，对重大问题实行科学决策、民主决策。

军休机构应当依法依规落实政策公开、财务公开、服务公开，接受军休干部和工作人员监督。

第二十五条 军休机构应当加强党组织建设，改进和创新军休干部党组织工作，落实党的组织生活制度，增强党组织的政治功能和组织力，使之成为组织、凝聚、教育军休干部和工作人员的坚强堡垒。

加强军休干部中的流动党员管理，将流动党员就近安排在暂住地军休机构党组织参加组织生活。

第二十六条 军休机构应当加强基础设施建设，设置会议室、活动室、阅览室、荣誉室等场所，根据军休干部特点和需求，因地制宜开展适老化改造，具备条件的可引进或设立养老、医疗、助餐等功能设施，建立必要的室外文化体育活动场地，创造良好休养环境。

第二十七条　军休机构应当按规定用好军休经费，加强军休经费和国有资产管理，提高使用效益，接受有关部门的审计监督。

第二十八条　军休机构应当加强军休干部档案管理。

第二十九条　军休机构应当加强安全管理，制定并落实卫生、灾害等突发事件应急预案，增强风险防控和应急处置能力，及时消除安全隐患，防止安全责任事故发生。

第五章　服务管理工作人员

第三十条　退役军人事务部门应当加强军休服务管理工作人员队伍建设，在编制员额内配齐配强工作力量，优化队伍结构。

第三十一条　军休机构在编制员额内新聘用工作人员，除国家政策性安置、按照人事管理权限由上级任命、涉密岗位等人员外，应当面向社会公开招聘，同等条件下优先聘用退役军人、军人家属。

第三十二条　退役军人事务部门可以通过引进专业化服务等渠道充实工作力量。

第三十三条　服务管理工作人员应当强化能力素质和作风纪律，树牢全心全意为军休干部服务的意识。

第三十四条　退役军人事务部门、军休机构应当定期开展教育培训、岗位练兵、业务竞赛等活动，提高工作人员思想政治素质、政策理论水平和服务管理能力。

第三十五条　退役军人事务部门应当建立以军休干部满意度为主要内容的服务管理工作监督考评体系，定期对军休机构及其负责人进行测评。

退役军人事务部门、军休机构应当建立工作人员绩效考核、岗位交流制度。对军休政策落实不到位、工作推进不力的人员，按照有关规定进行处理。

第六章　附　则

第三十六条　中国人民解放军和中国人民武装警察部队移交政府安置的退休军（警）士的服务管理参照本办法执行。

第三十七条　本办法自 2022 年 1 月 1 日起施行。

第三部分　规范性文件

国务院办公厅关于印发《为烈属、军属和退役军人等家庭悬挂光荣牌工作实施办法》的通知

国办发〔2018〕72号

各省、自治区、直辖市人民政府，退役军人事务部：

《为烈属、军属和退役军人等家庭悬挂光荣牌工作实施办法》已经国务院同意，现印发给你们，请认真贯彻执行。

悬挂光荣牌是落实中央决策部署、弘扬拥军优属优良传统、推进军人荣誉体系建设的重要举措。各地区要牢固树立“四个意识”，充分认识做好悬挂光荣牌工作的重要意义，切实加强组织领导，建立工作机制，列支相关经费，周密安排部署，精心组织实施，确保悬挂光荣牌对象准确、档案齐全。各地区要于2019年5月1日前完成为既有全部对象悬挂光荣牌的任务，并将有关情况报送退役军人事务部。

国务院办公厅

2018年7月29日

为烈属、军属和退役军人等家庭悬挂光荣牌工作实施办法

第一条　为做好悬挂光荣牌工作，弘扬拥军优属优良传统，营造爱国拥军、尊崇军人的浓厚社会氛围，推进军人荣誉体系建设，依据《烈士褒扬条例》、《军人抚恤优待条例》等有关法规政策，制定本办法。

第二条　本办法的适用对象是烈士遗属、因公牺牲军人遗属、病故军

人遗属（以下统称“三属”）家庭和中国人民解放军现役军人（以下简称现役军人）家庭、退役军人家庭。

主动为持《中华人民共和国烈士证明书》、《中华人民共和国军人因公牺牲证明书》、《中华人民共和国军人病故证明书》的“三属”家庭和现役军人家庭、退役军人家庭悬挂光荣牌。对于非持证的烈士、因公牺牲军人、病故军人的父母（抚养人）、配偶和子女家庭，依申请悬挂光荣牌。

同时具备两个以上悬挂光荣牌条件的家庭，只悬挂一个光荣牌。

第三条 光荣牌称号统一为“光荣之家”。

第四条 悬挂光荣牌工作坚持彰显荣誉、规范有序、分级负责、属地落实的原则。

第五条 退役军人事务部统一设计和规范光荣牌的样式、监督光荣牌制作，光荣牌落款为省（自治区、直辖市）人民政府、新疆生产建设兵团。

省级人民政府退役军人事务主管部门负责本省份光荣牌的统一制作。

县级人民政府退役军人事务主管部门会同当地人民武装部门组织落实本行政区域内光荣牌的具体悬挂工作。

第六条 光荣牌的悬挂位置应尊重悬挂家庭的意愿，一般悬挂在其大门适当位置，保证醒目、协调、庄严、得体。

因建筑结构、材质等因素不适合悬挂的，可在客厅醒目位置摆放。

第七条 悬挂光荣牌的对象居住地或户籍所在地改变，或发生光荣牌老化破损等情形，可申请更换光荣牌。

现役军人退出现役或去世后，其家庭继续悬挂光荣牌。

悬挂光荣牌家庭的“三属”或退役军人去世后，该家庭可继续悬挂光荣牌，但不再更换。

第八条 悬挂、更换光荣牌工作原则上于每年建军节或春节前进行。

集中悬挂或更换光荣牌时，村（居）民委员会或社区应举行悬挂仪式，安排专人负责安装悬挂。悬挂仪式应简朴、庄重、热烈。

第九条　悬挂光荣牌对象及其家庭成员依法被判处刑事处罚或被公安机关处以治安管理处罚且产生恶劣影响的，现役军人被除名、开除军籍的，取消其家庭悬挂光荣牌资格，已悬挂的由县级人民政府退役军人事务主管部门负责收回。

被公安机关处以治安管理处罚后能够主动改正错误、积极消除负面影响的，经县级人民政府退役军人事务主管部门审核同意，可以恢复悬挂光荣牌。

第十条　省级人民政府退役军人事务主管部门要加强对悬挂光荣牌工作的指导和检查督促，对工作不及时、不到位的，要责令限期整改。退役军人事务部会同军地有关部门定期组织抽查，并通报情况。

第十一条　悬挂光荣牌工作列入全国和省级双拥模范城（县）创建考评内容，作为创建双拥模范城（县）的重要条件。

第十二条　县级人民政府退役军人事务主管部门要建立健全悬挂光荣牌工作建档立卡制度，汇总相关信息和统计数据，及时录入全国优抚信息管理系统，加强信息数据管理。

第十三条　各地区应结合悬挂光荣牌工作和本地实际，视情开展送年画春联、走访慰问和为立功现役军人家庭送立功喜报等活动。

第十四条　本办法适用于中国人民武装警察部队官兵家庭。

第十五条　本办法由退役军人事务部负责解释。

第十六条　本办法自印发之日起施行。本办法实施前已悬挂的光荣牌，原则上继续保留，需要更换时按照本办法办理。

附件：光荣牌设计和技术标准

附件

光荣牌设计和技术标准

光荣牌（式样图附后）材质为钛金牌，底色为金黄色、沙底镀金；规格为 280 毫米×135 毫米，厚度 1 毫米；“光荣之家”字样为红色套亮金边，方正魏碑简体 132 号字，四个字规格为 202 毫米×43 毫米，距上边 31 毫米，左右居中；“×××人民政府”字样为方正宋体黑色 32 号简体字，规格为 82 毫米×11 毫米，距下边 29 毫米，距右边 32 毫米；左下角配长城图案、亮金色，规格为 155 毫米×36 毫米，距下边 15 毫米，距左边 16 毫米；红色花边宽 4 毫米，距边缘 10 毫米，花边内线粗 0.7 毫米，花边外线粗 1 毫米。右下花边内“退役军人事务部监制”字样为方正宋体黑色 20 号字，规格为 73 毫米×6.8 毫米，距下边 16.5 毫米，与“×××人民政府”右端对齐。

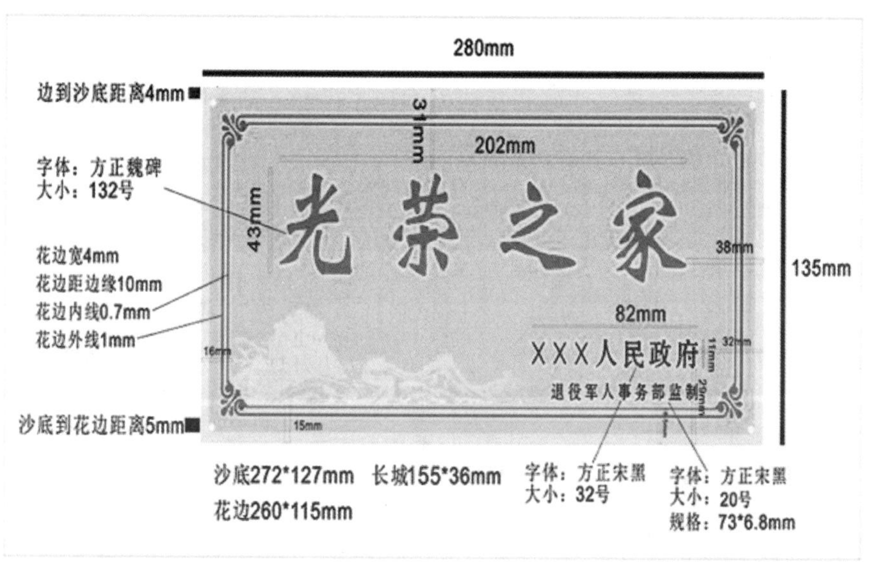

退役军人事务部等10部门
关于进一步加强由政府安排工作退役士兵
就业安置工作的意见

退役军人部发〔2018〕27号

各省、自治区、直辖市、新疆生产建设兵团党委组织部，文明办，发展改革委、公安厅（局）、民政厅（局）、财政厅（局）、人力资源社会保障厅（局）、医疗保障局（办）、国资委，各战区、各军兵种、军委机关各部门、军事科学院、国防大学、国防科技大学、武警部队政治工作部（局、处）：

为进一步加强和改进由政府安排工作退役士兵就业安置工作，真正把党和国家关心关爱退役士兵的各项要求落到实处，显著提高退役士兵的获得感、荣誉感，根据《退役士兵安置条例》等有关政策规定，结合新时代做好退役士兵安置工作的新任务新要求，现提出如下意见。

一、统一思想认识

退役士兵是退役军人的重要组成部分，由政府安排工作退役士兵曾是部队建设的骨干、是地方发展的重要人力资源。妥善安置这些人员，对贯彻落实改革强军战略，推进国防和军队建设；对维护政治社会大局稳定，全面建成小康社会具有重要意义。习近平总书记对退役军人工作高度重视，对退役安置作出一系列重要论述。各部门要提高政治站位，深刻领会习近平总书记关于退役军人工作的重要指示批示精神，把退役士兵安置作为一项重要的政治任务，不讲条件、不打折扣地履行安置责任和国防义务，为现役官兵安心服役、专谋打赢提供有力保障，为退役士兵融入社会、就业创业创造良好条件。任何部门、行业和单位都不得以任何理由拒绝接收安置退役士兵。

二、提升安置质量

（一）严格落实政策规定

各类机关、团体、企事业单位都要严格落实中发〔2016〕24号文件要求，确保“由政府安排工作退役士兵安置到机关、事业单位和国有企业的比例不低于80%”。安置地退役士兵安置工作主管部门要制定具体的办法措施，形成机关、事业单位和国有企业科学合理的分类接收结构比例。党政机关要采取措施鼓励退役士兵参加公务员招考，事业单位和国有企业要发挥安置主渠道作用，确保提供充足的安置岗位数量，不断提高安置岗位质量。

国有、国有控股和国有资本占主导地位的企业，要按照本企业全系统新招录职工数量的5%核定年度接收计划，每年4月底前主动报送同级人民政府退役士兵安置工作主管部门，审核通过后按计划落实。不得提供濒临破产或生产有困难的企业岗位以及与退役士兵安置地不在同一地区（设区市）的岗位给退役士兵。中央企业岗位不计入属地提供的岗位数量。

（二）改进接收安置制度

1.放宽安置地限制

士兵服现役期间父母户口所在地变更的，可随父母任何一方安置。经本人申请，也可在配偶或者配偶父母任何一方户口所在地安置。其中，易地安置落户到国务院确定的超大城市的，应符合其关于落户的相关政策规定。

2.加强计划统筹

县级安置任务较重的可由市级在本行政区域内统筹安排，市级安置有困难的可由省级统筹调剂安排。由上级统筹安排的人员，要经本人同意且不受户口所在地限制，公安部门根据实际安置地办理落户手续。

3.允许灵活就业

选择由政府安排工作的退役士兵回到地方后又放弃安排工作待遇的，经本人申请确认后，由安置地人民政府按照其在部队选择自主就业应领取的一次性退役金和地方一次性经济补助金之和的80%，发给一次性就业补助金，同时按规定享受扶持退役军人就业创业的各项优惠政策。

三、依法保障待遇

（一）及时安排上岗

接收单位应当从所在地人民政府退役士兵安置工作主管部门开出介绍信的 1 个月内，安排退役士兵上岗。非因退役士兵本人原因，接收单位未按照规定安排上岗的，应当从开出介绍信的当月起，按照不低于本单位同等条件人员平均工资80%的标准，逐月发给退役士兵生活费直至上岗为止。

（二）落实岗位待遇

退役士兵享受所在单位正式员工同工龄、同工种、同岗位、同级别待遇。军龄 10 年以上的，接收的企业应当与其签订无固定期限劳动合同，接收的事业单位应当与其签订期限不少于 3 年的聘用合同。任何部门、行业和单位不得出台针对退役士兵的歧视性措施，严禁以劳务派遣等形式代替接收安置。

（三）发放相关补助

退役士兵待安排工作期间，安置地人民政府应当按照上年度最低工资标准逐月发放生活补助。

（四）接续基本保险

退役士兵在国家规定的待安排工作期，以其在军队服役最后年度的缴费工资为基数，按 20%的费率缴纳基本养老保险费，其中 8%作为个人缴费记入个人账户，所需费用由安置地人民政府同级财政资金安排。退役士兵在国家规定的待安排工作期按规定参加安置地职工基本医疗保险，单位缴费部分由安置地人民政府足额缴纳，个人缴费部分由退役士兵个人缴纳，军地相关部门协同做好保险关系接续，确保待遇连续享受。

（五）坚持公平公正

把退役士兵服现役期间的表现作为安排工作的主要依据，结合量化评分情况进行排序选岗，使服役时间长、贡献大的退役士兵能够优先选岗。要进一步健全“阳光安置”制度，各地可结合实际研究制定选岗定岗的具体办法措施。

四、强化组织领导

（一）明确列入考核范围

各级各有关部门要协调推动将由政府安排工作退役士兵就业安置工作纳入党委政府目标考核体系，作为对下级党委政府年度考核内容，作为参加双拥模范城（县）、爱国拥军模范单位和个人评选的重要条件，作为文明城市、文明单位评选和社会信用评价的重要依据。

（二）切实加强督导检查

各级退役士兵安置工作主管部门要采取定期跟踪、实地督导等方式及时跟进了解工作情况。结合重视程度、工作力度以及任务完成情况，进行通报表扬或通报批评，对有问题的地区和单位，要限期整改。年度接收安置工作结束后，接收安置退役士兵的用人单位，要向同级人民政府退役士兵安置工作主管部门报告安置任务落实情况，地方人民政府退役士兵安置工作主管部门要向上级人民政府退役士兵安置工作主管部门报告安置任务落实情况。

（三）依法依规追究责任

各级要及时梳理汇总年度落实岗位、取消安置待遇等情况，形成存据、规范管理。要建立责任倒查制度，退役士兵安置工作主管部门要积极会同相关部门，对政策落实不到位的地区和拒收退役士兵的单位，进行约谈督促、挂牌督办、媒体曝光，责令限期整改；对拒绝整改的，要对相关单位负责人和直接责任人依法依规问责。

（四）高度重视教育管理

强化政策宣讲。每年士兵退役前，县级以上退役士兵安置工作主管部门到驻地部队开展2次以上“政策进军营”活动；退役士兵待安排工作期间，要向他们讲清安置政策和不同单位行业基本用人需求及发展预期等，帮助其找准就业预期与就业现状的平衡点，使他们能够更好更快融入社会。

坚持规范管理。由政府安排工作退役士兵无正当理由自开出安置介绍信 15 个工作日内拒不服从安置地人民政府安排工作的，视为放弃安排工作待遇；在待安排工作期间被依法追究刑事责任的，取消其安排工作待遇；弄虚作假骗取安置待遇的，取消相关安置待遇。

注重宣传引导。对接收安置工作积极、措施得力、成效显著的行业部门以及在不同岗位建功立业的退役士兵，要作为先进典型及时给予宣传表扬，激励各部门行业不断提高接收安置的积极性，引导广大退役士兵退伍不褪色，珍惜荣誉，自觉做改革发展的维护者、推动者。

本意见自 2018 年 8 月 1 日起执行，2018 年 8 月 1 日后退出现役的士兵适用本意见。各地各有关部门要根据本意见，制定具体实施办法，落实好各项规定和任务。

退役军人事务部　中共中央组织部

中央精神文明建设指导委员会办公室

国家发展和改革委员会　公安部

财政部　人力资源和社会保障部

国务院国有资产监督管理委员会

国家医疗保障局　中央军委政治工作部

2018 年 7 月 27 日

退役军人事务部等 12 部门关于促进新时代退役军人就业创业工作的意见

退役军人部发〔2018〕26 号

各省、自治区、直辖市党委组织部、政法委，政府办公厅、教育厅（局）、公安厅（局）、民政厅（局）、财政厅（局）、人力资源社会保障厅（局）、国资委、扶贫办，国家税务总局各省、自治区、直辖市、计划单列市税务局，各战区、各军兵种、军委机关各部门、军事科学院、国防大学、国防科技大学、武警部队政治工作部（局、处）：

退役军人是重要的人力资源，是建设中国特色社会主义的重要力量。促进他们就业创业、引导他们积极投身“大众创业、万众创新”实践，对于更好实现退役军人自身价值、助推经济社会发展、服务国防和军队建设具有重要意义。新时代退役军人就业创业工作要以习近平新时代中国特色社会主义思想为指导，坚持政府推动、政策优先，市场导向、需求牵引，自愿选择、自主作为，社会支持、多方参与，调动各方面力量共同推进，保障退役军人在享受普惠性就业创业扶持政策和公共服务基础上再给予特殊优待。现就促进退役军人（自主就业退役士兵、自主择业军转干部、复员干部）就业创业工作提出如下意见。

一、提升就业创业能力

（一）完善多层次、多样化的教育培训体系

将退役军人就业创业培训纳入国家学历教育和职业教育体系，依托普通高校、职业院校（含技工院校）等教育资源，促进现役军人与退役军人教育培训相衔接、学历教育与技能培训互为补充，改善知识结构，提升能力素质。

（二）开展退役前技能储备培训

组织开展退役前技能储备培训和职业指导，深入开展“送政策进军营”活动，加强经济社会发展和就业形势介绍、政策咨询、心理调适、“一对一”职业规划，有条件的部队可在军人退役前开展技能培训，努力把退役军人服役期间锤炼的品质转化为就业创业的优势。

（三）加强退役后职业技能培训

引导退役军人积极参加职业技能培训，退役后可选择接受一次免费（免学杂费、免住宿费、免技能鉴定费）培训，并享受培训期间生活补助。教育培训期限一般为 2 年，最短不少于 3 个月。督促指导承训机构突出提高社会适应能力和就业所需知识及技能，按需求进行实用性培训，开展“订单式”“定向式”“定岗式”培训，推进培训精细化、个性化。坚持谁培训、谁推荐就业，压实目标责任，提高就业成功率。

（四）推行终身职业技能培训

将退役军人纳入国家终身职业技能培训政策和组织实施体系，鼓励用人单位定期组织退役军人参加岗位技能提升和知识更新培训。对下岗失业退役军人，及时纳入失业人员特别职业培训计划、职业技能培训等范围，并按规定予以补贴。

（五）鼓励参加学历教育

鼓励各地将符合高考报名条件的退役军人纳入高等职业院校单独考试招生范围。退役军人参加全国普通高考、成人高考、研究生考试，符合条件的可享受加分照顾，同等条件下优先录取。成人高校招生专升本免试入学，服役期间立二等功以上且符合报考条件的，可申请免初试攻读硕士研究生。退役军人接受中等职业教育可实行注册入学。中等职业教育期间，按规定享受免学费和国家助学金资助；对退役一年以上、参加全国统一高考，考入全日制普通本科和高专高职学校的自主就业退役士兵，学历教育期间按规定享受学费资助和相关奖助学金资助，家庭经济困难退役士兵享受学生生活费补助。国家鼓励军人服役期间参加开放教育、自学考试等学历继续教育，退役后可根据需要继续完成学业，获得相应国民高等教育学历文凭。

（六）加强教育培训管理

建立退役军人职业技能承训机构目录、承训企业目录和普通高校、职业学校目录，及时向社会公开并实行定期考核、动态管理。各类目录由省级退役军人事务部门每年发布。经省级退役军人事务部门同意，退役军人可参加跨省异地教育培训。加强对承训单位教育培训质量考核，建立激励机制。

二、加大就业支持力度

（七）适当放宽招录（聘）条件

机关、社会团体、企业事业单位在招收录用工作人员或聘用职工时，对退役军人的年龄和学历条件适当放宽，同等条件下优先招录聘用退役军人。

（八）加大公务员招录力度

在军队服役 5 年（含）以上的高校毕业生士兵退役后可以报考面向服务基层项目人员定向考录的职位，同服务基层项目人员共享公务员定向考录计划，优先录用建档立卡贫困户家庭高校毕业生退役士兵。各地特别是边疆地区、深度贫困地区结合实施乡村振兴、脱贫攻坚等战略，设置一定数量基层公务员职位面向退役军人招考，西藏和四川、云南、甘肃、青海四省藏区以及新疆南疆地区县乡逐步扩大招考数量。各级党政机关在组织开展选调生工作时，注意选调有服役经历的优秀大学生。适当提高政法干警招录培养体制改革试点定向招录退役军人比例，应征入伍的高校毕业生退役后报考试点班的，教育考试笔试成绩总分加 10 分。有效拓宽从反恐特战等退役军人中招录公安机关人民警察渠道。

（九）拓展就业渠道

研究制定适合退役军人就业的岗位目录，提高退役军人服务保障以及安保等岗位招录退役军人的比例，辅警岗位同等条件下优先招录退役军人。选派退役军人参与社会治理、稳边固边、脱贫攻坚等重点工作，鼓励退役军人到党的基层组织、城乡社区担任专职工作人员。

（十）鼓励企业招用

吸纳退役军人就业的企业，符合条件的可享受相关税收优惠。对退役军人就业作出突出贡献的企业，给予表彰、奖励。

（十一）强化就业服务

各级公共就业服务机构设立退役军人窗口或实行退役军人优先制度，为其提供便捷高效服务。县级以上地方人民政府每年至少组织 2 次退役军人专场招聘活动，为其就业搭建平台。国家鼓励专业人力资源企业和社会组织为退役军人就业提供免费服务。

（十二）实施后续扶持

建立退役军人就业台帐，实行实名制管理，动态掌握就业情况，对出现下岗失业的，及时纳入再就业帮扶范围。接收退役军人的单位裁减人员的，优先留用退役军人。单位依法关闭、破产、改制的，当地人民政府优先推荐退役军人再就业，优先保障退役军人合法权益。

三、积极优化创业环境

（十三）开展创业培训

组织有创业意愿的退役军人，依托专业培训机构和大学科技园、众创空间、网络平台等，开展创业意识教育、创业项目指导、企业经营管理等培训，增强创业信心，提升创业能力。加强创业培训质量评估，对培训质量好的培训机构给予奖励。

（十四）优先提供创业场所

政府投资或社会共建的创业孵化基地和创业园区可设立退役军人专区，有条件的地区可专门建立退役军人创业孵化基地、众创空间和创业园区，并按规定落实经营场地、水电减免、投融资、人力资源、宣传推广等优惠服务。

（十五）享受金融税收优惠

符合条件的退役军人及其创办的小微企业可申请创业担保贷款，并按国家规定享受贷款贴息。鼓励有条件的地方因地制宜加大对退役军人就业创业的支持力度。退役军人从事个体经营，符合条件的可享受国家相关税收优惠。适时研究完善支持退役军人就业创业的税收优惠政策。

（十六）探索设立创业基金

引导企业和社会组织积极扶持退役军人创业，鼓励社会资本设立退役军人创业基金，拓宽资金保障渠道。

四、建立健全服务体系

（十七）搭建信息平台

加强信息化建设，形成全国贯通、实时共享、上下联动的退役军人就业创业服务信息平台，充分运用大数据，畅通信息渠道，促进供需有效对接，为退役军人就业创业提供精准服务。

（十八）建立指导队伍

组织动员创业经验丰富、关爱退役军人、热心公益事业的企业家和专家学者等人员，组成退役军人就业创业指导团队，发挥其在职业规划、创业指导、吸纳就业等方面的传帮带作用。

（十九）建设实训基地

依托现有专为退役军人服务的机构，按照分级分类管理原则，加快建立优势互补、资源共享、专为退役军人服务的区域化实训基地，将其纳入国家政策支持范围，给予适当补助。

（二十）引导多元服务

积极倡导全社会共同参与退役军人就业创业，把政府提供公共服务、社会力量补充服务、退役军人自我服务结合起来，支持为退役军人就业创业服务的社会组织依法开展工作。

五、切实加强组织领导

（二十一）健全工作机制

要把退役军人就业创业工作作为一项政治任务摆上重要议事日程，健全工作机制，统筹协调、组织指导退役军人就业创业工作，重点做好研究制定政策、拟定实施方案、选定承训单位和就业创业指导服务机构、开展监督考评等重要事项。

（二十二）明确任务分工

退役军人事务部门负责退役军人就业创业的组织协调、宣传发动、监督考评等工作。教育部门负责推荐并指导所属教育培训机构做好招生录取、教学管理、就业推荐等组织实施工作。财政部门负责退役军人就业创业经费的安排与监管工作。人力资源社会保障部门负责指导职业培训机构、公共就业服务机构为退役军人提供职业技能培训、基本公共就业服务。军地有关部门按照职责共同做好退役军人就业创业相关工作。

（二十三）严格追责问责

要把退役军人就业创业工作纳入年度绩效考核内容，加强监督检查，严格追踪问效，确保政策落实落地。对在中央政策之外增设条件、提高门槛的，坚决予以清理和纠正；对政策落实不到位、工作推进不力的，及时进行督查督办；对严重违反政策规定、造成不良影响的，严肃追究相关人员责任。

（二十四）强化宣传教育

加强退役军人思想政治和择业观念教育，帮助他们尽快实现角色转换，顺利融入社会，退役不褪色、退伍不褪志，继续保持发扬人民军队的光荣传统和优良作风，在社会主义现代化建设事业中再立新功、赢得全社会尊重。同时，大力宣传退役军人就业创业典型，弘扬自信自强、积极向上的精神风貌。宣传社会各界关心支持退役军人就业创业的先进事迹，营造有利于退役军人就业创业的良好氛围。

各地结合实际制定实施细则，贯彻落实情况及时报告。

退役军人事务部 中共中央组织部

中共中央政法委员会 教育部

公安部 民政部 财政部

人力资源和社会保障部

国务院国有资产监督管理委员会

国家税务总局

国务院扶贫开发领导小组办公室

中央军委政治工作部

2018 年 7 月 27 日

财政部、税务总局、退役军人事务部关于进一步扶持自主就业退役士兵创业就业有关税收政策的通知

财税〔2019〕21 号

各省、自治区、直辖市、计划单列市财政厅（局）、退役军人事务厅（局），国家税务总局各省、自治区、直辖市、计划单列市税务局，新疆生产建设兵团财政局：

为进一步扶持自主就业退役士兵创业就业，现将有关税收政策通知如下。

一、自主就业退役士兵从事个体经营的，自办理个体工商户登记当月起，在 3 年（36 个月，下同）内按每户每年 12000 元为限额依次扣减其当年实际应缴纳的增值税、城市维护建设税、教育费附加、地方教育附加和个人所得税。限额标准最高可上浮 20%，各省、自治区、直辖市人民政府可根据本地区实际情况在此幅度内确定具体限额标准。

纳税人年度应缴纳税款小于上述扣减限额的，减免税额以其实际缴纳的税款为限；大于上述扣减限额的，以上述扣减限额为限。纳税人的实际经营期不足 1 年的，应当按月换算其减免税限额。换算公式为：减免税限额=年度减免税限额÷12×实际经营月数。城市维护建设税、教育费附加、地方教育附加的计税依据是享受本项税收优惠政策前的增值税应纳税额。

二、企业招用自主就业退役士兵，与其签订 1 年以上期限劳动合同并依法缴纳社会保险费的，自签订劳动合同并缴纳社会保险当月起，在 3 年内按实际招用人数予以定额依次扣减增值税、城市维护建设税、教育费附加、地方教育附加和企业所得税优惠。定额标准为每人每年 6000 元，最高可上浮 50%，各省、自治区、直辖市人民政府可根据本地区实际情况在

此幅度内确定具体定额标准。

企业按招用人数和签订的劳动合同时间核算企业减免税总额，在核算减免税总额内每月依次扣减增值税、城市维护建设税、教育费附加和地方教育附加。企业实际应缴纳的增值税、城市维护建设税、教育费附加和地方教育附加小于核算减免税总额的，以实际应缴纳的增值税、城市维护建设税、教育费附加和地方教育附加为限；实际应缴纳的增值税、城市维护建设税、教育费附加和地方教育附加大于核算减免税总额的，以核算减免税总额为限。

纳税年度终了，如果企业实际减免的增值税、城市维护建设税、教育费附加和地方教育附加小于核算减免税总额，企业在企业所得税汇算清缴时以差额部分扣减企业所得税。当年扣减不完的，不再结转以后年度扣减。

自主就业退役士兵在企业工作不满1年的，应当按月换算减免税限额。计算公式为：企业核算减免税总额=Σ每名自主就业退役士兵本年度在本单位工作月份÷12×具体定额标准。

城市维护建设税、教育费附加、地方教育附加的计税依据是享受本项税收优惠政策前的增值税应纳税额。

三、本通知所称自主就业退役士兵是指依照《退役士兵安置条例》（国务院 中央军委令第 608 号）的规定退出现役并按自主就业方式安置的退役士兵。

本通知所称企业是指属于增值税纳税人或企业所得税纳税人的企业等单位。

四、自主就业退役士兵从事个体经营的，在享受税收优惠政策进行纳税申报时，注明其退役军人身份，并将《中国人民解放军义务兵退出现役证》《中国人民解放军士官退出现役证》或《中国人民武装警察部队义务兵退出现役证》《中国人民武装警察部队士官退出现役证》留存备查。

企业招用自主就业退役士兵享受税收优惠政策的，将以下资料留存备查：1.招用自主就业退役士兵的《中国人民解放军义务兵退出现役证》《中国人民解放军士官退出现役证》或《中国人民武装警察部队义务兵退出现役证》《中国人民武装警察部队士官退出现役证》；2.企业与招用自主就业退役士兵签订的劳动合同（副本），为职工缴纳的社会保险费记录；3.自主就业退役士兵本年度在企业工作时间表（见附件）（略）。

五、企业招用自主就业退役士兵既可以适用本通知规定的税收优惠政策，又可以适用其他扶持就业专项税收优惠政策的，企业可以选择适用最优惠的政策，但不得重复享受。

六、本通知规定的税收政策执行期限为2019年1月1日至2021年12月31日。纳税人在2021年12月31日享受本通知规定税收优惠政策未满3年的，可继续享受至3年期满为止。《财政部 税务总局 民政部关于继续实施扶持自主就业退役士兵创业就业有关税收政策的通知》（财税〔2017〕46号）自2019年1月1日起停止执行。

退役士兵以前年度已享受退役士兵创业就业税收优惠政策满3年的，不得再享受本通知规定的税收优惠政策；以前年度享受退役士兵创业就业税收优惠政策未满3年且符合本通知规定条件的，可按本通知规定享受优惠至3年期满。

各地财政、税务、退役军人事务部门要加强领导、周密部署，把扶持自主就业退役士兵创业就业工作作为一项重要任务，主动做好政策宣传和解释工作，加强部门间的协调配合，确保政策落实到位。同时，要密切关注税收政策的执行情况，对发现的问题及时逐级向财政部、税务总局、退役军人部反映。

财政部

税务总局

退役军人事务部

2019年2月2日

中共中央办公厅 国务院办公厅印发《关于解决部分退役士兵社会保险问题的意见》

广大退役士兵曾经为国防和军队建设作出贡献，在党和政府的重视关怀下，总体上得到了妥善安置，受到社会的尊崇和优待。但是，一些退役士兵未能及时参加基本养老、基本医疗保险或参保后因企业经营困难、下岗失业等原因缴费中断，享受养老、医疗保障待遇面临困难。为保证退役士兵享有的保障待遇与服役贡献相匹配、与经济社会发展水平相适应，切实维护他们的切身利益，现提出如下意见。

一、总体要求

以习近平新时代中国特色社会主义思想为指导，紧紧围绕统筹推进“五位一体”总体布局和协调推进“四个全面”战略布局，贯彻新发展理念，践行以人民为中心的发展思想，在既有制度框架内，抓住主要矛盾，坚持问题导向，深挖制度潜力，创新政策措施，依法合理解决广大退役士兵最关心最直接最现实的利益问题，完善基本养老、基本医疗保险参保和接续政策，使他们退休后能够享受相关待遇，共享经济社会改革发展成果，切实感受到党和政府的关怀与优待，体会到社会尊崇。

二、政策措施

以政府安排工作方式退出现役的退役士兵，适用以下政策。

（一）允许参保和补缴

未参加社会保险的允许参保。退役士兵入伍时未参加城镇职工基本养老、基本医疗保险的，入伍时间视为首次参保时间；2012 年 7 月 1 日《中华人民共和国军人保险法》实施前退役的，军龄视同为基本养老保险、基本医疗保险缴费年限；在《中华人民共和国军人保险法》实施后退役、国家给予军人退役基本养老保险补助的，军龄与参加基本养老保险、基本医疗保险的缴费年限合并计算。

参保后缴费中断的允许补缴。退役士兵参加基本养老保险出现欠缴、断缴的，允许按不超过本人军龄的年限补缴，补缴免收滞纳金。达到法定退休年龄、基本养老保险累计缴费年限（含军龄）未达到国家规定最低缴费年限的，允许延长缴费至最低缴费年限；2011 年 7 月 1 日《中华人民共和国社会保险法》实施前首次参保、延长缴费 5 年后仍不足最低缴费年限的，允许一次性缴费至最低缴费年限。达到法定退休年龄、城镇职工基本医疗保险累计缴费年限（含军龄）未达到国家规定年限的，可以缴费至国家规定年限。

退役士兵参加工伤保险、失业保险、生育保险存在的问题，各地按规定予以解决。

（二）补缴责任和要求

退役士兵参加社会保险缴纳费用，原则上单位缴费部分由所在单位负担，个人缴费部分由个人负担。

原单位已不存在或缴纳确有困难的，由原单位上级主管部门负责补缴；上级主管部门不存在或无力缴纳的，由安置地退役军人事务主管部门申请财政资金解决。政府补缴年限不超过本人军龄。上述单位缴费财政补助部分由中央、省、市、县四级承担，安置地省级政府承担主体责任，中央财政对地方给予适当补助。

对于个人缴费部分，个人属于最低生活保障对象、特困人员的，地方政府对其个人缴费予以适当补助。

（三）缴费工资基数和费率

城镇职工基本养老保险。缴费工资基数由安置地按照补缴时上年度职工平均工资的 60%予以确定，单位和个人缴费费率按补缴时安置地规定执行，相应记录个人权益。

城镇职工基本医疗保险。缴费工资基数由参保地按照补缴时上年度职工平均工资的60%予以确定，单位和个人缴费费率按参保地规定执行。

（四）参保和补缴手续

建立“一门受理、协同办理”的经办机制。需要参加社会保险或补缴社会保险费的退役士兵持本人有效身份证件和相关退役证明，到安置地退役军人事务主管部门登记军龄、提出申请。安置地退役军人事务主管部门将相关认定信息及证明材料分别提供给安置地（或参保地）社会保险、医疗保险及相关征收机构办理参保和补缴手续。

三、加强组织领导

（一）健全工作机制。地方各级政府各有关部门要强化政治责任和使命担当，建立党委和政府统一领导，退役军人事务部门统筹协调，财政、人力资源社会保障、医疗保障、税务、审计等相关部门各司其职、密切配合的工作机制。国家层面建立由退役军人事务部牵头、有关部门参加的部际联席会议制度。

（二）加强督导落实。各地要对照本意见要求，对符合条件的退役士兵登记造册，制定方案，核算资金，确保政策落实到位。其中，涉及基本养老保险的补缴工作，要结合实际加快工作进度，争取尽快完成工作任务。各地要实行工作进展情况通报制度，对因工作不到位、责任不落实未能完成任务的，要倒查责任、严肃追责。

（三）强化帮扶援助。对于达到法定退休年龄，按照本意见缴费后仍未达到最低缴费年限的，各地要采取多种有效措施予以帮助。要积极通过教育培训、推荐就业、扶持创业等方式，帮助退役士兵就业创业。对于年龄偏大、扶持后仍就业困难的退役士兵，符合条件的，优先通过政府购买的公共服务岗位帮扶就业。有就业能力的退役士兵应主动就业创业，用工单位和退役士兵应依法缴纳社会保险费。

本意见适用于施行前出现的未参保和断缴问题。各省区市各有关部门要根据本地区本系统实际制定具体落实措施，实施过程中的重大问题、重要情况要及时向党中央、国务院报告。

（来源：新华社，时间：2019 年 04 月 28 日）

光荣牌悬挂服务管理工作规定（试行）

退役军人部发〔2019〕50号

第一章　总　则

第一条　为规范光荣牌的悬挂和服务管理，维护光荣牌的荣誉性、庄重性，更好发挥光荣牌的荣誉激励作用，依据国务院办公厅印发的《为烈属、军属和退役军人等家庭悬挂光荣牌工作实施办法》有关要求，制订本规定。

第二条　本规定所称光荣牌是指由省级人民政府退役军人事务部门按照国家规定的样式统一制作的“光荣之家”标识牌。

第三条　光荣牌是褒扬为国家、国防和人民牺牲奉献的荣誉载体和象征，应当得到尊重和爱护。

第四条　本规定所称的悬挂服务管理工作，包括光荣牌的制作、新发、补发、更换、收回、取消和恢复悬挂。

第五条　光荣牌悬挂和服务管理工作坚持彰显荣誉、规范有序、庄重严肃、分级负责、属地落实的原则。

第六条　退役军人事务部统一设计和规范光荣牌的样式、监督光荣牌制作，指导督促全国光荣牌悬挂和服务管理工作。

省级人民政府退役军人事务部门负责本省份光荣牌的统一制作，指导督促悬挂和服务管理工作。地（市）级人民政府退役军人事务部门负责本行政区域内光荣牌悬挂和服务管理工作的指导、监督。县级人民政府退役军人事务部门会同当地人民武装部门组织落实本行政区域内光荣牌的具体悬挂和服务管理工作。

退役军人服务中心（站）承担光荣牌悬挂和服务管理具体事务性工作。

第二章　悬挂范围

第七条　烈士遗属、因公牺牲军人遗属、病故军人遗属（以下简称“三属”）家庭和中国人民解放军现役军人（以下简称现役军人）家庭、退役军人家庭可以依照规定悬挂光荣牌。

同时具备两个以上（含两个）悬挂光荣牌条件的家庭，只悬挂一块光荣牌。

第八条　“三属”家庭是指《中华人民共和国烈士证明书》、《中华人民共和国军人因公牺牲证明书》、《中华人民共和国军人病故证明书》等证明书的持证人家庭（原则上以居民户口簿为准，下同），以及非持证的烈士、因公牺牲军人、病故军人的父母（抚养人）、配偶和子女家庭。

第九条　现役军人家庭是指现役军人本人的家庭。现役军人与父母（抚养人）分户居住的，也可为其父母（抚养人）家庭悬挂一块光荣牌；父母离异的，由现役军人决定在父方或者母方家庭悬挂。

第十条　退役军人家庭是指退役军人本人的家庭。

第十一条　光荣牌在对象家庭户籍所在地悬挂。悬挂对象户籍地与常住地不一致的，可尊重对象意愿悬挂。需跨省异地悬挂的，由悬挂对象凭常住证明（居住证或房产证）向户籍所在地县级人民政府退役军人事务部门提出申请，户籍所在地县级人民政府退役军人事务部门核实后开具协办信函。常住地县级人民政府退役军人事务部门核准后，由其常住地退役军人服务中心（站）为其悬挂常住地的光荣牌。

户籍所在地和常住地只能选择一处悬挂。常住地跨省变迁需要在新常住地悬挂光荣牌的，应当将已悬挂光荣牌上交原发放地县级人民政府退役军人事务部门，凭上交凭证重新向户籍所在地县级人民政府退役军人事务部门提出申请。

第三章　组织实施

第十二条　符合悬挂条件的新增对象，应当及时主动进行信息采集。县级人民政府退役军人事务部门按照相关规定和程序为其家庭悬挂光荣牌。

第十三条　集中悬挂、更换光荣牌工作原则上于每年建军节、春节前或者新兵入伍时进行。

集中悬挂或者更换光荣牌时，村（居）民委员会、社区、退役军人服务中心（站）应当举行悬挂仪式，安排专人负责安装悬挂。悬挂仪式应当简朴、庄重、热烈。

第十四条　光荣牌的悬挂位置应当尊重悬挂家庭的意愿，一般悬挂在其正门适当位置，保证醒目、协调、庄严、得体。

因建筑结构、材质等因素不适合悬挂的，可在室内醒目位置摆放。

第十五条　拟固定悬挂光荣牌家庭所居住的房屋所有权非本家庭成员所有的，对象家庭应当事先征得房屋所有权人的同意。

第十六条　光荣牌悬挂后，应当及时填写光荣牌悬挂登记表，由对象本人或者家庭成员签字确认。

光荣牌悬挂登记表由省级人民政府退役军人事务部门统一格式，内容包括家庭户主姓名、对象类别（军属所对应现役军人可公开的基本信息）、身份证号码、家庭地址、联系电话、挂牌时间、展示方式（悬挂或者摆放）、签收人（签字）、经办工作人员（签字）、备注等。

第十七条　各级退役军人事务部门应当指导督促退役军人服务中心（站），加强信息采集和数据比对核实，及时完善工作台账，落实建档立卡制度，加强信息数据管理。

第十八条　省级人民政府退役军人事务部门应当采用信息技术加强光荣牌的管理，逐步实现编码管理、一牌一码。

第十九条　悬挂对象应当珍视荣誉，做好光荣牌的保管、维护。

第二十条　光荣牌发生老化、破损等情形，悬挂对象可以提出更换申请，经县级人民政府退役军人事务部门核准后可以更换。更换新光荣牌前，应当上交旧光荣牌。县级人民政府退役军人事务部门负责集中销毁上交的旧光荣牌。

因非本人责任、无法抗拒或者无法预料等情形造成光荣牌遗失，可以申请补发，补发原则上不超过两次。

第二十一条　悬挂光荣牌家庭的“三属”或者现役军人、退役军人去世后，该家庭可继续悬挂光荣牌，但不再更换。

第四章　生产制作及分发

第二十二条　光荣牌生产应当按照政府采购有关要求组织实施，光荣牌样式和质量应当符合国家统一规定的《光荣牌设计和技术标准》，退役军人事务部门应当采取随机抽检、委托专业检测机构进行质量检验等方法，确保产品质量。

第二十三条　光荣牌完成生产经检验合格后，应当加强运输和储存过程管理，储存场所应当满足防尘、防潮、防盗等条件，确保悬挂前无弯折、污损、丢失等。

第二十四条　光荣牌由县级人民政府退役军人事务部门发放，并建立领取、分发登记制度，确保收发准确清楚。

第二十五条　退役军人事务部门应当监督光荣牌生产厂家对不合格产品及时销毁，加强光荣牌运输和储存过程管理，严禁成品、半成品、不合格产品流入社会。

第五章　监督管理

第二十六条　光荣牌悬挂对象本人及其家庭成员有下列情形之一的，

县级人民政府退役军人事务部门应当及时给予说服教育、督促纠正：

（一）利用光荣牌反映个人不合理诉求、谋取不当利益的；

（二）悬挂仿制的光荣牌的；

（三）故意污损、划刻、破坏光荣牌或者恶搞、玷污光荣牌形象的；

（四）将光荣牌出售、出租、转借或者用于从事营利性活动的；

（五）将光荣牌带出境的；

（六）有其他不当使用情形的。

第二十七条 悬挂对象及其家庭成员存在以下情形之一的，县级人民政府退役军人事务部门应当取消其家庭悬挂光荣牌资格，已经悬挂的，经县级人民政府退役军人事务部门批准，由乡镇（街道）、村（社区）退役军人服务站及时收回：

（一）现役军人被除名或者开除军籍的；

（二）应征入伍后被退兵处理的；

（三）悬挂对象及其家庭成员因犯罪被追究刑事责任的；

（四）悬挂对象本人被开除党籍或者被开除公职的；

（五）被公安机关处以治安管理处罚且产生恶劣影响的；

（六）被列入失信人员名单的；

（七）违反《信访条例》有关规定，挑头集访、闹访被劝阻、批评、教育仍不改正的；

（八）不珍惜光荣牌荣誉、违反社会公序良俗，以及第二十六条所列情形，进行教育纠正仍拒不改正的。

第二十八条 悬挂对象及其家庭成员出现第二十七条第五项、第六项、第七项、第八项行为被取消悬挂光荣牌资格后，能够主动改正错误并积极消除负面影响的，经县级人民政府退役军人事务部门核准，并报地（市）级人民政府退役军人事务部门备案，可以恢复光荣牌悬挂资格。由乡镇（街道）、村（社区）退役军人服务站上门恢复悬挂，不再举行悬挂仪式。

第二十九条　任何组织和个人不得买卖、出租光荣牌，不得仿制光荣牌，不得将光荣牌用于商业广告、制作商标或者其他商业性用途，不得将光荣牌用于娱乐活动，不得进行丑化、玷污、破坏光荣牌等有损光荣牌形象的活动。

退役军人事务部门发现不恰当使用光荣牌的行为，应当依法协同相关部门及时处置。

第三十条　退役军人事务部门以及相关单位的工作人员，在光荣牌悬挂和服务管理工作中应当积极主动、热情周到，对不履行职责并造成严重社会不良影响的，严格问责追责。

第三十一条　省级人民政府退役军人事务部门应当设立光荣牌悬挂服务管理监督电话，接受咨询和投诉，建立反馈办理台帐，方便社会和服务对象监督。

第六章　附　则

第三十二条　各级退役军人事务部门和相关单位为悬挂对象悬挂光荣牌，不得收取任何费用。

第三十三条　本规定所称家庭成员是指户籍家庭成员或者长期共同生活的家庭成员。

第三十四条　中国人民武装警察部队官兵家庭悬挂光荣牌适用于本规定。

第三十五条　本规定自印发之日起施行。

应邀以退役军人身份参加大型活动着装办法（试行）

退役军人部发〔2019〕58号

第一条 为了指导应邀以退役军人身份参加大型活动着装行为，褒扬彰显退役军人为国家和人民牺牲奉献的精神风范和价值导向，激励广大退役军人积极参加新时代中国特色社会主义建设，在全社会营造支持国防和军队建设的浓厚氛围，根据国家有关规定，制定本办法。

第二条 应邀以退役军人身份参加大型活动时，按照活动组织单位要求，可着按军队规定个人留存的服役期间装备的制式服装（以下简称服役期间的军装）、现工作岗位制式服装、正装（或少数民族盛装），在胸前适当位置佩戴服役期间和退出现役后荣获的勋章、奖章、纪念章等徽章。

第三条 应邀以退役军人身份参加下列活动时，可以按照活动组织单位的要求，着服役期间的军装：

（一）党中央、国务院、中央军委组织的建党、建军、国庆和纪念抗日战争胜利等重大纪念、庆典活动；

（二）党、国家和军队相关部门以及县级以上党委和政府及驻地军事机关开展的面向退役军人的表彰奖励、典型宣传活动；

（三）县级以上党委和政府及驻地军事机关为纪念重大历史事件、重要历史人物，国家法定节日、纪念日等举行的庆典、集会活动；

（四）县级以上党委和政府及驻地军事机关组织或批准开展的国防教育、英烈祭扫纪念活动；

（五）县级以上党委和政府及驻地军事机关批准允许着服役期间军装的其他活动和场合。

第四条 应邀以退役军人身份参加大型活动，允许着服役期间的军装时，通常着常服或礼服。

第五条 退役军人着服役期间的军装时，应按规定配套穿着，不同制式、不同季节款式不得混穿。2 名以上退役军人同时参加活动时，军装的季节款式要保持一致。

第六条 军队离休退休干部应邀参加重大庆典和重大政治活动时的着装要求，按照有关规定执行。

第七条 应邀以退役军人身份参加党、国家和军队组织的外事活动时的着装要求，由主办单位商外事部门确定。

第八条 退役军人着服役期间的军装、现工作岗位制式服装、正装（或少数民族盛装）时，可以佩戴下列勋章、奖章、纪念章：

（一）共和国勋章、七一勋章和八一勋章，党、国家、军队按规定设立的其他勋章；

（二）国家荣誉称号奖章和党中央、国务院、中央军委单独或者联合授予荣誉称号的奖章；

（三）党中央、国务院、中央军委单独或者联合颁发的国家级表彰奖励奖章；

（四）党中央、国务院、中央军委单独或者联合颁发的纪念章；

（五）中央军委授权大单位、中央军委机关部门授予的荣誉称号奖章，各地区各部门颁发的省部级表彰奖励奖章以及纪念章；

（六）在军队服役期间获得的一等功、二等功、三等功奖章和其他表彰奖励奖章、纪念章。

第九条 勋章、奖章、纪念章颁授时，一般采用领绶形式挂颈佩戴，其他场合一般采用襟绶形式在胸前佩戴。在颁授现场，获得者如果佩戴原有的勋章、奖章、纪念章，应当按照规定顺序采用襟绶形式佩戴，原有勋章、奖章、纪念章不能采用襟绶形式佩戴的，一般不在颁授现场佩戴。

采用襟绶形式佩戴时，佩戴顺序应当符合下列规定：

（一）本办法规定的勋章、奖章、纪念章应当佩戴于左侧胸前，按照勋章和国家荣誉称号奖章、其他荣誉称号奖章、表彰奖励奖章、纪念章的顺序自上而下佩戴；

（二）同时佩戴多枚勋章时，共和国勋章一般单独位于左侧胸前最上部，七一勋章、八一勋章和党、国家、军队设立的其他勋章以及国家荣誉称号奖章佩戴于共和国勋章下的同一排内，并且按照上述顺序由佩戴者身体内侧向外侧佩戴（见图 1）；

图 1　　图 2　　图 3

（三）佩戴 2 枚勋章或者国家荣誉称号奖章，可以不分类别同时佩戴于同一排内，并且位于左侧胸前最上部（见图 2）；

（四）佩戴 1 枚勋章或者国家荣誉称号奖章，应当位于左侧胸前最上部（见图 3）；

（五）党中央、国务院、中央军委单独或者联合授予的荣誉称号奖章佩戴于勋章和国家荣誉称号奖章之下，按照联合授予、党中央单独授予、国务院单独授予、中央军委单独授予的顺序由佩戴者身体内侧向外侧佩戴；

（六）表彰奖励奖章和纪念章可以佩戴于同一排内，并位于荣誉称号奖章之下，按照国家级表彰奖励奖章，党中央、国务院、中央军委颁发的纪念章，中央军委授权大单位、中央军委机关部门授予的荣誉称号奖章，各地区各部门颁发的省部级表彰奖励奖章、纪念章，在军队服役期间获得的一等功、二等功、三等功奖章和其他表彰奖励奖章、纪念章的顺序由佩戴者身体内侧向外侧佩戴；

（七）同一排各枚章体最上部应当保持平齐，位于胸前上部恰当位置，不得低于腰部。

第十条　左侧胸前同时佩戴我国颁发的勋章、奖章、纪念章时，一般不超过 4 排，每排不超过 3 枚（见图 4）；只佩戴奖章（不含国家荣誉称号奖章）和纪念章时，一般不超过 3 排，每排不超过 3 枚（见图 5）；

图 4　　图 5　　图 6

右侧胸前可以佩戴其他国家、地区或者国际组织以及民间组织等颁发的勋章、奖章、纪念章，佩戴位置应当低于左侧胸前佩戴的勋章和国家荣誉称号奖章，数量不得超过左侧胸前的佩戴数量（见图 6）；

参加全国性授勋授奖、庆典纪念等活动，应当优先佩戴国家级表彰奖励以上等级的勋章、奖章或者党中央、国务院、中央军委颁发的纪念章。

第十一条　退役军人着服役期间的军装、现工作岗位制式服装、正装（或少数民族盛装）时，应当做到仪容端庄，举止得体。

第十二条　应邀以退役军人身份参加大型活动时，应当随身携带能够证明其身份的证件和活动邀请函。

第十三条　其他国家机关、人民团体、乡村、社区、学校、企业事业单位举办庆典、纪念、国防教育等活动，邀请退役军人参加时的着装行为参照此办法执行。

第十四条　本办法适用于依法退出现役的军人（不含服役期间被开除军籍的人员和被除名的义务兵）。

退役军人事务部等5部门
关于加强困难退役军人帮扶援助工作的意见

退役军人部发〔2019〕62号

各省、自治区、直辖市退役军人事务厅（局）、民政厅（局）、财政厅（局）、住房和城乡建设厅（局）、医疗保障局，新疆生产建设兵团退役军人事务局、民政局、财政局、住房和城乡建设局、医疗保障局：

加强困难退役军人帮扶援助工作，是新形势下做好退役军人和其他优抚对象服务保障的重要内容，对服务军地改革发展、促进社会和谐稳定、体现社会尊崇优待具有重要意义。根据党中央、国务院、中央军委有关改革部署要求，现就加强困难退役军人帮扶援助工作，提出以下意见。

一、指导思想

以习近平新时代中国特色社会主义思想为指导，深入贯彻落实党的十九大和十九届二中、三中全会精神，践行以人民为中心的发展思想，围绕决胜全面建成小康社会，支持国防和军队现代化建设，立足帮助退役军人摆脱困境，加快建立突出协同性、体现优待性、注重时效性、调动积极性的工作新机制，推动形成对象明确、保障适度、规范高效的工作新格局，不断提高救急济难水平，增强困难退役军人安全感、获得感和荣誉感，为保障他们共享经济社会改革发展成果奠定坚实基础。

二、基本原则

（一）立足济难解困。对因军事职业特殊性造成重残重病、长期失业或遭遇突发性、临时性事件等导致生活陷入困境的退役军人，按照保基本、救急难、求实效的要求，给予及时帮扶援助。

（二）体现尊崇优待。充分体现退役军人为国防和军队建设作出的牺牲贡献，对其面临的工作生活等方面的实际困难，在保障其享有公民普惠待遇的基础上，由地方人民政府退役军人事务部门给予临时性、过渡性的帮扶援助，把党和国家对困难退役军人的关心关爱落到实处。

（三）创新方式方法。借鉴国内外有益做法，立足退役军人特点诉求，结合管理服务需要，坚持政府主导、社会参与，统筹利用现有资金渠道，充分调动社会力量，为困难退役军人提供多主体供给、多渠道保障的帮扶援助。

三、帮扶援助对象

（一）退役军人。是指依法退出现役的军官和士兵。

（二）领取定期抚恤补助的“三属”。有条件的地区可将现役军人父母、配偶、未成年子女纳入帮扶援助范围。

四、帮扶援助情形

按照“普惠加优待”的原则，符合条件的困难退役军人、“三属”在充分享受社会救助政策的同时，对因以下五种情形导致生活陷入困境的，根据困难程度和现实表现，可以按规定申请帮扶援助。

（一）退役军人因服役期间致残或因患有严重疾病等原因造成退役后本人就业困难，医疗和康复等必需支出突然增加超出家庭承受能力，导致生活出现严重困难的；

（二）退役军人因服役时间长、市场就业能力弱等原因造成长期失业或突然下岗，导致生活出现严重困难的；

（三）退役军人因旧伤复发、残情病情加重等原因，导致生活出现严重困难的；

（四）退役军人、“三属”等因火灾水灾、交通事故、重大疾病、人身伤害、见义勇为等突发事件，导致生活出现严重困难的；

（五）遭遇其他特殊情况导致生活出现严重困难的。

五、帮扶援助方式

对符合条件的帮扶援助对象，各地应当根据帮扶援助标准和对象基本需要，采取以下一种或多种方式予以帮扶援助。

（一）提供资金援助。按照专款专用、科学公正、加强监管的原则，全面推行社会化发放，确保资金发放安全、及时、便捷、足额。必要时，可直接发放现金。

（二）提供实物援助。包括发放衣被、食品、饮用水、医药等生活必需品，部分生产资料，以及提供临时住所等。

（三）提供社会化服务援助。鼓励和引导公益慈善组织、社会工作服务机构、企业等社会力量，通过纳入慈善项目、发动社会募捐、提供专业服务、开展志愿服务等形式，给予多元化、个性化帮扶援助。

六、帮扶援助标准

各地要着力提高帮扶援助力度，做到既尽力而为，又量力而行；根据帮扶援助对象的困难情形和程度、当地经济社会发展和救助保障水平等因素，合理确定困难退役军人帮扶援助标准，并适时调整。省级相关部门要加强对工作的统筹指导，推动逐步形成相对统一的区域帮扶援助标准体系。

七、办理程序

帮扶援助工作实行一事一批，按照个人申请、乡镇审核、县级审批的程序办理，做到公正公开，接受社会监督。

（一）个人申请。一般由符合条件的对象本人书面向所在乡镇人民政府（街道办事处）退役军人服务站提出申请。没有单独建立服务站的，可向负责退役军人工作的工作人员提出申请。本人因行动不便、精神障碍等原因不能自行申请的，其监护人、家属、所在村（居）可代为提出申请。申请时应当按规定如实提交相关资料。无正当理由，申请人不得因同一事由重复提出申请。

（二）乡镇（街道）审核。乡镇人民政府（街道办事处）退役军人服务站应当在村（居）民委员会协助下，对申请人身份、家庭经济状况、困难情形程度、各类救助情况等逐一调查，提出审核意见，并视情在申请人所居住的村（居）公示后，报县级人民政府退役军人事务部门审批。

（三）县级审批。县级人民政府退役军人事务部门受理后，可委托县级退役军人服务中心开展信息核实等工作，并应当及时作出审批决定，不予批准的应当书面说明理由。申请人无正当理由以同一事由重复申请的，不予批准。申请人对审批结果有异议的，可向县级人民政府或上一级人民政府退役军人事务部门申请复核。

遇有紧急情况，各相关单位应当先行帮扶援助再按规定补齐审核审批手续。

困难退役军人生活、医疗和住房等救助工作按现行相关规定办理，退役军人服务中心（站）应当给予积极协助。

八、组织保障

（一）健全工作机制。地方各级各有关部门要把困难退役军人帮扶援助工作摆上重要位置，切实强化政治责任和使命担当。要建立健全在政府统一领导下，退役军人事务部门统筹协调，民政、财政、住房城乡建设、医疗保障等部门各司其职、密切配合的工作机制。

（二）加强经费保障。安置地要将帮扶援助资金列入财政预算予以保障。鼓励通过社会捐赠等多种方式筹集资金用于帮扶援助工作。有条件的地方可设立困难退役军人关爱帮扶基金，拓宽资金保障渠道。

（三）强化服务意识。各相关部门要不断创新服务形式，优化服务流程，提升服务效能。各级退役军人事务部门要进一步树立主管主责意识，主动作为，因人施策，切实做到应帮尽帮、应援尽援、帮援及时。

（四）坚持依法援助。审核审批机关工作人员要严守纪律规矩，依法依规做好帮扶援助工作。退役军人应当做到诚实守信，确保提供的材料真实准确。对骗取帮扶援助的，应当追回已享受的相应待遇；情节严重的，依法依规追究相关责任。对违法犯罪被追究刑事责任的，因不当行为被纳入失信联合惩戒对象名单的，组织煽动、串联聚集、缠访闹访、滞留滋事、网上恶意炒作或造谣、多次参加聚集上访的，不支持不配合管理服务工作造成恶劣影响的，以及有其他违法违纪情形的人员，不予帮扶援助。

本意见自 2019 年 10 月 9 日起施行。各地要根据本意见，结合实际制定具体实施办法，切实做好本地区困难退役军人帮扶援助工作。

退役军人事务部

民政部

财政部

住房和城乡建设部

国家医疗保障局

2019 年 10 月 9 日

退役军人事务部 中央军委政治工作部关于进一步规范退役士兵移交安置工作有关具体问题的通知

退役军人部发〔2019〕79号

各省、自治区、直辖市退役军人事务厅（局），新疆生产建设兵团退役军人事务局，各战区、各军兵种、军委机关各部门、军事科学院、国防大学、国防科技大学、武警部队政治工作部（局、处）：

为进一步规范移交安置工作，明确各方权责，统一执行尺度，提升工作的严肃性、协同性和高效性，更好地维护退役士兵合法权益，更好地服务改革强军战略，根据《退役士兵安置条例》、《关于进一步加强由政府安排工作退役士兵就业安置工作的意见》（退役军人部发〔2018〕27号）等法规文件精神，结合新形势新任务和军地各级反映的突出问题，现就有关具体问题明确如下。

一、关于安排工作和自主就业退役士兵的离队报到接收

（一）严格报到规定。集中移交的安排工作退役士兵应当在《退役士兵接收安置通知书》规定的时间内，自主就业退役士兵和非集中移交的安排工作退役士兵应当自被批准退出现役之日起30日内，持退出现役证件、介绍信（集中移交的还应有《退役士兵接收安置通知书》）到安置地退役军人事务部门办理报到登记。

（二）加强督促提醒。部队应当加强退役士兵离队和择业观教育，联合驻地退役军人事务部门开展政策宣讲，使其知晓退役后的安置待遇、报到规定和违规须承担的责任。部队移交退役士兵档案时应当一并提供退役士兵家庭住址、联系电话和部队工作人员姓名、联系电话。安置地退役军人事务部门在收到退役士兵档案后，应当通过告知书形式对临近报到期限但仍未报到的退役士兵进行督促提醒，同时函商其家庭所在乡镇人民政府（街道办事处）退役军人服务站督促退役士兵按时报到。告知书和函件应当包括报到规定、时限以及不按时报到退役士兵须承担的责任等内容。

（三）规范档案交接。集中移交的安排工作退役士兵档案由军队各大单位兵员管理部门按规定移交省级人民政府退役军人事务部门；自主就业退役士兵和非集中移交的安排工作退役士兵的档案，一般由部队师（旅）、团级单位在士兵退役之日起 20 日内邮寄至安置地退役军人事务部门。档案移交时，所在单位应当按照《军队档案条例》有关规定，留存退役士兵档案的数字复制件。安置地退役军人事务部门应当在收到退役士兵档案后的 20 日内，将《退役士兵档案转递通知单回执》寄回部队师（旅）、团级单位兵员管理部门。军地双方要加强沟通，在各自职责范围内为对方核查提供便利和协助，涉及档案的补充材料应当按照档案移交程序进行移交。对自主就业和非集中移交的安排工作退役士兵，拟作退档处理的，安置地退役军人事务部门应当及时与其原部队沟通协商，确需退档的应当向部队出具书面说明，并逐级上报省级人民政府退役军人事务部门备案。

（四）认真组织接收。安置地退役军人事务部门应当做好退役士兵报到接收工作，须与退役士兵逐人面谈了解其服役经历等情况，并填写留存本人基本信息和联系电话；对本人情况与档案记载明显不相符的，以及退役士兵反映与原服役部队有遗留问题未解决的，应与相关部队核实商议达成一致意见后按实际情况处理。安置地退役军人事务部门应当对军地沟通和退役士兵报到情况进行记录和归档。

（五）做好相关服务。安置地退役军人事务部门要发挥牵头作用，主动协调相关部门为退役士兵提供优质服务。在退役士兵集中报到时段，通过设置专门窗口，开展“一站式”服务，方便退役士兵办理落户、党（团）组织关系转接、社会保险关系接续、预备役登记等手续；通过举办适应性培训、发放宣传资料、现场讲解答疑等方式，帮助退役士兵了解安置政策、程序和就业形势。

二、关于退役士兵安排工作手续的办理

（一）强化组织管理。安置地退役军人事务部门应当会同相关部门科学合理拟订安排工作计划，并报同级人民政府批准下达，确保安置岗位质量。要健全“阳光安置”工作机制，督促接收单位落实待遇。要突出思想政治教育，加强待安置期服务管理，教育引导安排工作的退役士兵遵守法律法规，珍惜荣誉机会，服从地方政府和接收单位安排，及时办理安排工作手续。

（二）办理分配手续。安排工作退役士兵的接收单位确定后，安置地退役军人事务部门应当及时书面通知退役士兵办理分配手续，明确办理时限和要求。对按时前来办理手续的退役士兵，安置地退役军人事务部门应当面开具《退役士兵安排工作介绍信》，并据实填写办理日期，按规定向接收单位移交《退役士兵安排工作登记卡》和退役士兵档案材料。对未按时前来办理手续的，安置地退役军人事务部门应当出具告知书督促，同时明确其无正当理由超过告知书规定办理时限 15 个工作日的，将单方面开具《退役士兵安排工作介绍信》。安置地退役军人事务部门单方面开出《退役士兵安排工作介绍信》15 个工作日内，退役士兵前来领取办理手续的应当允许；无正当理由超过 15 个工作日仍未领取的，作失效处理后与前期督促等材料一并归档，按规定作“视为放弃安排工作待遇”处理。

（三）办理上岗手续。退役士兵应当持《退役士兵安排工作介绍信》在规定的时间内到接收单位办理上岗手续。接收单位应当在退役军人事务部门开出《退役士兵安排工作介绍信》1 个月内安排退役士兵上岗。接收单位在退役士兵办理上岗手续时填写《退役士兵安排工作登记卡》，加盖公章后及时回传安置地退役军人事务部门。安置地退役军人事务部门根据接收单位提供的信息，对临近《退役士兵安排工作介绍信》开出 15 个工作日仍未到接收单位办理上岗手续的退役士兵，再次给予督促并记录。年度安排工作结束后，接收单位应当向安置地退役军人事务部门报送接收安置工作情况和《退役士兵安排工作登记卡》原件一份（另份单位留存），并按规定退回未按时办理上岗手续的退役士兵档案材料。

三、关于退役士兵放弃安排工作待遇、选择灵活就业的申请程序和相关待遇

（一）本人书面申请。按照《关于进一步加强由政府安排工作退役士兵就业安置工作的意见》规定，退役时选择由政府安排工作的退役士兵回到地方后又放弃安排工作待遇的，经本人申请确认后，允许灵活就业。上述退役士兵，应当在确认选岗前向安置地退役军人事务部门提出书面申请，如实填写《安排工作退役士兵自愿放弃安排工作选择灵活就业申请表》。申请书和申请表必须由本人签名。

（二）部门审核办理。对符合条件的退役士兵，安置地退役军人事务部门应当与本人签订协议书，明确双方责任、权利和义务；并按退役士兵在部队选择自主就业应领取的一次性退役金和地方一次性经济补助之和的 80%，发给一次性就业补助金。一次性就业补助金发放原则上与年度安排工作同步完成，因资金预算等原因确须延至下一年度发放的，应当向退役士兵说明情况，并于下一年度 12 月底前付清。灵活就业的退役士兵可按规定享受扶持自主就业退役士兵就业创业的各项优惠政策。

四、关于“视为放弃安置待遇”和“视为放弃安排工作待遇”退役士兵的认定和管理

（一）严守认定要求。《退役士兵安置条例》第十七条规定，退役士兵无正当理由不按规定时间报到超过 30 天的，视为放弃安置待遇。《退役士兵安置条例》第四十条和《关于进一步加强由政府安排工作退役士兵就业安置工作的意见》规定，由政府安排工作退役士兵无正当理由自开出安置介绍信 15 个工作日内拒不服从安置地人民政府安排工作的，视为放弃安排工作待遇。上述规定中“不服从安置地人民政府安排工作”，是指退役士兵无正当理由不按本通知要求办理安排工作手续，即：超过规定时间拒不到安置地退役军人事务部门领取《退役士兵安排工作介绍信》，或虽领取介绍信但超过规定时间拒不到接收单位办理上岗手续。安置地退役军人事务部门要本着对退役士兵负责的态度，依法依规严格认定，切实做好报到和安排工作手续办理的事前提醒和督促，严禁擅自扩大范围和更改条件。需要军队有关部门和地方接收单位配合的，相关部门单位应当在各自职责范围内提供协助。退役士兵认为退役军人事务部门的认定工作侵犯其合法权益的，可以依法申请行政复议或提起行政诉讼。

（二）明确相关待遇。原属自主就业的退役士兵，被认定“视为放弃安置待遇”的，不再享受地方一次性经济补助。原属安排工作的退役士兵，被认定“视为放弃安置待遇”或“视为放弃安排工作待遇”的，不再享受政府安排工作待遇，也不享受灵活就业一次性就业补助金、自主就业地方一次性经济补助。上述退役士兵在补办报到等手续后，可享受扶持退役军人就业创业的优惠政策。

（三）规范工作程序。“视为放弃安置待遇”和“视为放弃安排工作待遇”的退役士兵，安置地退役军人事务部门应当书面告知本人，并以适当形式在一定范围内向社会公开，退役士兵档案按照当地自主就业退役士兵档案管理规定办理。年度安置工作结束后，安置地退役军人事务部门应当将“视为放弃安置待遇”和“视为放弃安排工作待遇”退役士兵的情况，逐级报至省级人民政府退役军人事务部门备案。

五、关于退役士兵因特殊情形不能按时报到和办理安排工作手续的处理

对因特殊情形不能按时报到和办理安排工作手续的退役士兵，各有关方应当给予关心关爱，工作中加强相互协作，一人一案研究解决，沟通和处理结果作出书面记录并归档。

（一）未能按时报到。退役士兵在规定的到地方报到期限内，报到前突发重大疾病或者发生事故的，由原部队根据实际情况按照有关规定予以处理。其中，离队前由原部队、离队后由退役士兵本人或家属，在规定的报到期限内向安置地退役军人事务部门书面说明情况，申请延期。申请延期时间一般不超过 30 日（下同）。超过延期时间确实无法到地方报到的，由军地协商达成一致意见后，按实际情况妥善处理。

（二）不能办理手续。退役士兵按规定到安置地退役军人事务部门报到后，在规定的到接收单位办理上岗手续期限前，突发重大疾病或者发生事故的，由退役士兵本人或家属在规定的办理安排工作手续期限内向安置地退役军人事务部门、接收单位分别书面说明情况，申请延期。超过延期时间确实无法办理安排工作手续的，由安置地退役军人事务部门根据实际情况按照相关规定予以处理。

本通知中各类告知书应当按有关法律规定的方式送达。各省、自治区、直辖市退役军人事务部门可根据本通知精神，结合当地实际，进一步规范细化工作流程和文书格式。

本通知自 2019 年 12 月 23 日起施行，适用于施行后退出现役的士兵。

退役军人事务部

中央军委政治工作部

2019 年 12 月 23 日

退役军人事务部等20部门关于加强军人军属、退役军人和其他优抚对象优待工作的意见

退役军人部发〔2020〕1号

各省、自治区、直辖市党委宣传部，人民政府发展改革委、教育厅（教委）、公安厅（局）、民政厅（局）、司法厅（局）、财政厅（局）、住房和城乡建设厅（委）、交通运输厅（局、委）、文化和旅游厅（局）、卫生健康委、退役军人事务厅（局）、各银保监局、信访局（办）、林业和草原主管部门，民航各地区管理局、各运输航空公司、各机场公司，新疆生产建设兵团党委宣传部、发展改革委、教育局、公安局、民政局、司法局、财政局、住房和城乡建设局、交通局、文化体育广电和旅游局、卫生健康委、退役军人事务局、信访局、林业和草原局，各战区、各军兵种、军委机关各部门、军事科学院、国防大学、国防科技大学、武警部队政治工作部（局、处）、后勤保障部门，各铁路局集团公司：

军人军属、退役军人和其他优抚对象（以下简称优抚对象）为国防和军队建设作出了重要贡献，应当得到国家和社会的优待。为认真贯彻落实习近平总书记关于退役军人工作重要论述精神，扎实做好优待工作，努力让优抚对象受到全社会尊重，让军人成为全社会尊崇的职业，现提出如下意见。

一、把握总体要求

（一）指导思想

以习近平新时代中国特色社会主义思想为指导，全面贯彻落实党的十九大精神，适应国家经济社会发展、国防和军队建设的新形势，顺应广大优抚对象对美好生活的新期待，坚持国家和社会相结合的工作方针，秉持

体现尊崇、体现激励的政策导向，因地制宜，尽力而为、量力而行，逐步建立健全优待政策体系，营造爱国拥军、尊重优抚对象浓厚社会氛围，增强优抚对象的荣誉感、获得感。

（二）基本原则

坚持现役与退役衔接。在加强军人军属优待的基础上，进一步建立完善退役军人和其他优抚对象优待政策制度，更好地体现国家和社会对国防贡献的褒扬。

坚持优待与贡献匹配。综合考虑优抚对象为国防和军队建设所作贡献，给予相应优待，树立贡献越大优待越多的鲜明导向，促进优待工作更加科学规范。

坚持关爱与管理结合。根据优抚对象的现实表现，给予必要的奖惩，引导优抚对象珍惜荣誉，自觉做爱国奉献、遵纪守法、诚信明理的公民。

坚持当前与长远统筹。立足当前国家经济社会发展实际，建立基本优待目录清单，逐步拓展优待领域，丰富优待内容；注重长远可持续发展，统筹规划优待政策制度，不断完善优待工作体系。

二、规范优待内容

（三）在荣誉激励方面，着眼建立健全优抚对象荣誉体系，进一步强化精神褒扬和荣誉激励。为烈属、军属和退役军人等家庭悬挂光荣牌，为优抚对象家庭发春节慰问信，为入伍、退役的军人举行迎送仪式。邀请优秀优抚对象代表参加国家和地方重要庆典和纪念活动。将服现役期间荣获个人二等功以上奖励的现役军人、退役军人名录载入地方志。对个人立功、获得荣誉称号或勋章的现役军人，由当地人民政府给其家庭送喜报。优先聘请优秀优抚对象担任编外辅导员、讲解员等，发挥其参与社会公益事业的优势作用。倡导利用大型集会、赛事播报，航班、车船及机场、车站、码头的广播视频等载体和形式，宣传优抚对象中优秀典型的先进事迹，不断扩大荣誉优待的范围和影响。

（四）在生活方面，不断完善优抚对象抚恤、补助、援助等政策制度，健全抚恤补助标准动态调整机制，保障享受国家定期抚恤补助优抚对象的抚恤优待与国家经济社会发展相适应。调整定期抚恤补助标准时，适当向贡献大的优抚对象倾斜。各地要及时建档立卡，对因生活发生重大变故遇到突发性、临时性特殊困难的优抚对象，在享受社会保障待遇后仍有困难的，按照规定给予必要的帮扶援助。逐步完善现役军人配偶随军就业创业政策，以及随军未就业期间基本生活补贴等制度，激励现役军人安心服役、奉献国防。

（五）在养老方面，国家兴办的光荣院、优抚医院，对鳏寡孤独的优抚对象实行集中供养，对常年患病卧床、生活不能自理的优抚对象以及荣获个人二等功以上奖励现役军人的父母，优先提供服务并按规定减免相关费用。对生活长期不能自理且纳入当地最低生活保障范围的老年优抚对象，各地应根据其失能程度等情况优先给予护理补贴。积极推动与老年人日常生活密切相关的服务行业为老年优抚对象提供优先、优惠服务。鼓励各级各类养老机构优先接收优抚对象，提供适度的优惠服务。

（六）在医疗方面，各地按照保证质量、方便就医的原则，明确本地区医疗优待定点服务机构，为残疾军人，烈属、因公牺牲军人遗属、病故军人遗属（以下简称“三属”），现役军人家属、老复员军人、参战参试退役军人、带病回乡退伍军人开通优先窗口，提供普通门诊优先挂号、取药、缴费、检查、住院服务。各级各类地方医疗机构优先为伤病残、老龄优抚对象提供家庭医生签约和健康教育、慢性病管理等基本公共卫生服务。组织优抚医院为残疾军人、“三属”、现役军人家属、老复员军人、参战参试退役军人、带病回乡退伍军人优惠体检，提供免收普通门诊挂号费和优先就诊、检查、住院等服务。

（七）在住房方面，适应国家住房保障制度改革发展要求，逐步完善优抚对象住房优待办法，改善优抚对象基本住房条件。在审查优抚对象是否符合购买当地保障性住房或租住公共租赁住房条件时，抚恤、补助和优待金、护理费不计入个人和家庭收入。符合当地住房保障条件的优抚对象，在公租房保障中优先予以解决。对符合条件并享受国家定期抚恤补助的优抚对象租住公租房，可给予适当租金补助或者减免。对居住农村的符合条件的优抚对象，同等条件下优先纳入国家或地方实施的农村危房改造相关项目范围。

（八）在教育方面，认真落实现有政策，不断丰富优待内容。符合条件的现役军人、烈士和因公牺牲军人子女就近就便入读公办义务教育阶段学校和幼儿园、托儿所；报考普通高等学校，在同等条件下优先录取。切实保障驻偏远海岛、高原高寒等艰苦地区现役军人的子女，在其父母或其他法定监护人户籍所在地易地优先就近就便入读公办义务教育阶段学校和幼儿园、托儿所，报考普通高中、中等职业学校时降分录取，按规定享受学生资助政策。现役军人子女未随迁留在原驻地或原户籍地的，在就读地享受当地军人子女教育优待政策。优先安排残疾军人参加学习培训，按规定享受国家资助政策。退役军人按规定免费参加教育培训。实施对符合条件的退役大学生士兵复学、调整专业、攻读研究生等优待政策。加大教育支持力度，通过单列计划、单独招生以及学费和助学金资助等措施，为退役军人接受高等教育提供更多机会，帮助退役军人改善知识结构，提升就业竞争力。

（九）在文化交通方面，博物馆、纪念馆、美术馆等公共文化设施和实行政府定价或指导价管理的公园、展览馆、名胜古迹、景区，对现役军人、残疾军人、“三属”、现役军人家属按规定提供减免门票等优待。现役军人、残疾军人、“三属”乘坐境内运行的火车（高铁）、轮船、客运班车以及民航班机时，享受优先购买车（船）票或值机、安检、乘车（船、机），可使用优先通道（窗口），随同出行的家属可一同享受优先服务。现役军人、残疾军人免费乘坐市内公共汽车、电车和轨道交通工具；残疾军人乘坐境内运行的火车、轮船、长途公共汽车和民航班机享受减收正常票价 50%的优惠。

（十）在其他社会优待方面，广泛动员社会力量参与优待工作，不断创新社会优待方式和内容。倡导鼓励志愿者参与面向优抚对象的志愿服务。法律服务机构优先提供法律服务，法律援助机构依法提供免费的法律服务。鼓励银行为优抚对象提供优先办理业务，免收卡工本费、卡年费、小额账户管理费、跨行转账费，以及其他个性化专属金融优惠服务。各地影（剧）院在放映（演出）前义务播放爱国拥军公益广告或宣传短视频，鼓励为优抚对象提供减免入场票价等优惠服务。

三、健全管理机制

（十一）建立优待证制度。国家坚持统筹兼顾、稳步推进的原则，充分运用信息技术手段，逐步为退役军人和“三属”统一制作颁发优待证，作为享受相应优待的有效证件。残疾军人凭残疾军人证，军队离退休干部、退休士官凭离休干部荣誉证、军官退休证、文职干部退休证、退休士官证，现役军人凭军（警）官证、士官证、义务兵证、学员证等有效证件享受相应优待，现役军人家属凭部队制发的相关证件享受相应优待。退役军人事务部制定优待证管理办法，规范优待项目、优待期限，建立发放、变更、信息查验、收回、废止等制度。

（十二）明确优待目录。立足当前、着眼长远，在建立完善优待政策制度、逐步健全优待工作体系的同时，依据国家有关法规政策规定，明确当前一个时期需要落地见效的基本优待目录清单。随着国家经济社会发展、国防和军队建设需要以及优待工作不断创新，退役军人事务部负责会同军地有关部门，适时调整更新优待目录，充实完善优待项目，及时向社会发布，组织抓好落实。

（十三）完善奖惩措施。建立健全奖惩结合、公平规范、能进能出的优待动态管理机制，激励优抚对象发扬传统、珍惜荣誉、保持良好形象。

对积极投身地方经济社会发展、国防和军队建设，作出新的突出贡献受到表彰的优抚对象，应给予表彰和奖励。对依法被刑事处罚或受到治安管理处罚、影响恶劣的，违反《信访条例》有关规定，挑头集访、闹访被劝阻、批评、教育仍不改正的，现役军人被除名、开除军籍的，取消其享受优待资格，已颁发优待证的由当地县级人民政府退役军人事务主管部门负责收回。受到治安管理处罚，挑头集访、闹访被取消优待资格后能够主动改正错误、积极消除负面影响的，经当地县级人民政府退役军人事务主管部门审核同意，可以恢复优待资格。

四、加强组织领导

（十四）压实工作责任。做好优待工作是党、国家、军队和全社会的共同责任。军地有关部门要切实提高政治站位，加强组织领导，建立联动机制，明确责任分工，充分调动社会力量参与，形成统筹推进、分工负责、齐抓共建的良好工作格局。各地要列支相关经费，对优惠项目予以补贴。各级地方人民政府退役军人事务主管部门要发挥组织和督导作用，及时制定实施方案和任务清单，健全监督检查、跟踪问效和通报具体办法，推动优待工作落地见效。军地各相关部门和单位要认真履行服务优抚对象、服务国防和军队建设的职责，主动担当、积极作为，全力抓好本系统优待工作任务的有效落实。

（十五）严密组织实施。军地各相关部门和单位要把优待政策落实情况纳入年度工作绩效考评范畴，作为参加双拥模范城（县）、模范单位和个人评选的重要条件，作为文明城市、文明单位评选和社会信用评价的重要依据。建立工作目标责任制，明确标准、细化举措，制定路线图、时间表，做到各项工作任务有部署、有督促、有总结。强化监督检查和惩戒激励措施，严格跟踪问效和通报制度，及时总结推广经验，宣传表彰先进单位和个人，对消极推诿、落实不力的要及时通报批评，情节严重的严肃问责。

（十六）强化教育引导。深入宣传新时代国家优待政策和相关法律法规，引导优抚对象充分认识党和政府的关心关爱，准确领会优待工作的原则、内容和要求，合理确立政策预期，依法按政策享受国家和社会优待。大力宣扬优秀优抚对象先进事迹，引导退役军人保持发扬人民军队的优良传统和作风，积极为改革发展和社会稳定作贡献。加强爱国拥军和国防教育，动员社会各界自觉拥军优属，营造爱国拥军、心系国防浓厚氛围，推动让军人成为全社会尊崇的职业。

军人军属同时享受国家和军队规定的其他优待。

院士和专业技术三级以上，以及相当职级现役干部转改的文职人员，按照本意见有关现役军人的优待规定执行；其他文职人员参照现役军人享受本意见有关优待，具体办法另行制定。

退役军人事务部负责本意见的解释工作。

省级人民政府退役军人事务主管部门要会同军地有关部门根据本意见，结合实际适时研究制定具体实施办法和优待目录清单。

退役军人事务部　中共中央宣传部
国家发展和改革委员会　教育部
公安部　民政部　司法部　财政部
住房和城乡建设部　交通运输部
文化和旅游部　国家卫生健康委员会
中国银行保险监督管理委员会
国家信访局　国家林业和草原局
中国民用航空局　中央军委政治工作部
中央军委后勤保障部
中央军委国防动员部
中国国家铁路集团有限公司
2020年1月9日

退役军人事务部、公安部、财政部、交通运输部、文化和旅游部关于做好烈士亲属异地祭扫组织服务工作的意见

退役军人部发〔2020〕22号

各省、自治区、直辖市退役军人事务厅（局）、公安厅（局）、财政厅（局）、交通运输厅（局、委）、文化和旅游厅（局），新疆生产建设兵团退役军人事务局、公安局、财政局、交通运输局、文化体育广电和旅游局：

做好烈士亲属异地祭扫组织服务工作，保障好烈士亲属权益，是新时代烈士褒扬工作的重要内容，是政府和社会各界的共同责任，对大力弘扬烈士精神、关心关爱烈士亲属具有重要意义。根据《中华人民共和国英雄烈士保护法》和《烈士褒扬条例》，为切实做好烈士亲属异地祭扫组织服务工作，现提出如下意见。

一、指导思想

以习近平新时代中国特色社会主义思想为指引，深入贯彻落实党的十九大和十九届二中、三中、四中全会精神，推进国家治理体系和治理能力现代化，围绕全面加强烈士祭扫组织服务，落实属地责任，加强精细化管理，推动形成以组织祭扫为主、自行祭扫为补充的异地祭扫机制，注重加强教育引导规范，切实维护安全有序文明的祭扫秩序，加强烈士纪念设施保护管理，创新服务形式，丰富服务内容，进一步增强烈士亲属的荣誉感和获得感，在全社会树立缅怀英烈、尊崇烈属的良好风尚。

二、基本原则

（一）体现尊崇关爱。认真做好烈士亲属异地祭扫组织保障工作，提高服务水平，为烈士亲属提供优质服务。切实落实好各项优抚政策，积极

帮助解决实际困难，让他们感受到党和政府的关心，感受到全社会的尊崇。

（二）加强管理引导。完善烈士亲属异地祭扫办理流程，规范优先优惠政策，加强法制宣传，做好行前谈话，明确依法、文明、有序祭扫相关要求。在充分尊重烈士亲属祭扫意愿的基础上，多措并举，通过开展网上祭扫、召开座谈会、举办专题纪念活动等形式实现就地祭扫。

（三）注重协同配合。加强部门协同，建立健全情况通报、定期会商、联合督办等工作机制，切实形成工作合力。树立全国"一盘棋"思想，加强信息共享，加大区域协作联动力度，确保烈士亲属异地祭扫活动组织服务工作有序衔接。

三、异地祭扫范围

因烈士未安葬在其亲属户籍所在地或者常住地省份，烈士亲属前往烈士安葬地或者纪念地省份开展祭扫纪念活动的，各地按规定提供服务保障。安葬地是指烈士墓或者骨灰存放处，如在我国境内无明确安葬地的，烈士亲属可就近选择一处专门纪念烈士的纪念堂馆、碑亭、塔祠、塑像或者篆刻烈士姓名的烈士英名墙作为纪念地。

四、异地祭扫组织服务对象

异地祭扫组织服务对象包括烈士的父母（抚养人）、配偶、子女、兄弟姐妹，如确无上述人员的，可包括祖父母、外祖父母、孙子女、外孙子女、女婿、儿媳、公、婆、岳父、岳母等。

五、异地祭扫组织服务方式

异地祭扫组织服务分为组织祭扫和自行祭扫两种方式。

（一）组织祭扫。符合条件且有异地祭扫意愿的烈士亲属，其户籍所在地或者常住地县级以上人民政府退役军人事务部门根据申请有序组织异地祭扫活动，统一开具"烈士亲属异地祭扫证明书"，原则上每年组织1次。对于年满65周岁或者身有残疾、体弱多病的烈士亲属，需自行安排1名身体健康的亲属陪同祭扫。前往祭扫的亲属及陪同人员每次不超过3人。

（二）自行祭扫。符合条件但因故不能参加组织祭扫的烈士亲属，经户籍所在地或者常住地县级人民政府退役军人事务部门审核并开具“烈士亲属异地祭扫介绍信”后，可自行前往祭扫，享受相应服务保障，原则上每年1次，每次不超过3人。

六、异地祭扫组织服务保障

（一）组织服务保障标准

1. 组织祭扫的烈士亲属及陪同人员，由负责组织的县级以上人民政府退役军人事务部门承担省际城市间交通及食宿费，烈士安葬地或者纪念地县级人民政府退役军人事务部门承担当地交通及食宿费。

2. 自行祭扫的烈士亲属，祭扫回程后凭“烈士亲属异地祭扫介绍信”回执，由户籍所在地或者常住地县级人民政府退役军人事务部门按照当地机关工作人员国内差旅费处级及以下标准给予定额补助，其中，省际城市间交通费按照火车票标准计算，食宿及当地交通费按照3天计算。烈士安葬地或者纪念地县级人民政府退役军人事务部门不再承担当地交通及食宿费。无“烈士亲属异地祭扫介绍信”自行前往祭扫的，不享受定额补助。

（二）交通出行优先

1. 祭扫车辆在祭扫活动期间通行高速公路时，按照《收费公路管理条例》、《深化收费公路制度改革取消高速公路省界收费站实施方案》等相关要求，依法交纳车辆通行费。在祭扫活动期间通行高速公路时，凭“烈士亲属异地祭扫证明书”或者“烈士亲属异地祭扫介绍信”享受高速公路优先通行服务。

2. 异地祭扫的烈士亲属，在祭扫活动期间乘坐火车（高铁）、轮船、客运班车以及民航班机时，凭“烈士亲属异地祭扫证明书”或者“烈士亲属异地祭扫介绍信”享受优先购买车（船）票或值机、安检、乘车（船、机），并可使用优先通道（窗口）。

3. 参加祭扫活动的车辆，在高速公路服务区凭“烈士亲属异地祭扫证明书”或者“烈士亲属异地祭扫介绍信”，享受优先加油、加水和车辆维修等服务。

（三）文化服务优惠优先

异地祭扫的烈士亲属，在祭扫活动期间到国有文化文物系统所属博物馆、纪念馆、美术馆等公共文化设施和实行政府定价或指导价管理的公园、展览馆、名胜古迹、景区，凭“烈士亲属异地祭扫证明书”或者“烈士亲属异地祭扫介绍信”享受“三属”减免门祟优惠政策。

七、异地祭扫办理程序

（一）提出申请。符合条件且有异地祭扫意愿的烈士亲属，于每年8月1日前向户籍所在地或者常住地县级人民政府退役军人事务部门提出下一年度异地祭扫的申请，申请内容包括烈士姓名、祭扫地点、具体时间、日程安排、烈士亲属身份证明材料等。

（二）制定计划。县级人民政府退役军人事务部门汇总审核祭扫需求，提出下一年度异地祭扫计划，于9月30日前逐级上报至省级人民政府退役军人事务部门。省级人民政府退役军人事务部门合理统筹祭扫需求，有序安排本地区异地祭扫活动。

（三）开具证明。组织祭扫的县级以上人民政府退役军人事务部门，在祭扫活动前统一开具并保管“烈士亲属异地祭扫证明书”；自行祭扫的烈士亲属，由县级人民政府退役军人事务部门审核后开具“烈士亲属异地祭扫介绍信”。

（四）通报信息。开具“烈士亲属异地祭扫证明书”或者“烈士亲属异地祭扫介绍信”的县级以上人民政府退役军人事务部门，需在祭扫前1个月向烈士安葬地或者纪念地县级人民政府退役军人事务部门通报异地祭扫相关安排。

八、组织保障

（一）健全工作机制。各地各部门要切实加强烈士亲属异地祭扫组织服务工作的组织领导，强化政治责任和使命担当。要建立健全相关工作机制，在地方各级党委和政府的统一领导下，退役军人事务部门统筹协调，公安、财政、交通运输、文化旅游等部门各司其职、分工协作、密切配合。

（二）提高服务水平。各地各部门要强化服务意识，丰富服务内容，创新服务形式，探索网上办理申请业务，为烈士亲属异地祭扫提供便利，并积极引导开展网上祭扫、就地祭扫和代为祭扫。各级烈士纪念设施保护单位要完善基础设施，提升陈展水平，美化净化环境，尽最大努力为祭扫活动提供良好场所、为烈士亲属提供优质服务。要加大边境烈士陵园信息化改造力度，及时对祭扫活动场地及相关服务设施进行安全检查和风险评估，排除各类隐患，不断提升祭扫组织接待和安保维稳工作水平，确保祭扫活动安全进行。

（三）规范祭扫秩序。各地各部门要加强政策解读，及时宣传祭扫制度，规范祭扫秩序，加强行前教育，引导烈士亲属文明有序祭扫。祭扫期间，对不符合政策仍拒缴过路费、拒付住宿费、拒购景区门票、破坏公共设施、堵门堵路、要求超标准接待的，要依法妥善劝阻。对不听劝阻仍滋事扰序，构成违反治安管理行为的，由公安机关依法给予治安管理处罚；构成犯罪的，依法追究刑事责任。

（四）加强经费保障。各地将烈士亲属异地祭扫组织服务工作经费列入财政预算予以保障，可统筹使用相关渠道资金，做好本地区烈士祭扫纪念活动等工作。

本意见自 2020 年 5 月 1 日起施行。《民政部关于做好烈士亲属祭扫接待工作的通知》（民电〔2010〕30 号）废止。各地要根据本意见，结合实际制定具体实施办法和辖区内祭扫规范，切实做好本地区烈士亲属异地祭扫组织服务工作。

附件：1. 烈士亲属异地祭扫证明书（样式）（略）

2. 烈士亲属异地祭扫介绍信（样式）（略）

退役军人事务部等8部门关于促进退役军人到开发区就业创业的意见

退役军人部发〔2021〕6号

各省、自治区、直辖市退役军人事务厅（局），发展改革委、科技厅（委、局）、财政厅（局）、自然资源厅（局）、商务厅（局），新疆生产建设兵团退役军人事务局、发展改革委、科技局、财政局、自然资源局、商务局，海关总署广东分署、驻天津、上海特派办，各直属海关，税务总局各省、自治区、直辖市、计划单列市税务局：

退役军人是重要的人力资源，是建设中国特色社会主义的重要力量。促进他们到企业、产业集聚的各类开发区实现稳定就业、投身“双创”实践，对更好实现退役军人自身价值、助推经济社会发展、服务国防和军队建设具有重要意义。退役军人到开发区就业创业促进工作要以习近平新时代中国特色社会主义思想为指导，坚持政府推动、市场引导、社会支持相结合，紧密结合国家区域发展战略，调动各方面力量共同推进，保障退役军人在本区域就业创业享受同等条件下优先、普惠基础上优待。现就促进退役军人到开发区就业创业提出以下意见。

一、落实扶持政策

（一）开发区内退役军人从事个体经营或企业招用退役军人，符合相关规定的，可享受税收优惠政策。

（二）对退役军人创办中小微企业吸纳就业困难人员、农村建档立卡贫困人员就业的，按规定给予社会保险补贴。

二、积极促进就业

（三）发挥各区管委会促进就业的主导作用，需管委会审批、核准的生产经营性项目，享受管委会政策扶持的企业，在招录用工时，同等条件下优先录用退役军人。鼓励所有驻区企业优先招用退役军人。

（四）政府投资项目以及区内自行投资项目产生的岗位，招聘的物业公司、自身平台公司等企业和机构用工岗位中，设定一定比例（数量）招用退役军人。

（五）各区在开展的特色招聘活动中设置退役军人招聘专区，定向提供适合退役军人就业的岗位。

（六）加强岗位信息归集提供，建立各区与退役军人事务部门岗位信息共享渠道，用好退役军人就业创业网、中国开发区网等平台，加快实现公共机构岗位信息区域和全国公开发布。定期统计并与当地退役军人事务部门共享区内退役军人就业数据。

三、优化创业环境

（七）鼓励政府投资开发的孵化基地等创业载体对退役军人予以优先支持。对各区孵化基地等创业载体，优惠或免费提供退役军人场地、设置退役军人专区的，当地政府可视情给予适当支持。

（八）加大对退役军人初创企业的土地使用、项目遴选、贷款抵押、导师推荐、房租减免、住房优惠等政策扶持力度，减低创业成本。鼓励各区根据实际情况出台相关措施，对退役军人创办的紧跟国家产业发展导向的、获得版权注册或专利等创新技术的、推动经济转型或具有较强就业吸纳作用的企业，给予重点关注和支持。

（九）充分发挥创业投资和政府创业投资引导基金作用，支持退役军人初创企业发展。

四、加强服务管理

（十）发挥区内创新创业服务机构作用，在同等条件下，优先优惠为退役军人及其创办企业提供有关金融、外贸、法律、保险、审计、会计、知识产权、资产评估、计算、测试、信息咨询、人才交流与培训等支撑服务。

（十一）鼓励各区开设退役军人“绿色通道”，对符合入驻条件的，简化相关核准手续。

（十二）加强对区内退役军人创办企业的信用培育。退役军人创办企业申请高信用等级管理的，应加快认定工作进程。

（十三）对违反国家及地方法律法规、各区相关制度及管理规定，造成社会危害、损害退役军人及军创企业良好社会形象的，依法依规进行处理。

本意见所称开发区是指经济技术开发区、高新技术产业开发区、海关特殊监管区域等国家级开发区和经济开发区、工业园区、高新技术产业园区等省级开发区，具体可参照《中国开发区审核公告目录》。各地要高度重视、上下配合，结合实际情况，制定具体措施，积极促进退役军人就业创业。

退役军人事务部　国家发展改革委
科技部　财政部　自然资源部
商务部　海关总署　税务总局
2021 年 1 月 27 日

退役军人事务部等16部门关于促进退役军人投身乡村振兴的指导意见

退役军人部发〔2021〕48号

民族要复兴，乡村必振兴。习近平总书记和党中央高度重视乡村振兴，强调要“举全党全社会之力推动乡村振兴”，指出“乡村振兴，人才是关键”。退役军人是重要的人力人才资源，是社会主义现代化建设的重要力量。促进退役军人投身乡村振兴，既是响应国家号召、投身国家战略的具体体现，也是引导他们返乡干事创业、实现人生价值的重要途径，有助于推动农村基层社会治理现代化能力提升，有助于推动农业农村经济社会更快更好发展，有助于推动乡村国防动员能力进一步强化。现就促进退役军人投身乡村振兴提出以下指导意见。

一、拓宽就业渠道

（一）鼓励退役军人到乡村重点产业创业就业。引导有资金、有技术、懂市场、能创新的退役军人，在农业内外、生产两端和城乡两头创业，发展特色种植业、规模养殖业、加工流通业、乡村服务业、乡村旅游和休闲农业等特色产业。重点支持返乡退役军人创办农产品储藏保鲜、分等分级、清洗包装等农产品初加工主体，发展蔬菜、水果、食用菌、茶叶等产业，利用新技术改造提升传统食品加工。引导农业产业化龙头企业、民营企业积极招用退役军人。支持退役军人从事乡村保洁员、水管员、护路员、生态护林员等工作，进一步增加就业收入。

（二）支持退役军人领办新型农业经营主体。鼓励退役军人创办领办家庭农场、农民合作社、农业社会化服务组织等新型农业经营主体和服务主体，并积极吸纳农村退役军人就业。支持退役军人中的乡村工匠、文化能人、手工艺人发挥自身特长，创办家庭工场、手工作坊、乡村车间等，开发剪纸、蜡染、刺绣、石雕、砖雕等乡土产业，领办兴办智慧农业、视频农业、直播直销等数字农业经营主体，创新产品营销模式，扩大销售市场，带动农民增收。

（三）持续引导退役军人参与乡村建设和基层治理。注重从退役军人党员中培养选拔村党组织书记，推动村党组织带头人队伍整体优化提升。落实艰苦边远地区乡镇公务员考录政策，适当降低门槛、放宽开考比例，鼓励县乡两级拿出一定数量的职位面向具有本地户籍或在本地长期生活工作的退役军人招考。鼓励复学的退役大学生士兵参加“一村一名大学生”“三支一扶”等计划，反哺农业农村。引导退役军人从事乡村教师、农业经理人、乡镇人民调解员等职业，在同等条件下优先聘用，充实乡村建设人才队伍。鼓励各地通过适当方式引导退役军人参与农村环境整治提升、乡村公共基础设施建设及基本公共服务活动。

二、强化培育赋能

（四）引导参加学历教育。鼓励退役军人报考农业类高职院校，按规定享受优待政策。支持返乡入乡退役军人依托弹性学制、农学交替、送教下乡等教学培养方式，就地就近接受职业高等教育。

（五）加强涉农类职业技能培训。支持返乡入乡退役军人参加农业类相关职业技能培训。鼓励职业院校围绕本地农产特色，瞄准本地新农村建设要求，推出一批实用性强、见效快的中短期培训项目，符合条件的按规定纳入职业培训补贴范围，不断提高返乡入乡退役军人农技致富能力。

（六）做好农业创业培训。依托高素质农民培育计划，支持符合条件的退役军人参与新型农业经营和服务主体能力提升、种养加能手技能培训、农村创业创新带头人培育、乡村治理及社会事业发展带头人培育等行动，提升退役军人创业就业能力。按规定将符合条件的退役军人纳入农村实用人才带头人示范培训、地方农业执法骨干培训、农村创业创新培训、农机合作社运营管理等培训范围，针对性提升退役军人参与乡村振兴能力。有序推动农村创业创新导师队伍建设，加快培训平台共建共享，探索“平台+导师+创客”服务模式。

三、加强政策支持

（七）落实财税优惠政策。对符合条件的返乡创业退役军人，按规定纳入创业扶持政策范围。对符合条件的返乡入乡创业企业提供创业担保贷款贴息支持。充分发挥农产品产地冷藏保鲜设施建设、农业产业融合发展等项目的示范引领作用，引导、鼓励退役军人参与。返乡入乡退役军人从事个体经营或在乡企业招用退役军人，可按规定享受税收优惠政策。退役军人在乡村创办中小微企业，吸纳就业困难人员并为其缴纳社会保险费的，按规定给予企业社会保险补贴。

（八）加大金融政策支持。鼓励和支持金融机构创新金融产品和服务方式，引导银行机构提供专属信贷产品，推广“互联网+返乡创业+信贷”等模式，满足退役军人返乡创业融资需求。发挥政府性融资担保机构作用，为符合条件的返乡入乡退役军人提供融资担保，鼓励保险机构为退役军人农业创业企业提供综合保险服务，支持退役军人创办的乡村企业。引导各类产业发展基金、创业投资基金投入返乡入乡退役军人创办的项目，鼓励社会资本设立退役军人返乡入乡创业基金，拓宽资金保障渠道。

（九）加大用地政策支持。严格落实相关法律法规，在农村土地承包经营权、宅基地使用权、房屋财产权、集体收益分配权保障过程中，对回到农村、符合条件的退役军人，加强信息对接，维护合法权益。鼓励各地制定细则，在新编县乡级国土空间规划、省级制定土地利用年度计划中做好各类用地安排，支持退役军人等返乡入乡创业就业人员发展农村产业融合发展项目用地需求。农村整治用地指标，优先用于符合条件的返乡入乡退役军人。允许在符合国土空间规划和用途管制要求、不占用永久基本农田和生态保护红线的前提下探索创新用地方式，支持退役军人创办乡村休闲旅游等新产业新业态。

（十）加大保障政策支持。符合住房保障条件的退役军人家庭纳入城镇住房保障范围。推动地方政府建立社保关系转移接续机制，将返乡创业退役军人的权益纳入法治保障。

四、优化服务保障

（十一）做好公共服务。鼓励公共人力资源服务机构免费为退役军人提供职业介绍、创业指导等服务。建立完善退役军人就业台账，动态跟踪退役军人返乡入乡就业创业情况。鼓励各地打通部门间信息查询互认通道，提高服务精准度。积极培育市场化中介服务机构，引导行业协会商会发挥作用，鼓励为退役军人提供专业服务。积极邀请、支持、组织退役军人涉农企业参加各类招聘活动，有条件的可以设置退役军人涉农专区或专场招聘。

（十二）发挥聚集功能。依托农村产业融合发展示范园、农产品加工园、高新技术园区等，按规定设立一批乡情浓厚、特色突出、设施齐全的退役军人就业创业园区。建设一批集“生产+加工+科技+营销+品牌+体验”于一体、“预孵化+孵化器+加速器+稳定器”全产业链的孵化实训基地、众创空间和星创天地等，帮助退役军人开展上下游配套创业。

（十三）强化宣传激励。通过优秀人才评选、创新创业比赛、职业技能大赛等途径，每年选树一批乡村人才中的退役军人先进典型，按照国家有关规定给予表彰，引导退役军人增强力争上游、务农光荣的思想观念。掀起退役军人“返乡创业光荣、自主创业光荣、服务创业光荣”的社会新风尚，用身边人身边事教育引导身边人，让退役军人学有榜样、干有方向。对招用退役军人较多的乡村企业典型予以宣传，在退役军人事务、农业农村、工商联等相关评选表彰活动中，同等条件下予以优先考虑。

各地各部门要高度重视、相互配合，形成齐抓共管的工作合力，结合实际情况，拿出管用措施，积极促进退役军人投身乡村振兴，让退役军人就业创业有成就感、有获得感、有归属感，为全面推进乡村振兴和加快农业农村现代化做出新的更大贡献。

退役军人事务部 农业农村部
国家发展改革委 教育部
工业和信息化部 财政部
人力资源社会保障部 自然资源部
住房城乡建设部 文化和旅游部
中国人民银行 税务总局
市场监管总局 中国银保监会
全国工商联 国家乡村振兴局
2021 年 8 月 16 日

退役军人事务部等7部门关于全面做好退役士兵教育培训工作的指导意见

退役军人部发〔2021〕53号

各省、自治区、直辖市退役军人事务厅（局）、教育厅（教委）、财政厅（局）、人力资源社会保障厅（局）、征兵办公室，新疆生产建设兵团退役军人事务局、教育局、财政局、人力资源社会保障局、征兵办公室，各战区联合参谋部、政治工作部，各军兵种参谋部（战勤部）、政治工作部，军委机关各部门办公厅（秘书局、综合局）、政治工作局，军事科学院科研部、政治工作部，国防大学教育训练部、政治工作部，国防科技大学教务处、政治工作处，武警部队参谋部、政治工作，各省军区（卫戍区、警备区）：

退役士兵为国防和军队现代化建设作出过重要贡献，是国家宝贵的人力资源。加强退役士兵教育培训工作，有利于促进退役士兵提升能力素质，有利于提高就业质量，有利于经济社会高质量发展，为全面建设社会主义现代化国家贡献新的力量。为贯彻《中华人民共和国退役军人保障法》，进一步做好退役士兵教育培训工作，现提出如下意见。

一、总体要求

以习近平新时代中国特色社会主义思想为指导，全面贯彻党的十九大和十九届二中、三中、四中、五中全会精神，坚持政府主导、社会支持，面向退役军士和退役义务兵，建立包括适应性培训、职业技能培训、学历教育和终身学习的教育培训体系，促进退役士兵为经济社会建设更好服务。

二、普遍推行适应性培训

（一）加强职业技能储备培训和离队前教育。军队做好面向现役士兵的教育培训，支持其在服役期间学习储备多种职业技能，取得更多职业技能等级证书；进一步完善退役士兵离队前教育工作。县级以上地方人民政府退役军人事务部门积极主动配合驻地部队按需开展“送技能进军营”、定期开展“送政策进军营”等活动，宣讲政策形势，加强择业指导，实现区域内驻军单位基本覆盖。

（二）实施即退即训。面向自主就业退役士兵开展适应性培训，帮助其尽快转变角色融入社会。培训工作由省（区、市）退役军人事务部门结合实际统筹安排，在自主就业退役士兵返乡报到后及时组织实施，培训时长不少于80学时。

（三）确保培训实效。适应性培训要强化思想政治引领，面向自主就业退役士兵开展安全保密教育，树牢组织纪律意识；宣讲退役政策，普及相关法律法规；开展心理调适，促进角色转换；实施职业指导，分析就业创业形势。引导合理就业预期；组织人才测评，提供就业推荐、职业培训项目推介。采用“互联网+培训”等多种教学手段，灵活安排教学，定期开展培训评估，确保教学效果。

三、全员开展职业技能培训

（四）优化培训模式。退役军人事务部门依托职业技能等级证书目录、职业技能培训机构目录中的机构面向自主就业退役士兵开展职业技能培训，实施学历证书+若干职业技能等级证书制度（1+X证书制度）和学分银行制度，建立学习成果认定、积累和转换机制。地方各级退役军人事务部门在省域内联网设立自主就业退役士兵培训台账，加强对参训人员和教育培训经费的管理，制定培训资助标准，建立培训资金省级统筹机制，实现培训待遇省域内通兑；依托现有资源统筹建立退役军人就业创业园地，发挥示范作用。鼓励各省（区、市）教育培训机构对接共享优质培训资源，促进自主就业退役士兵职业技能培训均衡化发展。自主就业退役士兵可在达到法定退休年龄前接受一次免费职业技能培训，按规定由各地退役军人事务部门、教育部门选择实施1+X证书制度且对接职业教育国家学分银行的职业院校及应用型本科高校作为培训基地开展培训，培训成果记入职业教育国家学分银行。自主就业退役士兵在培训基地学校以外的培训机构参加培训，可在退役军人事务部门、人力资源社会保障部门统筹下，按照规定程序和标准享受资助待遇。

（五）提高管理服务能力。对签约合作的承训单位按有关规定实施合同管理，建立健全激励约束机制，定期开展检查考核，提高培训质量。深化退役士兵职业技能培训工作“放管服”改革，提高服务效能。严格执行保密规定，确保退役士兵信息安。结合培训项目实际，科学设定学时要求。推动军地有关部门建立军事专业与职业对应目录和军地职业技能证书衔接机制，对军事专业资格证书，地方可视作对应职业的同级技能证书，发挥同等效力，不再重新鉴定评价。

四、全力支持提升学历

（六）支持从高校应征入伍士兵退役后复学深造。支持入伍前已被普通高等学校录取并保留入学资格或者保留学籍的退役士兵入学或复学，经学校同意并履行相关程序后可转入本校其他专业学习，免修公共体育、军事技能和军事理论等课程，直接获得相应课程学分，允许适当延长修业年限。高职（专科）升普通本科、成人本科按规定免试入学。符合条件的退役大学生士兵参加全国硕士研究生招生考试按有关规定享受加分照顾。服役期间获二等功以上奖励，符合全国硕士研究生招生考试报考条件的退役士兵可申请免初试攻读硕士研究生。适度扩大“退役大学生士兵”专项硕士研究生招生计划规模。

（七）鼓励高中、初中学历退役士兵提升学历。退役士兵参加中职教育实行注册免试入学；报考高职院校免文化素质考试。符合条件的退役士兵参加全国普通高考、成人高考，按规定享受加分照顾。高等学校可按规定通过单列计划、单独招生等方式招考退役士兵。将退役士兵服役期间的学历教育和非学历教育学习成果按规定记入国家学分银行，实现退役前后学习成果贯通连续。建立健全行业教育合作机制，对适合退役士兵就业的行业，加大行业系统内院校招生力度，以专业教育促进退役士兵入行就业，努力实现“入学即入职”。

（八）注重提升教学质量。退役军人事务部门可根据学费减免政策指导退役士兵按需报考。教育等部门按照国家有关规定，规范退役士兵培养过程，将教学成效作为重要因素纳入院校考核评优的指标体系。培养院校要设计符合退役士兵特点的人才培养方案。采用地方订单定向培养等方式，严把教学质量和教育纪律关口，在学业考核上对退役士兵和其他在校生“同大纲、同标准”。

五、开展终身教育培训

（九）实行职业生涯全过程培训。将退役士兵培训纳入国家终身职业技能培训制度体系。以职业素养提升、技术更新、技能等级晋升为培养目标， 鼓励用人单位定期组织退役士兵参加岗位技能提升和知识更新培训，拓展职业上升空间。退役军人事务部门依托就业企业合作签约机制，支持合作企业为受聘退役士兵提供多渠道、多层级、多频次的教育培训。紧紧围绕服务乡村振兴、打造“双创”升级版等国家战略，开展退役士兵创业培训。

（十）建设全国退役士兵网络学习平台。依托现有资源，集成网络教学、信息推送、职业能力倾向测试、学习台账登记、统计分析等功能，为退役士兵在线参加适应性培训、职业技能培训、学历教育和终身教育培训提供平台支撑。建立政府引导、多方参与的资源共建共享机制，鼓励各类教育培训机构在网络学习平台面向退役士兵发布优质课程、开展线上培训、实施教学管理，提升培训效能。

六、加强组织领导

（十一）强化协同发力。各地区、各部门要进一步提高政治站位，高度重视退役士兵教育培训工作，多措并举，抓出实效。建立健全部门间协调机制，退役军人事务部门统筹协调，相关部门各司其职、协调配合，统筹规划退役士兵教育培训工作。推动实现区域间协调联动，依托乡村振兴和区域一体化发展，对接共享优质教育培训资源。各地区结合实际，由教育等部门研究制定落实退役士兵终身教育培训政策的具体措施，建立年度报告、检查和评估机制。

（十二）优化经费保障。自2019年秋季学期起，对通过全国统一高考或高职分类招考方式考入普通高等学校的全日制在校自主就业退役士兵学生均实行学费减免，减免最高限额按规定标准执行；全日制在校退役士兵学生全部享受本专科生国家助学金。退役士兵参加全日制中等职业教育的，按规定享受中等职业教育国家奖助学金和免学费政策。

自主就业退役士兵适应性培训、职业技能培训经费可通过退役安置补助经费列支。地方财政要加强退役士兵教育培训经费保障，制定经费管理办法，提高资金使用效率。中央财政合理确定补助标准。有条件的地区在经费方面可对参战、军龄长、有立功受奖表现、所学技能多等级高的退役士兵学员适当倾斜，退役士兵各项教育培训经费按现有渠道拨付。

（十三）明确部门职责。退役军人事务部门负责退役士兵教育培训工作的协调推动；教育、人力资源社会保障等有关部门做好退役士兵招生录取、教学管理、技能鉴定评价、数据共享等工作；财政部门负责按规定落实退役士兵教育培训相关经费保障；军队有关部门负责组织实施士兵服役期间继续教育、离队前教育和退役后教育培训档案材料移交等工作，协同地方有关部门促进退役士兵军地技能证书有效衔接转换。

（十四）注重宣传引导。要创新宣传方式，充分运用各类新闻媒体，采取灵活多样形式，做好退役士兵教育培训工作的宣讲普及，提升相关政策影响力和知晓度。鼓励自主就业退役士兵在返乡报到和就业前的窗口期尽早参加职业技能培训。广泛开展各类交流活动，展示退役士兵参加教育培训成果，提高教育培训工作的吸引力。强化典型引领，积极宣传各地区、各部门开展退役士兵教育培训、提高服务质量的经验与成效，营造支持和服务退役士兵教育培训的良好环境。

退役军人事务部

教育部

财政部

人力资源社会保障部

中央军委政治工作部

中央军委训练管理部

中央军委国防动员部

2021年9月7日

退役军人事务部 财政部
关于调整部分优抚对象等人员抚恤和
生活补助标准的通知

退役军人部发〔2021〕36号

各省、自治区、直辖市退役军人事务厅（局）、财政厅（局），新疆生产建设兵团退役军人事务局、财政局：

经研究，决定从2021年8月1日起调整部分优抚对象等人员抚恤和生活补助标准，现将有关问题通知如下。

一、提高残疾军人（含伤残人民警察、伤残国家机关工作人员、伤残民兵民工）的残疾抚恤金、烈属（含因公牺牲军人遗属、病故军人遗属）的定期抚恤金、在乡退伍红军老战士（含在乡西路军红军老战士、红军失散人员）的生活补助标准，调整后的标准见附件。

二、各地要按照《军人抚恤优待条例》规定，加大资金投入，大力提高在乡老复员军人的生活补助标准，切实保障其生活水平。中央财政在现行补助标准的基础上，每人每月增加200元。

三、各地要按照每人每月不低于700元、不高于十级残疾军人抚恤金标准的原则，调整带病回乡退伍军人生活补助标准，每人每月提高标准不低于50元。中央财政对北京、天津、辽宁、上海、江苏、浙江、福建、山东、广东等9个省市，补助标准调整为每人每月280元；对河北、山西、吉林、黑龙江、安徽、江西、河南、湖北、湖南、海南等10个省，补助标准调整为每人每月420元；对内蒙古、广西、重庆、四川、贵州、云南、西藏、陕西、甘肃、青海、宁夏、新疆等12个省区市，补助标准调整为每人每月560元；对新疆生产建设兵团补助标准调整为每人每月700元。

四、对在农村的和城镇无工作单位且家庭生活困难的参战退役人员提高生活补助标准，每人每月提高50元，提至每人每月750元。中央财政对北京、天津、辽宁、上海、江苏、浙江、福建、山东、广东等9个省市，补助标准调整为每人每月300元；对河北、山西、吉林、黑龙江、安徽、江西、河南、湖北、湖南、海南等10个省，补助标准调整为每人每月450元；对内蒙古、广西、重庆、四川、贵州、云南、西藏、陕西、甘肃、青海、宁夏、新疆等12个省区市，补助标准调整为每人每月600元；对新疆生产建设兵团补助标准调整为每人每月750元。

五、对不符合评残和享受带病回乡退伍军人生活补助条件，但患病或生活困难的农村和城镇无工作单位的原8023部队退役人员，以及其他参加核试验军队退役人员（含参与铀矿开采军队退役人员）提高生活补助标准，每人每月提高50元，提至每人每月750元。中央财政对北京、天津、辽宁、上海、江苏、浙江、福建、山东、广东等9个省市，补助标准调整为每人每月300元；对河北、山西、吉林、黑龙江、安徽、江西、河南、湖北、湖南、海南等10个省，补助标准调整为每人每月450元；对内蒙古、广西、重庆、四川、贵州、云南、西藏、陕西、甘肃、青海、宁夏、新疆等12个省区市，补助标准调整为每人每月600元；对新疆生产建设兵团补助标准调整为每人每月750元。

六、对居住在农村和城镇无工作单位、18周岁之前没有享受过定期抚恤金待遇且年满60周岁的烈士子女（含建国前错杀后被平反人员的子女）提高生活补助标准。中央财政在现行补助标准的基础上，每人每月提高50元，提至每人每月590元。

七、对从1954年11月1日试行义务兵役制后至《退役士兵安置条例》施行前入伍、年龄在60周岁以上（含60周岁）、未享受到国家定期抚恤补助的农村籍退役士兵提高老年生活补助标准，每服一年义务兵役每人每月提高5元，提至每服一年义务兵役每人每月补助50元。中央财政对北京、天津、辽宁、上海、江苏、浙江、福建、山东、广东等9个省市按上述补助标准的50%安排补助资金，对其他省区市、新疆生产建设兵团实行全额补助。

八、对新中国成立前加入中国共产党的农村老党员和未享受离退休待遇的城镇老党员调整生活补贴标准，每人每月提高50元，补助标准调整为：1937年7月6日前入党，提至每人每月870元；1937年7月7日至1945年9月2日入党的，提至每人每月810元；1945年9月3日至1949年9月30日入党的，提至每人每月730元。已享受优抚对象抚恤补助的老党员，不执行上述补贴标准，仍按每人每月50元标准发给生活补贴。已对老党员实行定额补贴的地方，补贴标准低于上述标准的，按照补差原则发给补贴；补贴标准高于上述标准的，仍按原补贴标准发给补贴。中央财政对北京、天津、上海、江苏、浙江、福建、广东等7省市，按上述补助标准的25%安排补助资金；对其他省区市、新疆生产建设兵团按上述补助标准的50%安排补助资金。

九、此次调整标准所需中央补助资金，由中央财政安排，另行下达。地方各级有关部门要认真落实地方应安排的资金，切实加强资金管理，保证及时、准确、足额地把抚恤金和生活补助费发放到优抚对象等人员手中。

附件：

1. 残疾军人、伤残人民警察、伤残国家机关工作人员、伤残民兵民工残疾扶恤金标准表

2. 烈属、因公牺牲军人遗属、病故军人遗属定期抚恤金标准表

3. 在乡退伍红军老战士、在乡西路军红军老战士、红军失散人员生活补助标准表

附件1

残疾军人、伤残人民警察、伤残国家机关工作人员、伤残民兵民工残疾抚恤金标准表

（从2021年8月1日起执行） 位：元/年

残疾等级	残疾性质	抚恤金标准
一级	因战	106670
	因公	103300
	因病	99910
二级	因战	96530
	因公	91450
	因病	88030
三级	因战	84700
	因公	79600
	因病	74550
四级	因战	69420
	因公	62670
	因病	57590
五级	因战	54220
	因公	47410
	因病	44030
六级	因战	42360
	因公	40080
	因病	33860
七级	因战	32200
	因公	28820
八级	因战	20330
	因公	18610
九级	因战	16890
	因公	13560
十级	因战	11860
	因公	10140

附件 2

烈属、因公牺牲军人遗属、病故军人遗属定期抚恤金标准表

（从 2021 年 8 月 1 日起执行）　　单位：元/年

烈属	因公牺牲军人遗属	病故军人遗属
33860	29080	27360

附件3

在乡退伍红军老战士、在乡西路军红军老战士、红军失散人员生活补助标准表

（从 2021 年 8 月 1 日起执行）　　单位：元/年

在乡退伍红军老战士	在乡西路军红军老战士	红军失散人员
73960	73960	33370

退役军人事务部等7部门关于加强和改进退役军人人事档案管理利用工作的意见

退役军人部发〔2021〕65号

各省、自治区、直辖市退役军人事务厅（局）、教育厅（教委）、财政厅（局）、人力资源社会保障厅（局）、档案局，新疆生产建设兵团退役军人事务局、教育局、财政局、人力资源社会保障局、档案局，各战区、各军兵种、军委机关各部门、军事科学院、国防大学、国防科技大学、武警部队政治工作部（局、处）：

为有效解决退役军人人事档案管理利用面临的突出问题，进一步提升工作的科学化、制度化、规范化、信息化水平，根据《中华人民共和国退役军人保障法》《中华人民共和国档案法》《干部人事档案工作条例》《军队档案条例》等法律法规规定，结合进入新发展阶段做好退役军人工作的新任务新要求，现就加强和改进退役军人人事档案管理利用工作提出如下意见。

一、总体要求

（一）指导思想

坚持以习近平新时代中国特色社会主义思想为指导，深入贯彻习近平强军思想和习近平总书记关于退役军人工作重要论述，聚焦退役军人人事档案管理利用工作面临的老难题和新挑战，创新思路举措，加强顶层设计，积极稳妥实施，推动形成权责清晰、管理规范、服务优质、运转高效、安全可靠的退役军人人事档案工作制度机制，更好地维护退役军人合法权益，服务国防和军队建设，服务经济社会发展。

（二）基本原则

——加强统筹设计。坚持服务全局、立足现状、着眼长远，围绕退役军人人事档案管理利用，加强科学设计，厘清部门职责，完善政策措施，健全工作机制，夯实基层基础，确保工作高质量发展。

——坚持问题导向。针对退役军人人事档案管理职责分工不明确，保管利用不规范，遗失缺件补办难，信息化程度不够高，作用发挥不明显等重难点问题，综合施策，源头治理，有序化解。

——注重改革创新。按照体现时代性、把握规律性、富于创造性的思路，适应军地相关改革，主动回应退役军人新关切和军地基层新需要，补齐政策“空白点”，连通工作“衔接点”，有效提升退役军人人事档案管理和服务水平。

——强化协同配合。退役军人事务部门牵头负责，密切军地、部门之间协作配合；明确退役军人事务系统各级职责，强化上下协同，加强基层能力建设，发挥安置地退役军人服务中心作用，提高工作效率和质量。

二、主要任务

（三）明确职责分工。按照依法管理、统筹协调、属地负责的原则，明确各级相关部门职责。退役军人事务部负责全国退役军人人事档案工作的统筹规划和监督指导，建立健全退役军人人事档案管理利用制度机制。地方各级退役军人事务部门负责本行政区域内安置的退役军人人事档案管理利用等工作。各级退役军人服务中心、军休服务管理机构等服务保障机构，根据要求承担具体任务，提供相关延伸性、辅助性服务。退役军人人事档案管理接受同级党委组织部门和档案主管部门的监督和指导。教育、财政、人力资源社会保障，以及军队相关部门在各自职责范围内做好退役军人人事档案管理利用工作。

（四）规范档案交接。退役军人人事档案由军地相关单位区分不同安置方式进行移交接收，其转递应当按规定通过机要渠道邮寄或派专人取送，严禁由退役军人本人自行携带。

1. 作转业、逐月领取退役金、复员安置的退役军官，以及作安排工作、逐月领取退役金安置的退役军士和作安排工作安置的退役义务兵的人事档案，由军队相关单位政治工作部门按规定向县级以上退役军人事务部门和相关部门移交。

2. 作自主就业、供养安置的退役军人的人事档案，由军队师、旅、团级单位政治工作部门按规定向安置地退役军人事务部门移交。

3. 作退休安置的退役军人的人事档案，由军队师级单位政治工作部门按规定向安置地退役军人事务部门移交。

（五）严格档案审核。军地各级相关部门应当在各自职责范围内，按照档案管理权限和相关规定，严格整理审核退役军人人事档案，严禁弄虚作假。

1. 军队相关单位整档审核。军人退役时，其所在团级以上单位应当按照《军队档案条例》等有关规定，整理、审核退役军人人事档案，确保要素齐全、清晰完整、真实准确，同时按照管理权限留存退役军人人事档案数字复制件。工作中，要加强对退役军人人事档案的保密审查和脱密处理，并在档案封皮、档案袋及档案材料《转递单》中明确保密要求。

2. 退役军人事务部门和相关部门审核。县级以上退役军人事务部门和相关部门接收退役军人人事档案后，应当按规定进行审核。对于退役士兵，属于入伍批准、义务兵注册、军士退役时本衔级注册相关证表缺失的，其人事档案材料中应当具备中央军委政治工作部统一制发的《士兵档案材料证明信》。

3. 加强军地协作合力解决难题。退役军人人事档案审核过程中，军地双方要加强沟通，在各自职责范围内为对方审档核查提供便利和协助。对档案材料蓄意作假伪造的，由军队按照有关规定认定和处理后进行移交；对属于退役军人弄虚作假骗取安置待遇的，由县级以上退役军人事务部门和相关部门取消相关安置待遇。

（六）实行分类管理。对于本意见实施后移交的退役军人人事档案，按照分类归集、属地管理的原则，根据不同安置方式确定相应管理机构。

1. 转业军官和安排工作退役士兵的人事档案，由县级以上退役军人事务部门和相关部门移交接收安置单位进行管理。

2. 逐月领取退役金退役军人、复员军官、自主就业退役士兵、分散供养退役军人，以及灵活就业退役士兵和视为放弃安排工作待遇退役士兵、视为放弃安置待遇退役士兵的人事档案，一般由安置地退役军人事务部门委托所属退役军人服务中心存放。其中，入伍时是普通高等学校在校学生的退役士兵，退出现役后复学的，其人事档案由安置地退役军人事务部门转交相关学校进行管理。

3. 退休和集中供养退役军人的人事档案，一般由安置地退役军人事务部门委托所属军休服务管理机构、优抚医院存放管理。

（七）有序转接档案。对于本意见实施前存放在其他部门以及因特殊情况由本人保存的退役军人人事档案，按照应转尽转、积极稳妥、循序渐进的原则，由安置地退役军人事务部门指导所属退役军人服务中心进行有序转接。人事档案转接工作各地可在有条件的地区先行试点，再逐步推开，原则上应于 2023 年底前完成。

1. 对于存放在地方乡（镇、街道）、人民武装部、公共就业和人才服务机构，以及授权管理流动人员人事档案机构等单位的退役军人人事档案，由安置地退役军人事务部门牵头，指导所属退役军人服务中心会同原档案管理单位进行全面摸底造册，建立工作台账，制定转接计划，分批分步进行交接。

2. 对于存放在档案馆的退役军人人事档案，由其继续管理；已设置自主择业专门管理服务机构的地区，自主择业军队转业干部人事档案仍由其继续管理。

3.对于退役军人因特殊情况由本人自行保管的人事档案，实行一事一批，按照个人申请、县级审批的程序办理。由退役军人本人自主自愿向安置地退役军人事务部门提出书面申请，如实填写《退役军人人事档案移交申请表》，申请书中本人应对其人事档案材料的真实性作出承诺，申请书和申请表必须由本人签名。安置地退役军人事务部门应当与申请人共同启封其人事档案（已启封的须申请人书面说明原因），并按规定进行复印，供后续审核使用，人事档案复印件须申请人本人签字确认，之后，当面密封其人事档案并加盖公章暂存。安置地退役军人事务部门可委托所属退役军人服务中心，根据人事档案复印件信息商有关部门仅对申请人军人身份信息进行核实，属于退役军人的应当及时作出审批，按规定存放其人事档案；对于经核查不属于退役军人的，不予批准，并书面向申请人说明理由、通知取档。日后，退役军人根据审核交接后的人事档案提出相关待遇申请等事项的，安置地退役军人事务部门应当按照一事一审的原则，商军地有关部门对相应档案材料另行审核。

（八）完善基础设施。各级退役军人事务部门要按照《档案馆建筑设计规范》（JGJ25-2010）等相关规定，结合实际加快档案库房建设，分别设置办公、整理、阅览和档案库房等，配备必要的档案装具以及温湿度检测调控系统、消防系统、安防系统等设施设备，夯实硬件基础，不断提高现代化、规范化、标准化建设水平。目前自建档案库房确有困难的地区，可继续委托档案管理机构暂时保管退役军人人事档案，同时加快协调推动自建档案库房工作。

（九）建立数字档案。各级退役军人事务部门要按照《干部人事档案数字化技术规范》（GB/T33870-2017）等相关技术标准对退役军人人事档案进行数字化，严格规范档案目录建库、档案扫描、图像处理、数据存储、数据验收、数据交换、数据备份、安全管理等基本环节，不断加强与业务系统和数据库关联融合，确保数字人事档案真实、完整、可用、安全，且与纸质人事档案保持一致。退役军人数字人事档案的利用、转递和保密等按照纸质人事档案相关规定执行。

1. 对于本意见实施后县级以上退役军人事务部门新接收年度退役军人人事档案，由其指导所属退役军人服务中心及时进行数字化工作。其中，转业军官和安排工作退役士兵，以及复学普通高等学校在校学生退役士兵人事档案，应当在转交其接收安置单位或相关学校前完成档案数字化工作；作其他方式安置的退役军人人事档案，应当在接收档案后6个月内完成数字化工作。

2. 对于本意见实施后从各部门按规定接收的历年退役军人人事档案，以及由军休服务管理机构、优抚医院、自主择业军队转业干部管理服务机构等部门管理的退役军人人事档案，由相关退役军人事务部门指导所属退役军人服务中心于2025年底前全部完成人事档案数字化工作。

（十）改进日常服务。各级退役军人事务部门要根据人事档案管理法规规定，因地制宜，聚焦档案收、管、存、用、安全、保密等事项，建立健全符合国家档案标准、体现退役军人特点的人事档案管理利用制度规范和标准指南，确保工作有章可循、有据可依。地方各级退役军人服务中心要统筹利用现有资源，明确承担退役军人人事档案日常保管利用工作的机构和人员，逐步建立完善“统一存放，免费服务”的工作机制，优化办理流程，提高服务质效。对于暂时委托档案机构管理的退役军人人事档案，退役军人事务部门要结合工作实际，制定完善退役军人人事档案托管办法，加强日常监督指导，确保档案存放管理安全、使用规范便捷。对于部分退役军人人事档案丢失、损毁或个别材料缺失的情况，军地各级相关部门要分类施策、稳妥处理，积极探索建立退役军人人事档案查证渠道，研究处理办法，为落实相关待遇提供依据。对于退役军人死亡满5年的，其人事档案管理按有关规定执行。退役军人人事关系和劳动关系按有关法律法规执行。

三、工作保障

（十一）提高思想认识。退役军人人事档案是军人参军入伍、政治思想、服役表现等的历史记载，是全面了解军人服役经历、确定其退役后各项待遇的重要依据，是做好应急备战人才储备的基础支撑，军地各级有关部门特别是退役军人事务部门要进一步提高政治站位，强化大局意识，切实把加强退役军人人事档案管理利用工作摆上重要位置，采取有力措施，确保各项任务有序推进、落地见效。

（十二）建立工作机制。军地各级有关部门要增强政治责任感和工作主动性，建立健全在党委政府领导下，退役军人事务部门牵头，军地各相关部门各司其职、合力共为的工作机制，推动退役军人人事档案管理利用工作高质量发展。

（十三）加强队伍建设。各级退役军人事务部门要把“政治可靠、忠诚履职、担当奉献、坚持原则”作为选配退役军人人事档案工作人员的首要条件，档案工作人员原则上应当具备相应的专业知识和技能，其中档案专业人员可以按照国家有关规定评定专业技术职称。要加强业务学习培训，不断提升档案工作队伍的政策水平和综合素养。

（十四）强化督导问效。各级退役军人事务部门要会同相关部门建立退役军人人事档案管理利用工作考评机制，采取跟踪调度、现场指导、定期通报等方式及时跟进了解情况，解决重难点问题。对于在退役军人人事档案管理利用工作中出现的违纪违法行为，要严格依法依规予以处理，构成犯罪的，依法追究刑事责任。

本意见适用于符合《中华人民共和国退役军人保障法》规定且移交地方安置的退役军人，自 2021 年 11 月 9 日起施行。各地相关部门可根据本意见精神，结合实际制定具体实施办法，进一步规范细化工作流程，切实做好本地区退役军人人事档案管理利用工作。

退役军人事务部
教育部
财政部
人力资源社会保障部
国家档案局
中央军委政治工作部
中央军委国防动员部
2021 年 11 月 9 日

退役军人事务部关于印发《〈烈士光荣证〉管理工作暂行规定》的通知

退役军人部发〔2021〕66号

各省、自治区、直辖市退役军人事务厅（局），新疆生产建设兵团退役军人事务局：

《〈烈士光荣证〉管理工作暂行规定》已经退役军人事务部2021年第十六次部务会议审议通过，现予印发，请结合实际认真贯彻执行。

退役军人事务部

2021年11月10日

《烈士光荣证》管理工作暂行规定

第一章 总 则

第一条 为规范《烈士光荣证》管理，维护烈士称号荣誉性、严肃性，在全社会广泛营造尊崇英烈、关爱烈属的浓厚氛围，根据《中华人民共和国英雄烈士保护法》、《烈士褒扬条例》等制定本规定。

第二条 本规定所称《烈士光荣证》，是党和国家向烈士遗属颁授的烈士光荣纪念证书，是纪念缅怀烈士、彰显烈士崇高荣誉、传承弘扬英烈精神的荣誉载体和象征。

《烈士光荣证》不作为享受相关待遇的凭证。

第三条 退役军人事务部建立《烈士光荣证》制作和发送等烈士证书

管理档案；地方各级人民政府退役军人事务部门应当建立《烈士光荣证》发放、补发和持证烈士遗属信息登记、变更等烈士证书管理档案。

烈士证书管理档案是烈士档案的一部分，保管期限为永久。

第四条　《烈士光荣证》管理工作坚持统一领导、分级实施，依法管理、以人为本，体现尊崇、彰显荣誉的原则。

第二章　制　作

第五条　公民在保卫祖国和社会主义建设事业中牺牲，在 2018 年 5 月 1 日后评定为烈士并完成备案的，制作发放《烈士光荣证》。

第六条　退役军人事务部负责印制《烈士光荣证》，并发送给持证烈士遗属户籍所在地省级人民政府退役军人事务部门。

第七条　《烈士光荣证》为横版设计，证芯图案由红旗、国徽、金色花环边框、两侧华表组成，信息内容由文头、正文、落款、证书编号组成。

《烈士光荣证》有存放版和悬挂版两种版式，存放版配装镶嵌国徽的封面外夹，悬挂版配装红木色边框。

第八条　《烈士光荣证》登记内容包括烈士姓名、牺牲时间、牺牲原因和证书编号、制发日期。

烈士姓名以烈士生前身份证件登记姓名为准；没有身份证件的，以历史档案资料记载姓名为准。

烈士牺牲时间以死亡证明或人民法院宣告死亡确定的日期为准；没有上述时间的，以历史档案资料记载的牺牲时间为准。

烈士牺牲原因按照《烈士褒扬条例》、《军人抚恤优待条例》等规定的牺牲情形填写；2011 年 8 月 1 日前牺牲的，按当时相关政策规定的牺牲情形填写。

证书编号由汉字和 10 位数字组成。编制标准为前冠汉字"国烈"，第 1

至 4 位数字为烈士备案完成年份号，第 5 至 10 位为顺序码，以评定时间为序，评定时间相同的按姓氏笔画排序。

制发日期使用阿拉伯数字，填写烈士证书实际制作日期。

第三章 颁 授

第九条 《烈士光荣证》由持证烈士遗属户籍所在地县级以上人民政府在每年 9 月 30 日烈士纪念日举行仪式颁授。

《烈士光荣证》颁授仪式一般公开举行，组织颁授仪式的县级以上人民政府退役军人事务部门制定工作方案，报请同级人民政府批准后实施；对不宜公开的烈士，颁授仪式可以单独组织，具体方式由组织颁授仪式的县级以上人民政府退役军人事务部门会同烈士生前所在单位和烈士遗属协商确定。

第十条 《烈士光荣证》由烈士遗属协商确定一名遗属持有，并书面告知持证烈士遗属户籍所在地县级人民政府退役军人事务部门；持证烈士遗属为现役军人且无户籍的，书面告知其经常居住地县级人民政府退役军人事务部门。

协商确定持证烈士遗属按照下列顺序：第一顺序为烈士的父母（抚养人）、配偶、子女；第二顺序为烈士的兄弟姐妹。协商不通的，按照下列顺序确定一名持证烈士遗属：（一）父母（抚养人）；（二）配偶；（三）子女，有多个子女的发给长子女；（四）兄弟姐妹，有多个兄弟姐妹的发给其中的年长者。无上述亲属的，《烈士光荣证》由烈士评定机关存档管理。

第十一条 《烈士光荣证》一般由持证烈士遗属本人领取；持证烈士遗属本人领取有困难的，也可由组织颁授仪式的退役军人事务部门根据持证烈士遗属意愿另行确定参加颁授仪式的领取代表。

持证烈士遗属经常居住地与户籍所在地不一致的，可以在 8 月 31 日前向户籍所在地县级人民政府退役军人事务部门申请在经常居住地参加颁授仪式。收到申请的县级人民政府退役军人事务部门应当与其经常居住地县级人民政府退役军人事务部门协调，在收到申请后 10 日内通知本人办理意见。

第十二条　颁授仪式工作方案应明确具体时间、地点、参加人员、着装要求、颁授程序和仪式的主持人、宣读人、颁授人等内容。

第十三条　颁授仪式应当在具备条件的广场、会场或者烈士纪念设施举行，可以与烈士纪念日公祭活动统筹组织。

第十四条　颁授仪式应当庄严、肃穆、隆重、节俭，现场显著位置悬挂或摆放仪式标识，摆放鲜花或花篮。

参加颁授仪式的人员应当着装得体，言行庄重。

第十五条　颁授仪式一般由组织仪式的县级以上人民政府退役军人事务部门负责人主持，县级以上人民政府负责人颁授《烈士光荣证》。

第十六条　举行颁授仪式时应当邀请烈士遗属代表、烈士生前所在单位干部职工代表、学校师生代表、退役军人代表、公安民警代表、国家综合性消防救援队伍指战员代表和社会各界群众代表参加，有条件的可以邀请解放军或武警部队官兵代表参加。

第十七条　《烈士光荣证》颁授仪式一般按照以下程序进行：

（一）礼兵就位；

（二）礼迎烈士遗属；

（三）宣布仪式开始，奏唱《中华人民共和国国歌》；

（四）宣读烈士评定决定；

（五）向烈士默哀；

（六）颁授《烈士光荣证》；

（七）少先队员向烈士遗属代表献花；

（八）礼送烈士遗属；

（九）宣布颁授仪式结束。

第四章　持证烈士遗属变更

第十八条　持证烈士遗属确定后原则上不再变更。持证烈士遗属死亡的，符合本规定第十条规定条件的其他烈士遗属可以向本人户籍所在地县级人民政府退役军人事务部门申请变更；申请人为现役军人且无户籍的，可以向其经常居住地县级人民政府退役军人事务部门申请。

第十九条　申请变更持证烈士遗属，应当提交以下材料：书面申请（包括烈士信息、原持证烈士遗属信息、与烈士的关系和申请理由等），申请人身份证件复印件、原持证烈士遗属死亡证明等，有其他符合持证烈士遗属条件的，还需提供协商一致的变更协议。

第二十条　县级人民政府退役军人事务部门应当对申请材料进行审查，对于材料不齐备或者不符合法定形式的，应当告知申请人补正材料；烈士遗属中无符合持证条件的，应当告知申请人不予变更，《烈士光荣证》可以由烈士后人自行协商，妥善保管。

第二十一条　县级人民政府退役军人事务部门对报送的材料初审后，认为符合变更条件的，应当提出变更意见，通过全国褒扬纪念信息管理系统逐级上报省级人民政府退役军人事务部门审核；不符合变更条件的，告知申请人理由。

第二十二条　省级人民政府退役军人事务部门应当对报送的材料进行审核，对符合变更条件的，在全国褒扬纪念信息管理系统内审核通过；不符合变更条件的，予以驳回。

申请人与原持证烈士遗属户籍所在地不属同一省份的，应当征求原持证烈士遗属户籍所在地省级人民政府退役军人事务部门意见。原持证烈士遗属户籍所在地省级人民政府退役军人事务部门应当及时核查，认为可以变更的，予以确认；认为不能变更的，应当不同意并告知理由。

第五章　证件补发

第二十三条　持证烈士遗属应当珍惜爱护、妥善保管《烈士光荣证》。因不可抗力或非持证烈士遗属主要责任等原因导致《烈士光荣证》灭失或遗失的，持证烈士遗属可以向本人户籍所在地县级人民政府退役军人事务部门申请补发。

第二十四条　申请补发《烈士光荣证》，应当提交以下材料：书面申请（包括烈士信息、持证烈士遗属信息、与烈士的关系和申请理由等），申请人身份证件复印件，登报遗失声明等。

第二十五条　县级人民政府退役军人事务部门对报送的材料初审后，认为符合补发条件的，应当提出补发意见，通过全国褒扬纪念信息管理系统逐级上报退役军人事务部审核；不符合补发条件的，驳回申请并告知申请人理由。

第二十六条　退役军人事务部对报送的材料进行审核。符合补发条件的，予以补发，证书登记内容保持不变，制发日期填写补发日期；不符合补发条件的，予以驳回。

补发的《烈士光荣证》由持证烈士遗属户籍所在地县级人民政府退役军人事务部门及时送达持证烈士遗属。

第六章　监督管理

第二十七条　任何组织和个人不得仿制、伪造、变造、买卖、出租《烈士光荣证》，不得将《烈士光荣证》用于商业广告、制作商标或者其他商业性用途，不得用于娱乐活动，不得进行丑化、玷污、破坏《烈士光荣证》的活动。

各级人民政府退役军人事务部门发现前款不当行为的，应当会同相关部门依法及时处置。

第二十八条 各级人民政府退役军人事务部门应当会同有关部门加强对《烈士光荣证》管理，接受社会监督。相关单位和工作人员有下列情形之一的，上级人民政府退役军人事务部门应当责令改正，并视情节轻重依法追究责任：

（一）为不符合条件的对象制作发放《烈士光荣证》的；

（二）违反规定办理《烈士光荣证》持证烈士遗属变更的；

（三）违反规定补发《烈士光荣证》的；

（四）不履行法定职责并造成社会不良影响的；

（五）利用职务便利谋取私利的。

第二十九条 违反规定发放或补发的《烈士光荣证》，由持证烈士遗属户籍所在地县级人民政府退役军人事务部门依法收回，逐级交回退役军人事务部。

违反规定变更持证烈士遗属的，由受理持证烈士遗属变更申请的县级人民政府退役军人事务部门进行纠正，按照本规定第四章持证烈士遗属变更程序，逐级上报省级人民政府退役军人事务部门审核批准。

第七章 附 则

第三十条 各级人民政府退役军人事务部门在办理变更持证烈士遗属或补发烈士证书事项时，一般应当在 15 日内完成本级需要办理的事项。情况复杂的，经本级退役军人事务部门负责人批准，可适当延长办理期限。

第三十一条 烈士遗属中无中国境内公民的，烈士证书由烈士生前户籍所在地县级人民政府退役军人事务部门管理。

第三十二条 《烈士证明书》与《烈士光荣证》具有同等法律效力，

参照本规定管理。《烈士证明书》需要补发的，按照本规定程序补发《烈士证明书》。

第三十三条　本规定自发布之日起施行。过去有关烈士证书管理规定与本规定不一致的，以本规定为准。

退役军人事务部关于印发《退役军人、其他优抚对象优待证管理办法（试行）》的通知

退役军人部发〔2021〕67号

各省、自治区、直辖市退役军人事务厅（局），新疆生产建设兵团退役军人事务局：

为落实《退役军人保障法》有关要求，做好退役军人、其他优抚对象优待证管理工作，我部制定了《退役军人、其他优抚对象优待证管理办法（试行）》。现印发给你们，请遵照执行。

退役军人事务部

2021年11月15日

退役军人、其他优抚对象优待证管理办法（试行）

第一章 总 则

第一条 为规范退役军人和烈士遗属、因公牺牲军人遗属、病故军人遗属等其他优抚对象优待证（简称优待证）制发、使用和服务管理，维护持证人权益，提高优待服务管理水平，依据《中华人民共和国退役军人保障法》和国家有关规定，制定本办法。

第二条 优待证分为“中华人民共和国退役军人优待证”“中华人民共和国烈士、因公牺牲军人、病故军人遗属优待证”两种，分别面向符

合条件的退役军人和烈士遗属、因公牺牲军人遗属、病故军人遗属等其他优抚对象发放。

本办法适用于优待证的申请、审核、制作、发放、使用、服务、管理及其他相关工作。

第三条　优待证是持证人彰显荣誉的载体、享受优待的凭证。

第四条　优待证服务管理工作坚持彰显荣誉、规范有序、精准动态、便捷安全的原则。

第五条　退役军人事务部负责指导全国优待证制发和服务管理工作，确定并适时调整合作银行范围。省（区、市）退役军人事务厅（局）负责明确本地区优待证服务管理具体要求，在退役军人事务部确定的合作银行范围内，确定本地区合作银行，推进优待证在本地区的使用。市、县退役军人事务局负责本地区优待证发放和服务管理工作。

第六条　优待证全国统一制发，统一式样，印有优待证种类名称、持证人姓名、持证人性别、持证人相片、发放单位等信息。

优待证全国统一编号并以加密方式储存于优待证芯片内，提供数据服务使用。

第七条　持证人应模范遵守法律法规，保守国家和军事秘密，践行社会主义核心价值观，积极参加社会主义现代化建设，在社会生活中发挥先锋作用，引领良好道德风尚，珍惜维护荣誉，爱惜优待证。

第八条　退役军人事务部加强优待证服务管理工作信息化建设，建立完善全国优待证管理信息系统，为做好优待证服务管理工作提供支持。

第二章　功　能

第九条　优待证由退役军人事务部联合相关合作银行共同制作，优待证以银行借记卡为载体，不具备透支功能。

优待证关联的个人银行账户按相关规定管理。

合作银行按照国家有关要求做好金融功能相关的服务管理，配合做好优待证服务管理及优待项目拓展等工作，为持证人提供优先优惠等优待服务。

第十条 持证人凭优待证按照《中华人民共和国退役军人保障法》和国家有关规定，享受公共交通、文化、旅游等方面的优待服务。

国家将不断调整基本优待目录清单项目，以优待证为识别认证载体，充分发挥优待证服务使用功能，更好地为持证人服务。

第十一条 持证人凭优待证享受发放省份提供的优待服务。

鼓励各地在有条件的基础上，将本地提供的优待服务面向全国持证人开放。

第十二条 鼓励企业、社会组织等社会各界为持证人提供多元化优待服务。

第十三条 地方各级退役军人事务部门应积极推广优待证在本地区、相关行业领域的应用，不断扩大优待证使用范围、提高优待证知晓度。

在保持式样标准不变、主要功能不变、管理主体不变、工作流程不变的前提下，可以通过优待证搭载其他公共服务功能。

第十四条 退役军人事务部适时推出电子优待证，实现持证人信息在线查验、优待项目线上服务与线下渠道有效衔接等功能。

第十五条 在基于优待证开展金融领域应用时，应当按照网络安全、个人信息保护等法律法规和国家有关规定要求，履行个人金融信息保护责任，切实保障持证人资金与信息安全。

第十六条 各级退役军人事务部门应逐步实现通过优待证关联的个人银行账户发放抚恤补助金、慰问金等。

第三章　申　请

第十七条 退役军人和烈士遗属、因公牺牲军人遗属、病故军人遗属等其他优抚对象原则上应向户籍地乡镇（街道）退役军人服务站提出申请。不在户籍地常住的，可向常住地乡镇（街道）退役军人服务站提出申请。

本办法施行后，安置地退役军人事务部门接收退役军人时，可依对象本人意愿完成申领。

无民事行为能力或限制民事行为能力人，需由监护人提出申请。

第十八条　两种优待证申领条件均符合的申请人，可根据意愿申领其中一种。

具有双重或多重身份的对象，其相关身份均写入优待证芯片，按规定享受相应的优待服务。

第十九条　申请人可申请由户籍地或常住地省份发放优待证。

若申请由常住地省份发放优待证，应符合常住地省（区、市）退役军人事务厅（局）有关规定。如不符合常住地省（区、市）退役军人事务厅（局）有关规定，可根据申请人意愿转为申请户籍地省份发放优待证。

第二十条　申请人提出申请前，应建档立卡。

申请人完成建档立卡后，可通过互联网提出线上申请，也可向户籍地或常住地乡镇（街道）退役军人服务站提出申请。

第二十一条　本人提出申请的，需提供居民身份证、近期1寸白底免冠电子相片等相关证件或材料。

委托他人申请的，受托人还需提供受托人居民身份证及委托书等相关证件或材料。

第四章　审　核

第二十二条　乡镇（街道）退役军人服务站对符合受理条件的，应检查申请材料内容是否完备、申请优待证种类是否明确等。

符合要求的，提交县退役军人服务中心核实。

第二十三条　县退役军人服务中心依据申请材料，核实对象身份是否真实、申请优待证种类是否准确等。符合要求的，报县退役军人事务局初审。

初审通过的，报市退役军人事务局审核。

审核通过的，报省（区、市）退役军人事务厅（局）备案。

初审通过后，应在30个工作日内完成审核及备案。

第二十四条 申请由常住地省份发放优待证的，由常住地所在省（区、市）退役军人事务厅（局）负责审核、备案。

第二十五条 申请人有下列情形之一的，审核不予通过。

（一）服役期间被部队除名、开除军籍的；

（二）处于被剥夺政治权利期限内的；

（三）处于服刑、羁押、通缉期间的。

第二十六条 申请人受过刑事处罚、被开除中国共产党党籍、被开除公职或存在严重影响身份荣誉的其他情形的，由省（区、市）退役军人事务厅（局）综合考虑相关因素进行审核，审核情况报退役军人事务部备案。

第二十七条 省（区、市）退役军人事务厅（局）备案后，将制证所需信息提供给合作银行。合作银行依照有关法律法规规定予以办理。

第二十八条 省（区、市）退役军人事务厅（局）应定期将优待证制发情况报退役军人事务部。

第二十九条 对未受理或未通过核实、初审、审核的，受理申请的退役军人服务站应及时向申请人反馈情况，并作出说明。

第五章　制　发

第三十条 省（区、市）退役军人事务厅（局）监督有关单位按照《中国金融集成电路（IC）卡规范》等相关要求和标准制作优待证，确保数据存放、传输、使用安全。

第三十一条 受理申请的退役军人服务站在收到优待证时，应做好登记并清点数量、检查外包装是否破损等。

受理申请的退役军人服务站一般应在收到优待证后 10 个工作日内通过主动送达、集体颁发或双方约定的其他方式发放，并做好登记。

退役军人服务站收到优待证 3 个月后仍无法联系到申请人的，应将该优待证逐级上交至省（区、市）退役军人服务中心。

第三十二条　申请人收到优待证核对证面信息无误后，按照有关规定激活金融功能。

证面信息有误的，申请人应及时联系受理申请的退役军人服务站，交回已领优待证，并由省（区、市）退役军人事务厅（局）按相关程序重新制作。

第六章　补　换

第三十三条　优待证遗失后，持证人应及时告知受理申请的退役军人服务站，并按照银行有关规定挂失。

第三十四条　优待证遗失的，持证人可在办理正式挂失手续后，提出补领申请。

补领新证后找回原证的，持证人应当将原证交回受理申请的退役军人服务站。

第三十五条　出现下列情形之一的，持证人可以申请更换优待证。

（一）优待证损坏不能在读卡设备上正常读取的；

（二）优待证证面污损、残缺，信息无法辨认的；

（三）优待证证面信息需要变更的；

（四）持证人户籍地或常住地省份发生变化的；

（五）两种优待证申领条件均符合的持证人需要变更优待证种类的；

（六）其他需要更换的情形。

出现前款第一项、第二项情形的，持证人应持本人居民身份证到合作银行更换；出现前款第三项、第四项、第五项、第六项情形的，持证人应向受理申请的退役军人服务站提出更换申请，并按有关规定办理。

第三十六条 需要变更优待证发放省份的，持证人应先取消相应的银行金融账户，凭银行出具的金融账户取消证明申请更换。

第三十七条 持证人在申请更换优待证时，须交回原持有的优待证。

第三十八条 优待证首次申领免费。

因优待证卡片质量问题造成无法使用的，按相关金融规定认定后，可免费更换；符合第三十五条第三项、第四项、第五项情形的，可免费更换。

除上述情形外，需要更换或补领的，相关费用按照合作银行有关规定执行。

第七章 收 回

第三十九条 持证人存在下列情形之一的，经省（区、市）退役军人事务厅（局）批准，由受理申请的退役军人服务站收回其优待证，并报退役军人事务部备案。

（一）伪造、变造、买卖、出租、出借优待证的；

（二）使用虚假证明材料骗领优待证的；

（三）户籍注销的；

（四）被剥夺政治权利的；

（五）处于服刑、羁押、通缉期间的；

（六）被开除中国共产党党籍或者被开除公职的；

（七）存在严重影响身份荣誉的其他情形的。

第四十条 确认收回的，省（区、市）退役军人事务厅（局）及时通知合作银行暂停应收回优待证的非柜面业务办理功能；仍有相关金融功能需要使用的，由合作银行在完成金融功能转移后协助收回。

第四十一条 收回的优待证，由省（区、市）退役军人服务中心负责登记销毁。

第四十二条 持证人被收回优待证后，相关情形消失、能够主动改正错误并积极消除负面影响的，可以重新申请优待证，由省（区、市）退役军人事务厅（局）综合考虑相关因素进行审核，审核情况报退役军人事务部备案。

第八章 监督管理

第四十三条 对伪造、变造、买卖、出租、出借优待证，故意污损、划刻、破坏优待证或者恶搞、丑化、玷污优待证形象，将优待证用于商业、娱乐活动，以及其他不恰当使用优待证的行为，各级退役军人事务部门应当及时予以制止、督促纠正、批评教育。涉嫌违法犯罪的，依法协调相关部门处理。

第四十四条 省（区、市）退役军人事务厅（局）应定期会同同级公安、民政、人力资源社会保障等部门对生存、婚姻、社保等信息进行比对，及时更新对象信息，实现精准管理。

第四十五条 各级退役军人事务部门、退役军人服务中心（站）以及有关单位的工作人员，在优待证服务管理工作中应按照职能职责做好工作。对因履职不力造成严重社会影响的，依法依规问责追责。

第四十六条 地方各级退役军人事务部门可委托所属退役军人服务中心协助配合开展有关工作。

第四十七条 各级退役军人事务部门、退役军人服务中心（站）应采取技术手段和服务管理措施，保护持证人个人隐私，依法使用有关信息。

第四十八条 各级退役军人事务部门、退役军人服务中心（站）、合作银行应加强合作，共同建立服务体系，及时解答对象关于优待证申请使用、优待政策、优待项目等咨询，妥善处理投诉，建立办理反馈机制，主动接受社会监督。

第九章　附　则

第四十九条　本办法所指的烈士、因公牺牲军人、病故军人的遗属，是指烈士、因公牺牲军人、病故军人的配偶、父母（抚养人）、子女，以及由其承担抚养义务的兄弟姐妹。

第五十条　军级以上退休干部在移交省军区系统后申领优待证的，具体由省军区（卫戍区、警备区）政治工作部门与省（区、市）退役军人事务厅（局）对接办理。

第五十一条　中国人民武装警察部队依法退出现役的警官、警士和义务兵等人员，适用本办法。

第五十二条　本办法自印发之日起施行。

退役军人事务部　司法部关于印发《关于加强退役军人法律援助工作的意见》的通知

退役军人部发〔2021〕73 号

各省、自治区、直辖市退役军人事务厅（局）、司法厅（局），新疆生产建设兵团退役军人事务局、司法局：

为加强退役军人法律援助工作，依法维护退役军人合法权益，退役军人事务部、司法部共同制定了《关于加强退役军人法律援助工作的意见》。现印发给你们，请结合实际抓好贯彻落实。

退役军人事务部　司法部

2021 年 12 月 7 日

关于加强退役军人法律援助工作的意见

退役军人法律援助工作是加强退役军人服务保障的重要举措，是维护退役军人合法权益的一项重要民生工程。推进退役军人法律援助工作，对于建立健全退役军人权益保障机制，完善公共法律服务体系，具有重要意义。为全面落实中共中央办公厅、国务院办公厅《关于完善法律援助制度的意见》和《中华人民共和国退役军人保障法》、《中华人民共和国法律援助法》等政策法律制度，加强退役军人法律援助工作，现提出如下意见。

一、总体要求

（一）指导思想。以习近平新时代中国特色社会主义思想为指导，全面贯彻落实党的十九大和十九届二中、三中、四中、五中、六中全会精神，全面贯彻习近平法治思想，深入贯彻习近平总书记关于退役军人工作重要论述和法律援助工作重要指示精神，增强"四个意识"、坚定"四个自信"、做到"两个维护"，紧紧围绕广大退役军人实际需要，依法扩大法律援助范围，提高法律援助服务质量，确保退役军人在遇到法律问题或者合法权益需要维护时获得优质高效的法律帮助。

（二）基本原则。坚持党的领导，突出党总揽全局、协调各方的领导核心作用，把党的领导贯穿到退役军人法律援助工作的全过程和各方面。坚持以人为本，把维护退役军人合法权益作为出发点和落脚点，努力满足退役军人法律援助需求。坚持政府主导，落实退役军人事务部门、司法行政部门退役军人法律援助工作的部门责任，同时激发各类社会主体参与的积极性。坚持改革创新，立足退役军人工作实际，积极探索退役军人法律援助工作规律，创新工作理念、机制和方法，实现退役军人法律援助申请快捷化、审查简便化、办案标准化。

（三）工作目标。到 2022 年，基本形成覆盖城乡、便捷高效、均等普惠的退役军人法律援助服务网络，退役军人法律援助工作全面覆盖。到 2035 年，基本形成与法治国家、法治政府、法治社会基本建成目标相适应的退役军人法律援助供给模式，退役军人的满意度显著提升、共享公共法律服务成果基本实现。

二、加强法律援助体系保障

（四）设立服务窗口站点。退役军人事务部门可以根据实际工作情况在退役军人服务中心（站）设立法律咨询窗口，为退役军人提供法律咨询、转交法律援助申请等服务。法律援助机构可以根据工作需要在退役军人服务中心设立法律援助工作站，在乡镇、街道、农村和城市社区退役军人服务站设立法律援助联络点，就近受理法律援助申请。

（五）加强人员力量建设。退役军人事务部门可以通过政府购买法律服务等方式，择优选择律师事务所等法律服务机构为退役军人提供法律咨询服务。司法行政部门可以整合公共法律服务资源，积极引导律师等法律人才为退役军人提供法律援助服务。鼓励和支持法律援助志愿者在司法行政部门指导下，为退役军人提供法律咨询、代拟法律文书等法律援助。加强法律援助人才库建设，鼓励符合条件的退役军人积极参与法律援助志愿服务工作，加强法律知识培训，提高法律援助人员专业素质和服务能力。

（六）建立服务规范标准。推进退役军人法律援助工作规范化标准化建设。退役军人法律咨询窗口、法律援助工作站（联络点）应当建立来访人信息登记制度，完善解答咨询、受理转交申请等工作制度。推动援务公开，对法律援助申请条件、流程、渠道和所需材料等进行公示。省级退役军人法律咨询窗口、法律援助工作站每周至少安排半个工作日、市和县至少安排一个工作日专业人员值班服务，乡镇、街道、农村和城市社区退役军人法律咨询窗口、法律援助联络点做好日常服务。

三、拓宽法律援助覆盖范围

（七）扩大援助范围。在法律援助法规定事项范围基础上，根据当地经济社会发展水平和退役军人法律援助实际需求，依法扩大退役军人法律援助覆盖面。有条件的地区，要将涉及退役军人切身利益的事项纳入法律援助范围，降低法律援助门槛，尽力使更多退役军人依法获得法律援助。法律援助机构要认真组织办理退役军人涉及确认劳动关系、支付劳动报酬、工伤事故、交通事故、食品药品安全事故、医疗事故人身损害赔偿等方面的法律援助案件，依法为退役军人提供符合标准的法律援助服务。

（八）强化咨询服务。退役军人事务部门要在法律咨询窗口、法律援助工作站（联络点）安排专业人员免费为来访退役军人提供法律咨询，全面了解案件事实和来访人法律诉求。对咨询事项属于法律援助范围的，应当提示来访人享有依法申请法律援助的权利，并告知申请法律援助的条件和程序；对咨询事项不属于法律援助范围的，可以为来访人提出法律建议；对咨询事项不属于法律问题或者与法律援助无关的，可以告知来访人应咨询部门或渠道。司法行政部门要将退役军人作为公共法律服务的重点对象，为退役军人开辟法律援助绿色通道，在现有的公共法律服务实体平台普遍设立退役军人优先服务窗口。有条件的地区，在法律服务网设立退役军人专栏，或者在"12348"公共法律服务热线平台开通退役军人专线，优先为退役军人解答日常生产生活中遇到的法律问题。

四、完善法律援助工作机制

（九）建立协作机制。退役军人事务部门、司法行政部门要建立健全退役军人法律援助工作协作机制，强化退役军人工作政策制度、退役军人身份和经济困难状况等信息沟通，促进实现信息共享和工作协同。法律援助机构在办理退役军人法律援助事项时，需要核查申请人经济困难状况的，退役军人事务部门应当予以配合。建立健全法律援助服务资源依法跨区域流动制度机制，鼓励和支持律师、法律援助志愿者等在法律服务资源相对短缺地区为退役军人提供法律援助。

（十）优化办理程序。退役军人法律咨询窗口、法律援助工作站（联络点）可以接受退役军人的法律援助申请，经初步审查，符合法律援助条件的，应当及时转交法律援助机构办理，也可以引导申请人通过法律服务网在线申请。法律援助机构要把退役军人作为重点援助对象，对退役军人的法律援助申请，可以优先受理、优先审查、优先指派。

（十一）提高办案质量。根据退役军人法律援助案件性质、结合法律援助人员专业特长，法律援助机构应当合理指派案件承办人员，注意挑选对退役军人工作有深厚感情、熟悉涉军法律和政策、擅长办理同类案件的法律援助人员为退役军人提供法律援助服务，提高案件办理的专业化水平和质量。法律援助机构、法律援助人员对提供法律援助过程中知悉的国家秘密、商业秘密和个人隐私应当予以保密。

（十二）加强跟踪督办。健全退役军人法律援助案件服务质量监管机制，综合运用质量评估、受援人回访等措施强化案件质量管理，督促法律援助机构和人员依法履行职责。对疑难复杂案件，法律援助机构可以联合退役军人事务部门以及相关部门共同研究，加强跟踪检查，保证受援人获得优质高效的法律援助。

五、丰富法律援助服务方式

（十三）加大普法宣传教育。退役军人事务部门要加强法治宣传教育，普及法律知识，增强退役军人法治意识，引导退役军人依法表达合理诉求、依法维护权益。退役军人事务部门、司法行政部门可以组织人员通过入户走访、座谈沟通等多种方式，及时了解退役军人法律援助需求。

（十四）完善便民服务机制。加强退役军人法律援助信息化建设，推动互联网、大数据、人工智能等科技创新成果同退役军人法律援助工作深度融合。退役军人事务部门、司法行政部门应当通过服务窗口、电话、网络等多种方式为退役军人提供法律咨询服务。法律援助机构对老年、残疾等行动不便的退役军人，视情提供电话申请、上门服务。

六、切实加强组织领导

（十五）强化责任担当。各级退役军人事务部门、司法行政部门要认真履行组织、协调和指导退役军人法律援助工作的职责，充分发挥职能作用。退役军人事务部门、司法行政部门要加强沟通协调，密切工作配合，建立制度化、规范化的工作衔接机制。法律援助机构要丰富服务内容，创新服务方式，不断提高为退役军人提供法律援助服务的能力和水平。

（十六）加强检查指导。建立退役军人法律援助工作责任履行情况考评机制、报告制度和督导检查制度。将退役军人法律援助工作作为法治政府建设的重要任务，作为退役军人工作考核的重要内容。退役军人事务部门、司法行政部门要加强跟踪指导，积极协调解决法律援助工作中的难点问题，及时总结推广实践证明行之有效的典型做法和有益经验。

（十七）做好宣传推广。加强舆论引导，广泛宣传退役军人法律援助工作的重大意义，宣介退役军人法律援助工作成效。加强宣传表彰工作，对在退役军人法律援助工作中做出突出贡献的组织和个人，按照有关规定给予表彰、奖励。积极营造鼓励创新的良好氛围，促进退役军人法律援助工作健康持续创新发展。

退役军人事务部等11部门关于印发《退役军人逐月领取退役金安置办法》的通知

退役军人部发〔2021〕82号

各省、自治区、直辖市及新疆生产建设兵团党委组织部、政府教育厅（教委、局）、公安厅（局）、财政厅（局）、人力资源社会保障厅（局）、住房城乡建设厅（委、局）、退役军人事务厅（局）、医保局；国家税务总局各省、自治区、直辖市、计划单列市税务局；各战区联合参谋部、政治工作部，各军种政治工作部、后勤部，战略支援部队参谋部、政治工作部，联勤保障部队战勤部、政治工作部，军委机关各部门有关局（厅），军事科学院、国防大学政治工作部、管理保障部，国防科技大学政治工作处、供应保障处，武警部队政治工作部、后勤部：

现将《退役军人逐月领取退役金安置办法》印发给你们，请遵照执行。

退役军人逐月领取退役金安置制度，是我国退役军人安置政策的重大调整，适应了新时代军地改革发展的新形势、新要求，对进一步做好退役军人安置工作，实现人才资源的合理配置，促进经济和社会发展，加强国防和军队建设，服务军队备战打仗具有重要意义。军地各相关部门要充分认识政策调整给退役军人工作带来的变化，统一思想，加强领导，及时研究解决工作中遇到的矛盾和问题，切实把《退役军人逐月领取退役金安置办法》贯彻落实好。要采取有力有效措施做好逐月领取退役金退役军人各项服务保障工作，帮助他们积极融入社会，更好实现自身价值。要引导广大退役军人保持和发扬人民军队的优良传统，服从组织安排，积极参加地方建设，奋发有为，努力为全面建设社会主义现代化国家作出新的贡献。

军地各部门在执行过程中如有情况，请及时报告。

退役军人事务部 中共中央组织部
教育部 公安部 财政部
人力资源社会保障部
住房和城乡建设部 国家税务总局
国家医疗保障局 中央军委政治工作部
中央军委后勤保障部
2021 年 12 月 24 日

退役军人逐月领取退役金安置办法

第一章　总　则

第一条　为规范退役军人逐月领取退役金安置工作，根据《中华人民共和国退役军人保障法》等有关法律法规，制定本办法。

第二条　本办法适用于以逐月领取退役金方式安置的退役军官和退役军士。

第三条　逐月领取退役金安置，坚持突出服役贡献、体现尊重优待、鼓励就业创业、纳入社会保障的原则。

第四条　国务院退役军人工作主管部门负责统筹全国逐月领取退役金退役军人接收安置工作。省级人民政府退役军人工作主管部门根据国家下达的逐月领取退役金退役军人安置计划进行档案审核和安置地审定。市、县级人民政府退役军人工作主管部门负责本行政区域内逐月领取退役金退役军人接收安置、服务管理、教育培训、就业创业扶持、退役金核准发放等工作。

中央军委政治工作部门负责统筹全军逐月领取退役金退役军人审核移交工作。军队团级以上单位有关部门负责本单位逐月领取退役金退役军人档案整理、服役情形认定、退役金核定等工作。省军区（卫戍区、警备区）负责全军安置到所在省（自治区、直辖市）逐月领取退役金退役军人的移交，并配合当地做好接收安置工作。

中央和国家机关有关部门、各地有关部门、军队有关单位在各自职责范围内做好相关工作。

第二章　安置对象和安置地

第五条　大校以下军官退役时符合下列条件之一的，由本人申请，经审核批准后可以以逐月领取退役金方式安置：

（一）担任军官满 16 年的；

（二）担任军士和军官累计满 16 年的；

（三）服役满 20 年的；

（四）直接选拔招录军官、特招入伍军官晋升（授予）少校以上军衔后达龄退役的。

第六条　军士退役时符合下列条件之一的，由本人申请，经审核批准后可以以逐月领取退役金方式安置：

（一）担任军士满 16 年的；

（二）服役满 18 年的；

（三）晋升（授予）四级军士长以上军衔后，在本衔级服役满 6 年且服役累计满 14 年的。

第七条　军官、军士有下列情形之一的，不以逐月领取退役金方式安置：

（一）超过 50 周岁且可以作退休安置的；

（二）因伤残可以作退休安置或者经医学鉴定基本丧失工作能力的；

（三）受审查尚未作出结论或者留党察看期未满的；

（四）被开除党籍或者因故意犯罪受刑事处罚的；

（五）法律法规规定的其他原因不宜作逐月领取退役金安置的。

第八条 逐月领取退役金的退役军官、退役军士可以在本人原籍、入伍地或者入伍时户口所在地安置，也可以按照下列情形选择安置地：

（一）可以在配偶随军前、结婚时或者现户口所在地安置，无配偶的可以比照驻地军人配偶随军条件在驻地安置；可以在本人父母或者配偶父母任何一方户口所在地安置，本人父母双方或者一方为军人的，可以在父母任何一方的原籍、入伍地或者离退休安置地安置；军官符合规定条件的，可以在子女户口所在地安置，军官、军士的子女为现役军人且符合驻地军人配偶随军条件的，也可以在子女部队驻地安置。其中，随配偶或者配偶父母安置的，须符合军队有关现役军人结婚的规定。

（二）夫妻同为军官的，双方或者一方以逐月领取退役金方式安置，可以在任何一方的部队驻地、原籍、入伍地或者入伍时户口所在地安置；夫妻一方为军官，另一方为当年符合安排工作、逐月领取退役金、退休或者供养条件的军士，双方或者一方以逐月领取退役金方式安置，可以在任何一方的部队驻地、原籍、入伍地或者入伍时户口所在地安置；夫妻同为军士的，双方或者一方以逐月领取退役金方式安置，可以在符合随军条件一方的部队驻地安置。

（三）国家规定的其他情形。

易地安置落户在国务院确定的超大城市的退役军官，应当符合国家和军队关于退役军官在该超大城市安置落户的有关规定；易地安置落户在国务院确定的超大城市的退役军士，应当结婚满 2 年且符合该超大城市关于落户的相关政策规定。入伍时是普通高等学校在校学生的退役军官、退役军士，退役后不复学的，其安置地为入学前的户口所在地。

第三章 退役金发放与调整

第九条 退役金区分国家法定退休年龄前后两个阶段发放。达到国家法定退休年龄前，按照规定逐月发放退役金；达到国家法定退休年龄后，按照规定享受基本养老金、职业年金等养老保险待遇，并继续保留一定比例退役金发放终身。

第十条 依据本办法出台当年军人工资、全国城镇单位就业人员平均工资，综合考虑军官、军士队伍建设和退役军人安置实际，确定退役金计发基数，具体标准见附表1。

第十一条 国家建立退役金调整机制。根据经济社会发展水平、财力状况等因素，参照企业和机关事业单位退休人员基本养老金调整幅度和频次，调整退役金。

第十二条 退役金根据担任军官、军士年限，按照计发基数一定比例确定，具体计发比例按照下列规定执行：

（一）担任军官满16年或者担任军士和军官累计满16年的退役军官，退役金按照计发基数的60%确定；超过16年的，每多1年计发比例增加2%；符合本办法第五条第四项规定，不满16年的，每少1年计发比例减少2%。

（二）担任军士满16年的退役军士，退役金按照计发基数的50%确定；超过16年的，每多1年计发比例增加2%；符合本办法第六条第三项规定，不满16年的，每少1年计发比例减少2%。

第十三条 对获得军队功勋荣誉表彰，以及长期在艰苦边远地区和特殊岗位服役的退役军官、退役军士，按照计发基数一定比例增发退役金，具体增发比例按照下列规定执行：

（一）服役期间获得三等功、二等功、一等功的，计发比例分别增加2%、4%、8%；获得四等战功、三等战功、二等战功、一等战功的，计发比例分别增加2%、4%、8%、12%；获得勋章、荣誉称号的，计发比例增加15%；

获得二级表彰并经批准的、一级表彰的，分别按照二等战功、一等战功标准增加退役金计发比例。多次获得功勋荣誉表彰的，计发比例可以累加，累加比例不超过 15%；同一等级功勋荣誉表彰累加的增发比例，不超过上一等级的增发比例；同一事由获得两次以上功勋荣誉表彰的，增发比例就高执行。

（二）在西藏自治区、三类以上艰苦边远地区服役满 10 年的，计发比例增加 5%；超过 10 年的，在西藏自治区和六类、五类、四类、三类艰苦边远地区每多 1 年计发比例分别再增加 2%、1.5%、1.2%、0.8%、0.5%。在特类岛、一类岛、二类岛服役，分别参照在五类、四类、三类艰苦边远地区服役的相关标准增加计发比例。同一地区符合艰苦边远地区和海岛两种增发情形的就高执行。

在上述地区服役增发退役金的比例可以累加，除安置在上述地区外，累加比例不超过 15%。

（三）在飞行、舰艇、涉核岗位服役满 10 年的，计发比例增加 5%。担任作战部队师、旅、团、营级单位主官累计满 3 年的退役军官，计发比例增加 2%。

第十四条 按照本办法第十二条和第十三条规定计算的退役金计发比例，累计不得超过 100%。

第十五条 逐月领取退役金的退役军人在西藏自治区、三类以上艰苦边远地区服役满 10 年，安置在上述地区，且按照规定缴纳基本养老保险费的，达到国家法定退休年龄前发给地区补助，具体标准见附表 2。地区补助标准随国家艰苦边远地区津贴标准调整，其中西藏自治区补助标准按照六类艰苦边远地区津贴标准相应调整。

达到国家法定退休年龄前，在上述地区无实际工作生活情形连续超过 12 个月，或者本人户籍迁出上述地区的，自下月起停发地区补助。

第十六条 逐月领取退役金的退役军人，达到国家法定退休年龄时，保留当月退役金（含艰苦边远地区补助）的一定比例，自下月起按照规定发放终身。其中，担任军官、军士 16 年的保留 20%，每多 1 年保留比例增加 1%，每少 1 年保留比例减少 1%，保留比例不超过 25%。在海拔 3500 米以上地区服役且安置在该类地区的，在该类地区每服役 1 年保留比例再增加 1%，最多不超过 10%。

保留的退役金按照本办法第十一条规定调整。

第十七条　确定退役金计发比例以及相关待遇时，担任军官和军士年限、服役年限，以及艰苦边远地区服役年限、特殊岗位服役年限等，不满 12 个月的按月折算。年限起止时间按照任职命令确定。

本办法关于军官、军士服役时间（含在艰苦边远地区和特殊岗位服役时间），均不包含受刑事处罚服刑时间以及批准退役后滞留部队时间。

第十八条　逐月领取退役金的退役军人被录用为公务员或者聘用为事业单位工作人员的，自被录用、聘用下月起停发退役金，其社会保险按照国家规定转移接续。

逐月领取退役金的退役军人违法犯罪的，按照国家有关规定中止、降低或者取消退役金，其社会保险待遇按照国家有关规定执行。

第四章　相关待遇保障

第十九条　逐月领取退役金的退役军人，依据其军衔等级、服役贡献等享受着制式军装参加重大庆典活动，以及去世后根据条件安葬在军人公墓等国家法律法规明确的政治待遇。

退役军人党员管理按照有关规定执行。

第二十条　逐月领取退役金的退役军人基本养老保险和职业年金补助，按照安置到企业的退役军人办法计算。保险关系、补助资金根据国家和军队有关规定转移。退役后就业的按照国家有关规定接续缴纳基本养老保险费，未就业的可以以灵活就业人员身份参加基本养老保险。符合国家规定基本养老保险待遇领取条件的，享受养老保险待遇。

第二十一条 逐月领取退役金的退役军人按照规定参加安置地基本医疗保险，享受相应的医疗保险待遇。退役时，医疗保险关系按照规定转移至安置地医疗保障经办机构，服役期间个人账户资金按照规定转入本人新的账户。退役后因个人身心状况、家庭实际困难等原因无法就业的，参加职工基本医疗保险单位缴费部分由安置地退役军人工作主管部门向当地医疗保险费征收机构缴纳，所需经费由安置地人民政府解决；个人缴费部分由个人按照规定缴纳。逐月领取退役金的退役军官在参加职工基本医疗保险的基础上，参照公务员医疗补助标准，享受相应待遇。

第二十二条 逐月领取退役金的退役军人，享受国家和军队有关规定明确的住房待遇。服役期间的住房公积金，按照规定在其离队时根据本人意愿可以一次性发给本人，也可以转移接续到安置地。转移接续到安置地的，可按照安置地规定享受使用权益。符合条件的人员申请安置地保障性住房时，同等条件下予以优先安排。

第二十三条 逐月领取退役金的退役军人，享受国家扶持退役军人就业创业和教育培训的各项优先优惠政策。因身体状况、技能水平等原因未能就业，以及连续失业一定时间仍未就业的，地方各级人民政府提供有针对性的职业介绍、就业指导等服务；符合就业困难人员条件的，按照规定享受社会保险补贴、公益性岗位安置等就业援助政策。

第二十四条 采取逐月领取退役金方式安置的退役军官和符合随军条件的退役军士，其配偶子女随调随迁入学等，分别按照转业军官和安排工作退役军士有关规定执行。

第二十五条 逐月领取退役金的退役军人去世的，按照国家有关规定发给抚恤金和丧葬补助费，其基本养老、基本医疗保险个人账户和军人职业年金账户资金余额可以继承。

第二十六条 逐月领取退役金退役军人的退役金、地区补助、教育培训、服务管理经费等，由中央和地方按照财政事权和支出责任划分分别承担。

第五章　附　则

第二十七条　中国人民武装警察部队退役警官、退役警士适用本办法。

本办法有关军官的规定适用于军队文职干部。

在军官制度改革中未参加等级转换的退役军官，参照本办法执行。

新的士兵制度施行后，对应套改新军衔后的军士，适用本办法。

第二十八条　本办法由退役军人事务部和中央军委政治工作部负责解释。

第二十九条　本办法自发布之日起施行。

附表 1

退役军官退役金计发基数表（2021 年）

军衔	待遇级别	计发基数（元）	军衔	待遇级别	计发基数（元）
上尉	待遇级别 17	10,500	中校	待遇级别 13	12,050
	待遇级别 16	10,700		待遇级别 12	12,630
	待遇级别 15	10,900		待遇级别 11	12,850
	待遇级别 14	11,100		待遇级别 10	13,300
少校	待遇级别 16	11,000	上校	待遇级别 11	13,400
	待遇级别 15	11,100		待遇级别 10	14,100
	待遇级别 14	11,300		待遇级别 9	14,400
	待遇级别 13	11,550		待遇级别 8	15,100
	待遇级别 12	11,900	大校	待遇级别 9	14,760
				待遇级别 8	15,500
备注	1. 中校（营级正职）、待遇级别 15 级，退役金计发基数执行少校、待遇级别 14 级计发基数；中校（营级正职）、待遇级别 14 级，退役金计发基数执行少校、待遇级别 13 级计发基数。 2. 未实行等级转换退役军官的计发基数，上尉副连级和正连级、副营级对应执行上尉待遇级别 17 级、16 级标准；少校副营级、正营级、副团级对应执行少校待遇级别 16 级、15 级、13 级标准；中校副团级、正团级对应执行中校待遇级别 13 级、11 级标准；上校正团级、副师级对应执行上校待遇级别 11 级、9 级标准；大校副师级、正师级对应执行大校待遇级别 9 级、8 级标准。 3. 退役文职干部计发基数，文职 7 级科员、副科级对应执行上尉待遇级别 17 级、16 级标准；文职 6 级副科级、正科级、副处级对应执行少校待遇级别 16 级、15 级、13 级标准；文职 5 级副处级、正处级对应执行中校待遇级别 13 级、11 级标准；文职 4 级正处级、副局级对应执行上校待遇级别 11 级、9 级标准；文职 3 级副局级、正局级，对应执行大校待遇级别 9 级、8 级标准。 4. 未实行等级转换专业技术退役军官和退役文职技术干部的计发基数，按照上述第 2、3 条相当待遇的退役军官和退役文职干部标准执行。 5. 低于本表明确的军衔或待遇级别的，计发基数执行上尉待遇级别 17 级标准；高于本表明确的待遇级别的，计发基数执行大校待遇级别 8 级标准。				

退役军士退役金计发基数表（2021 年）

军衔	衔级年限	计发基数（元）	军衔	衔级年限	计发基数（元）
四级军士长	6 年	8,800	二级军士长	4 年	10,400
	7 年	8,900		5 年	10,600
	8 年	9,000		6 年	10,800
三级军士长	4 年	9,350	一级军士长	4 年	11,450
	5 年	9,550		5 年	11,650
	6 年	9,750		6 年	11,850
备注	1. 退役军士军衔低于四级军士长的，计发基数按照四级军士长最低标准执行。 2. 在本衔级服役时间，低于本表明确的衔级最低年限的，按照衔级最低年限标准执行；高于本表明确的衔级最高年限的，按照衔级最高年限标准执行。				

附表 2

安置在西藏和艰苦边远地区补助标准表（2021 年）

<table>
<tr><th rowspan="3">类别</th><th rowspan="3">军衔</th><th colspan="7">地区补助标准（元/月）</th></tr>
<tr><th colspan="3">西藏自治区</th><th rowspan="2">六类地区</th><th rowspan="2">五类地区</th><th rowspan="2">四类地区</th><th rowspan="2">三类地区</th></tr>
<tr><th>四类</th><th>三类</th><th>二类</th></tr>
<tr><td rowspan="5">军官</td><td>大校</td><td>10,780</td><td>10,290</td><td>9,800</td><td>4,160</td><td>3,300</td><td>1,900</td><td>1,200</td></tr>
<tr><td>上校</td><td>10,450</td><td>9,975</td><td>9,500</td><td>3,700</td><td>3,100</td><td>1,700</td><td>1,000</td></tr>
<tr><td>中校</td><td>9,460</td><td>9,030</td><td>8,600</td><td>3,600</td><td>2,700</td><td>1,500</td><td>850</td></tr>
<tr><td>少校</td><td>8,800</td><td>8,400</td><td>8,000</td><td>3,500</td><td>2,280</td><td>1,300</td><td>710</td></tr>
<tr><td>上尉以下</td><td>7,150</td><td>6,825</td><td>6,500</td><td>3,320</td><td>2,030</td><td>1,100</td><td>615</td></tr>
<tr><td rowspan="2">军士</td><td>三级军士长以上</td><td>6,160</td><td>5,880</td><td>5,600</td><td>3,320</td><td>2,030</td><td>1,100</td><td>615</td></tr>
<tr><td>四级军士长以下</td><td>5,236</td><td>4,998</td><td>4,760</td><td>3,120</td><td>1,870</td><td>1,000</td><td>545</td></tr>
<tr><td>备注</td><td colspan="8">1．安置在新疆天空、塔什库尔干地区的，执行西藏自治区四类补助标准。
2．安置在西沙群岛、中建岛、南沙群岛的，分别执行四类地区、五类地区、六类地区补助标准。
3．中校（营级正职）和未实行等级转换的营级退役军官，执行少校补助标准；未实行等级转换的副团级、正团级、师级退役军官，分别执行中校、上校、大校补助标准；文职 7 级执行上尉补助标准，文职 6 级副科级、正科级执行少校补助标准，文职 6 级、5 级副处级执行中校补助标准，文职 5 级、4 级正处级执行上校补助标准，文职 4 级、3 级局级执行大校补助标准。未实行等级转换的专业技术退役军官，按照相当待遇的退役军官标准执行。</td></tr>
</table>

第四部分　政策解读

退役军人事务部政研组：坚决落实习近平总书记指示精神

“没有一个人民的军队，便没有人民的一切。”习近平总书记高度重视退役军人工作，特别是十八大以来，多次发表重要讲话，作出重要指示，提出明确要求，为做好退役军人工作提供了根本遵循。新中国成立以来，共有 5000 多万退役军人，他们是党和国家的宝贵财富。从军期间，他们保家卫国，为建设强大国防做出了牺牲和奉献；退出现役回到地方后，奋斗在各行各业各条战线，为巩固党的执政地位、促进国家现代化建设、维护社会和谐稳定做出了重要贡献。近日刷屏的几位英雄，驾机迫降的刘传健，勇救男童的刘杨明，崖底救车的吴令，都是退役军人的杰出代表。

满腔热忱为退役军人服务，首先要把他们妥善安置好。现役军人保障服务社会，社会服务保障退役军人。国家越强大，社会越发展，越不能辜负退役军人。接收安置好退役军人，这是我们共同的职责，不仅是对他们献身国防的肯定，也有利于吸引更多人才投身国防和军队建设事业，激励现役军人忠实履行党和人民赋予的新时代军队使命任务。

满腔热忱为退役军人服务，要充分发挥退役军人的作用。退役军人是重要的人力资源、人才资源，要采取更多措施和办法，帮助退役军人迈好工作转轨、事业转型、人生转身的关键一步，助力他们在本职岗位建功立业，为党和人民不断做出新的贡献。

满腔热忱为退役军人服务，还要在全社会营造尊重退役军人的浓厚氛围。从军报国得尊崇，解甲归田受尊重，这是让军人成为全社会尊崇职业的必然要求。要大力宣传和弘扬英烈精神，大力宣传和弘扬模范退役军人的先进事迹，形成向英雄模范人物看齐的良好风尚。绝不允许污辱英烈、蓄意抹黑退役军人形象。要把中央关心关爱退役军人的要求落细落小落实，为退役军人提供实实在在的帮助和服务，切实在全社会形成“服役光荣、退役也光荣”的共识。

广大退役军人要牢记习近平总书记谆谆教诲，不负人民重托，牢记生命中有了当兵的历史，自觉弘扬人民军队光荣传统和优良作风，坚定理想信念，树立崇高追求，勇于到基层一线、到艰苦环境、到国家最需要的地方建功立业，以实际行动为党分忧、为国兴利、为民造福、为军增辉，无愧于新时代退役军人的光荣称号。

（来源：退役军人事务部，
https://www.mva.gov.cn/jiedu/zcjd/202102/t20210220_45125.html）

国务院发布文件，推行终身职业技能培训惠及退役军人

2018 年 5 月 3 日，国务院下发《国务院关于推行终身职业技能培训制度的意见》，其中具体内容也涉及退役军人，为退役军人就业创业带来又一波政策红利。

原文摘录如下。

……

（五）围绕就业创业重点群体，广泛开展就业技能培训。持续开展高校毕业生技能就业行动，增强高校毕业生适应产业发展、岗位需求和基层就业工作能力。深入实施农民工职业技能提升计划——“春潮行动”，将农村转移就业人员和新生代农民工培养成为高素质技能劳动者。配合化解过剩产能职工安置工作，实施失业人员和转岗职工特别职业培训计划。实施新型职业农民培育工程和农村实用人才培训计划，全面建立职业农民制度。对城乡未继续升学的初、高中毕业生开展劳动预备制培训。对即将退役的军人开展退役前技能储备培训和职业指导，对退役军人开展就业技能培训。面向符合条件的建档立卡贫困家庭、农村“低保”家庭、困难职工家庭和残疾人，开展技能脱贫攻坚行动，实施“雨露计划”、技能脱贫千校行动、残疾人职业技能提升计划。对服刑人员、强制隔离戒毒人员，开展以顺利回归社会为目的的就业技能培训。（人力资源社会保障部、教育部、工业和信息化部、民政部、司法部、住房城乡建设部、农业农村部、退役军人事务部、国务院国资委、国务院扶贫办、全国总工会、共青团中央、全国妇联、中国残联等按职责分工负责）

……

（八）大力推进创业创新培训。组织有创业意愿和培训需求的人员参

加创业创新培训。以高等学校和职业院校毕业生、科技人员、留学回国人员、退役军人、农村转移就业和返乡下乡创业人员、失业人员和转岗职工等群体为重点，依托高等学校、职业院校、职业培训机构、创业培训（实训）中心、创业孵化基地、众创空间、网络平台等，开展创业意识教育、创新素质培养、创业项目指导、开业指导、企业经营管理等培训，提升创业创新能力。健全以政策支持、项目评定、孵化实训、科技金融、创业服务为主要内容的创业创新支持体系，将高等学校、职业院校学生在校期间开展的“试创业”实践活动纳入政策支持范围。发挥技能大师工作室、劳模和职工创新工作室作用，开展集智创新、技术攻关、技能研修、技艺传承等群众性技术创新活动，做好创新成果总结命名推广工作，加大对劳动者创业创新的扶持力度。（人力资源社会保障部、教育部、科技部、工业和信息化部、住房城乡建设部、农业农村部、退役军人事务部、国务院国资委、国务院扶贫办、全国总工会、共青团中央、全国妇联、中国残联等按职责分工负责）

（来源：退役军人事务部 https://www.mva.gov.cn/jiedu/zcjd/201807/t20180721_13993.html）

部分优抚对象抚恤补助标准将再次提高，看你涨了多少（附优抚政策问答）

退役军人事务部、财政部日前发出通知，再次提高部分优抚对象等人员抚恤和生活补助标准。从 2018 年 8 月 1 日起，伤残人员（残疾军人、伤残人民警察、伤残国家机关工作人员、伤残民兵民工）残疾抚恤金标准、“三属”（烈士遗属、因公牺牲军人遗属、病故军人遗属）定期抚恤金标准、“三红”（在乡退伍红军老战士、在乡西路军红军老战士、红军失散人员）生活补助标准，在现行基础上提高 10%；在乡老复员军人生活补助标准在现行基础上每人每年提高 1200 元，烈士老年子女生活补助标准在现行基础上每人每年提高 600 元，以上提标经费由中央财政承担。带病回乡退伍军人生活补助标准由现行每人每月 500 元提高至 550 元、参战参试退役人员生活补助标准由现行每人每月 550 元提高至 600 元，农村籍老义务兵每服一年义务兵役每月增加补助 5 元，以上提标经费由中央财政和地方财政按比例承担。

调整后，一级因战、因公、因病残疾军人抚恤金标准为每人每年 80140 元、77610 元、75060 元，分别比 2017 年提高了 7290 元、7060 元、6820 元。

烈属、因公牺牲军人遗属、病故军人遗属定期抚恤金标准分别提高到每人每年 25440 元、 21850 元和 20550 元。在乡退伍红军老战士、在乡西路军红军老战士和红军失散人员生活补助标准，分别提高到每人每年 55570 元、55570 元和 25070 元。

这是自改革开放以来，国家第 25 次提高残疾军人残疾抚恤金标准，第 28 次提高“三属”定期抚恤金标准和“三红”生活补助标准。

让军人退役之后能够安身立业、烈属等优抚对象生活水平得到较好保障……做好优待抚恤工作，有利于形成关心国防、尊崇军人职业的社会风气，夯实国防和军队建设的基础。随着八一建军节的来临，相关惠军政策再次成为焦点，本文梳理近年来的优待抚恤政策，为读者做一简要介绍。

一、优待抚恤是什么

我国的优抚工作，是指国家和社会依法对以军人及其家属为主体的优抚对象实行物质照顾和精神抚慰的一项特殊社会工作，直接服务于国防和军队建设。主要包括对军人等优抚对象的伤残抚恤、死亡抚恤和社会优待。优抚工作随着国家和军队的产生而产生，随着经济社会的发展而发展。

二、优抚对象有哪些

根据《军人抚恤优待条例》的规定，优抚对象指：中国人民解放军现役军人、服现役或者退出现役的残疾军人以及复员军人、退伍军人、烈士遗属、因公牺牲军人遗属、病故军人遗属、现役军人家属。

三、近些年来，优抚对象的保障范围有何变化

优抚对象的保障范围不断扩大。2004 年以来，我国先后将 7 种对象纳入国家定期抚恤补助范围，分别是：2004 年将初级士官纳入评病残范围，并取消了患精神病义务兵和初级士官不能评残的限制；2006 年，带病回乡退伍军人纳入国家定期生活补助范围；2007 年，部分参战退役人员、参加核试验军队退役人员；2011 年，60 周岁以上农村籍退役士兵（当年惠及 336.6 多万人，以后将惠及近 1900 万人），部分老年烈士子女、铀矿开采退役人员。保障人数从 2004 年的 480 余万人，增加至 2018 年的 861 万人，实现了农村和城镇无工作退役军人抚恤优待的全覆盖。

四、我国优待抚恤工作法规政策体系近年来发展如何

改革开放特别是近年来军人抚恤优待工作积极适应国家和军队建设需要，在继承中发展，在改革中前进，又取得重大突破。法规政策更加完善，先后修订、制定出台 50 多个重要法规政策。尤其是近些年以来，优抚法规政策快速向系统化、体系化发展，形成了以《军人抚恤优待条例》《伤残抚恤管理办法》《一至六级残疾军人医疗保障办法》《优抚对象医疗保障办法》《优抚对象住房优待办法》《优抚对象及其子女教育优待暂行办法》《人民警察抚恤优待办法》等为骨干的，涵盖生活、医疗、住房、抚恤、社会优待等方方面面的完善政策法规体系。全面建立了优待抚恤补助标准自然增长机制并发挥效益，并且将优抚对象的住房、医疗、养老等优先纳入社会公共服务和保障体系，形成了“普惠”加“优待”保障模式。

五、定期抚恤补助标准如何提升

近年来，国家连年以 10%—15%的幅度提高优抚对象定期抚恤补助标准。抚恤补助标准自然增长机制全面建立并发挥效益，中央财政下达的优抚经费从 2005 年的 76 亿元增加到 2018 年的 463 亿元，实现了由保障优抚对象基本生活向提高生活质量转变。

六、优抚对象医疗补助有何优待

中央财政自 2004 年起每年投入 1 亿元专项资金用于优抚对象医疗补助，2006 年提高到 15.3 亿元，2008 年提高到 20 亿元，2013 年提高到 23.8 亿元。

七、在烈属抚恤优待方面，国家有什么样的政策

我国先后于 2004 年、2011 年两次大幅提高烈士、因公牺牲军人、病故军人一次性抚恤金标准。国家建立烈士褒扬金制度，标准为烈士牺牲时上一年度全国城镇居民人均可支配收入的 30 倍；大幅提高烈士一次性抚恤金标准，一次性抚恤金标准由原来烈士本人 80 个月工资提高到上一年度全国城镇居民人均可支配收入的 20 倍加本人 40 个月的工资，仅此两项就约 200 万元。同时，不断加大医疗、住房、子女入学入伍及退役就业等方面的优待力度，使烈属的生活水平得到较好保障。

八、国家在重大节日是否会为优抚对象发放额外福利

国家会结合重大纪念活动，为相关优抚对象放发一次慰问金。如：国庆 60 周年期间，国家投入 1.99 亿元，为部分建国前参加革命的伤残军人和老年优抚对象集中更换了新型假肢、助听器等辅助器具；纪念中国人民

抗日战争胜利 70 周年，国家为抗战老战士按照每人 5000 元标准发放一次性生活补助金；纪念红军长征胜利 80 周年，为每位红军老战士颁发了纪念章，国家按照每人 1 万元标准为红军老战士发放了一次性生活补助金。

九、在烈士精神弘扬方面，国家出台了什么政策法规

英雄烈士的事迹和精神，是中华民族共同的历史记忆和宝贵的精神财富。自 2018 年 5 月 1 日起，英雄烈士保护法施行，保护英雄烈士的法律体系日益完善。此外，我国先后制定出台了《烈士褒扬条例》《军人抚恤优待条例》《关于进一步加强烈士纪念工作的意见》《烈士安葬办法》《烈士纪念设施保护管理办法》《烈士公祭办法》等一系列法规政策，形成了较为完善的烈士褒扬制度体系，为做好烈士及烈属工作提供了可靠法治保障，逐步推动形成崇尚英雄、缅怀英烈、关爱烈属的良好社会风尚。

（来源：退役军人事务部
https://www.mva.gov.cn/jiedu/zcjd/201807/t20180727_14393.html）

《为烈属、军属和退役军人等家庭悬挂光荣牌工作实施办法》政策解读

一、进一步做好悬挂光荣牌工作的必要性重要性

为烈、军属等优抚对象家庭悬挂光荣牌是我们党的优良传统，适应新时代新要求进一步规范和做好光荣牌悬挂工作意义重要。一是落实中央决策、推进荣誉体系建设的需要。习近平总书记多次强调，要构建完善军人荣誉制度体系，提升军事职业比较优势，让军人成为全社会尊崇的职业。李克强总理指出，要把军人荣誉“光荣牌”“军功章”在这个家庭高高挂起，在全社会形成爱军、拥军、优属的良好风尚。做好光荣牌悬挂工作是落实中央决策部署，营造全社会尊崇军人职业浓厚氛围的实际举措。二是推广河北等地经验、回应退役军人期盼的需要。悬挂光荣牌是许多退役军人的期盼，河北、山西、江苏、贵州等省已为所有退役军人和其他优抚对象家庭悬挂光荣牌，社会普遍反映较好；其他一些省份也建议国家尽快出台政策，回应退役军人期盼，传递党和政府的关怀。三是解决存在问题、发扬光荣传统的需要。悬挂光荣牌作为优抚工作的传统业务，长期以来对弘扬拥军优属优良传统、增强军人军属荣誉感自豪感发挥了重要作用。但随着形势发展，各地出现了光荣牌悬挂范围不统一、悬挂方式不规范等问题，很有必要从国家层面作出统一规范和创新，使这项传统工作保持生机活力，更好发挥荣誉激励和社会价值导向作用。同时，通过悬挂光荣牌建档立卡，全面掌握服务对象底数，将对全面提升服务管理水平、推进退役军人事业长远发展奠定基础。

二、关于将光荣牌悬挂范围扩大到所有烈、军属和退役军人等家庭

主要是根据新时代新形势的需要，充分借鉴地方工作经验，考虑部分退役军人相关诉求等作出的调整。我们认为适时扩大光荣牌悬挂范围，能

够充分体现中央决策精神，更好发挥光荣牌的荣誉激励和价值导向作用，传递党和政府的关怀；能够统一各地做法，回应退役军人期盼和各界关切；能够增强退役军人和其他优抚对象荣誉感自豪感，推进让军人成为全社会尊崇的职业；能够激励现役军人安心服役、精忠报国，积极投身强国兴军伟大事业。

三、关于将光荣牌的称号统一为“光荣之家”

这是在充分调研论证和征求不同对象意见基础上作出的决定。调研和征求意见时大家一致反映，悬挂光荣牌是对退役军人和其他优抚对象的一种荣誉激励，并不与物质待遇挂钩，荣誉激励应体现普遍性和一致性，不应再作过多区分。同时，也可以有效避免因对象身份的转换而不断更换光荣牌、或一个家庭悬挂多个光荣牌。

四、关于光荣牌的样式设计和统一制作

《为烈属、军属和退役军人等家庭悬挂光荣牌工作实施办法》（以下简称《办法》）规定退役军人事务部统一设计和规范光荣牌的样式、监督光荣牌制作，光荣牌落款为省（自治区、直辖市）人民政府、新疆生产建设兵团；省级人民政府退役军人事务主管部门负责本省份光荣牌的统一制作。一是为了解决目前各地光荣牌的样式各异、制发层级不统一、部分对象不满意等问题；二是旨在统一规范各地做法，提高光荣牌的制发层级，增强光荣牌的严肃性、庄重性和荣誉激励作用；三是体现彰显荣誉、规范有序、分级负责、属地落实的原则，确保光荣牌悬挂工作有效落实、规范运行。

五、关于光荣牌的更换

《办法》明确规定了更换光荣牌的有关情形。“悬挂光荣牌的对象居住地或户籍所在地改变，或发生光荣牌老化破损等情形，可申请更换光荣牌”，主要是为了保证退役军人和其他优抚对象家庭始终能够悬挂光荣牌，并保持光荣牌完好无损、美观庄重。“现役军人退出现役或去世后，其家庭继续悬挂光荣牌”，是因为退役军人和烈士遗属、因公牺牲军人遗属、病故军人遗属家庭同样需要悬挂光荣牌。“悬挂光荣牌家庭的‘三属’或退役军人去世后，该家庭可继续悬挂光荣牌，但不再更换”，主要是为了突出光荣牌荣誉激励的主体，不再更换并非不能再继续悬挂。

六、关于集中悬挂或更换光荣牌的时间

《办法》规定“悬挂、更换光荣牌工作原则上于每年建军节或春节前进行”，主要因为建军节和春节作为我们国家、军队的重要和传统节日，在广大军人军属和退役军人心中具有特殊的情感和位置，能够更好体现党和政府的关心关爱。“集中悬挂或更换光荣牌时，村（居）民委员会或社区应举行悬挂仪式，安排专人负责安装悬挂”，主要是为了体现悬挂光荣牌的重要性和庄严性，营造爱国拥军浓厚社会氛围，增强广大军人军属的荣誉感尊崇感。

七、关于悬挂光荣牌资格的取消和恢复

《办法》在规范光荣牌的悬挂范围、样式和悬挂方式等内容的同时，也明确了相关惩戒措施，主要因为光荣牌承载着军人军属的崇高荣誉和社会价值导向，既是一种荣誉更是一种责任。悬挂光荣牌对象及其家庭成员如果依法被判处刑事处罚或被公安机关处以治安管理处罚且产生恶劣影响，现役军人如果被除名、开除军籍，便失去了应有的荣誉和示范作用，应当取消其家庭悬挂光荣牌资格。规定“被公安机关处以治安管理处罚后，能够主动改正错误、积极消除负面影响的，经县级人民政府退役军人事务主管部门审核同意，可以恢复悬挂光荣牌”，是为了督促其改正错误、继续保持荣誉，体现奖惩分明、公平公正。

八、关于适当拓展优待内容

《办法》明确规定：“各地区应结合悬挂光荣牌工作和本地实际，视情开展送年画春联、走访慰问和为立功现役军人家庭送立功喜报等活动。”主要是为了更好发挥各地的能动性和创造性，尽力而为、量力而行，进一步加强对退役军人和其他优抚对象的优待工作，形成多种优待活动与荣誉激励相结合的工作新模式，提高悬挂光荣牌和优待工作的整体效能，推进军人荣誉体系建设。

九、关于集中悬挂和更换光荣牌的工作过渡

《办法》在最后一条明确："本办法实施前已悬挂的光荣牌，原则上继续保留，需要更换时按照本办法办理。"主要考虑到目前已有部分省份为退役军人和其他优抚对象家庭统一悬挂了光荣牌，允许有一定的过渡期，可以有效保持工作的连续性稳定性，避免不必要的浪费。

（来源：退役军人事务部 https://www.mva.gov.cn/jiedu/zcjd/201808/t20180801_14607.html）

拓宽士兵安置之路
——《关于进一步加强由政府安排工作退役士兵就业安置工作的意见》解读

“八一”建军节前，退役军人事务部等 10 部门联合印发《关于进一步加强由政府安排工作退役士兵就业安置工作的意见》（以下简称《意见》），《意见》从 2018 年 8 月 1 日起施行，适用于 8 月 1 日后退出现役的士兵。这是党中央决策部署组建退役军人事务部后，首个专门针对由政府安排工作退役士兵出台的政策性文件。

《意见》从提高思想认识、明确安置责任、提高补助标准、接续基本保险、落实岗位待遇、实行阳光安置、加强监督考核等方面，进一步完善政策制度，明确安置责任，体现了国家切实提升安置质量、不断优化工作流程，让退役士兵工作生活更加有保障、让军人更加受到社会尊崇的明确导向，对做好新时代退役士兵安置工作具有重要意义。

一、各地各类单位接收安置责任

《意见》明确指出，要深刻领会习近平总书记关于退役军人工作的重要指示批示精神，“任何部门、行业和单位都不得以任何理由拒绝接收安置退役士兵。”“由政府安排工作退役士兵安置到机关、事业单位和国有企业的比例不低于 80%”。要求制定具体的办法措施，形成机关、事业单位和国有企业科学合理的分类接收结构比例。对党政机关、事业单位和国有企业接收安置退役士兵也提出原则要求。由政府安排工作退役士兵普遍服役 12 年以上，为国防和军队建设作出过特殊贡献，保障他们实现有保障的就业，是全社会共同的政治责任，党政机关、事业单位和国有企业有责任发挥示范带头作用，主动承担安置责任。《意见》充分体现了这一指导原则。

党政机关要采取措施鼓励退役士兵参加公务员招考；

事业单位和国有企业要发挥安置主渠道作用，确保提供充足的安置岗位数量，不断提高安置岗位质量；

国有、国有控股和国有资本占主导地位的企业，要按照本企业全系统新招录职工数量的5%核定年度接收计划，每年4月底前主动报送同级人民政府退役士兵安置工作主管部门，审核通过后按计划落实计划指标。

二、岗位安置要保质保量

做好由政府安排工作退役士兵就业安置工作，有岗可安是前提，岗位优质是保证。着眼于此，《意见》针对实践中存在的矛盾和问题，对国有企业接收提出明确要求，规定不得提供濒临破产或生产有困难的企业岗位以及与退役士兵安置地不在同一地区（设区市）的岗位给退役士兵，以确保退役士兵安置岗位质量，方便退役士兵工作生活。同时，规定中央企业岗位不计入属地提供的岗位数量，实现安置地政府提供的实际安置岗位数量要多于退役士兵人数，确保退役士兵有更多选择岗位的机会。

三、放宽接收安置限制

针对近年来部分地区反映的部分安置政策执行模糊，难以界定，以及户籍制度限制影响了退役士兵流动的情况，《意见》对安置地的要求作了进一步规范，明确士兵服现役期间父母户口所在地变更的，可随父母任何一方安置。经本人申请，也可在配偶或者配偶父母任何一方户口所在地安置。同时，规定县级安置任务较重的可由市级在本行政区域内统筹安排，市级安置有困难的可由省级统筹调剂安排。这一规定，将有利于帮助兵员较多、安置较重的市县完成年度安置任务，使退役士兵得到较好安置。

四、允许灵活就业

对选择由政府安排工作后又放弃的，允许选择灵活就业。地方发给一次性就业补助金，提供扶持退役军人就业创业的各项优惠政策。这一规定是对由政府安排工作方式的有益补充，给予退役回到地方后有自主就业创业意愿的士兵更多选择，鼓励他们大胆干事创业。

五、待安排工作期间享受保险政策保障

按照原有政策，退役士兵待安排工作期间没有基本养老保险和基本医疗保险等方面的政策保障。部分地方反映，在待安排工作期间，因突发疾病、意外伤害等原因带来的退役士兵医疗、生活保障等问题难以得到有效解决。在深入调研的基础上，《意见》明确：退役士兵待安排工作期间，以其在军队服役最后年度的缴费工资为基数，按 20%的费率缴纳基本养老保险费，其中 8%作为个人缴费记入个人账户，所需费用由安置地人民政府同级财政资金安排；按规定参加安置地职工基本医疗保险，单位缴费部分由安置地人民政府足额缴纳，个人缴费部分由退役士兵个人缴纳，军地相关部门协同做好保险关系接续，确保待遇连续享受。这一规定填补了退役士兵安置基本养老和医疗保险政策的空白，实现了退役前后基本养老和医疗保险接续的无缝对接，将对保障退役士兵权益起到有力支持。

六、突出保障退役士兵合法权益

士兵退役后能尽快上岗是每名退役士兵的基本要求，也是政府义不容辞的责任。过去，部分地区因待安排工作期过长或安置后接收单位不安排上岗，带来了一定的安置遗留问题。立足于解决这一问题，《意见》在三个方面有所突破：

一是提高待安排工作期间生活补助标准。规定退役士兵待安排工作期间，安置地人民政府应当按照上年度最低工资标准逐月发放生活补助，直至安排退役士兵上岗。相对于以前待安排工作期间生活补助“不低于当地最低生活水平”的规定，这个新标准操作性更强，保障水平更高，能够较好地保障退役士兵待安排工作期间的基本生活。

二是规定接收单位应当从所在地人民政府退役士兵安置工作主管部门开出介绍信的 1 个月内，安排退役士兵上岗。非因退役士兵本人原因，

接收单位未按照规定安排上岗的，应当从开出介绍信的当月起，按照不低于本单位同等条件人员平均工资 80%的标准，逐月发给退役士兵生活费直至上岗为止。

三是规定军龄 10 年以上的，接收的企业应当与其签订无固定期限劳动合同，接收的事业单位应当与其签订期限不少于 3 年的聘用合同。任何部门、行业和单位不得出台针对退役士兵的歧视性措施，严禁以劳务派遣等形式代替接收安置。

七、明确具体保障措施

《意见》围绕确保由政府安排工作退役士兵就业安置相关工作有地位、有保障、能落实，明确了多项具体保障措施。强调将此项工作列入相关表彰考核范围，加大督导检查，对有问题的单位和个人依法依规追究责任。同时，《意见》还提出对表现优秀、在不同岗位建功立业的退役士兵，要作为先进典型予以宣传表彰；对具有拒不服从安排、弄虚作假骗取待遇、被追究刑事责任等情形的退役士兵，要依法依规取消安排工作或安置待遇。

链接：**《意见》将给退役士兵带来什么？**

1.可选的安置地点更宽泛

士兵服现役期间父母户口所在地变更的，可随父母任何一方安置。

经本人申请，也可在配偶或者配偶父母任何一方户口所在地安置。

同时，县级安置任务较重的可由市级在本行政区域内统筹安排，市级安置有困难的可由省级统筹调剂安排。

这意味着退役士兵在选择安置地点时可选范围更宽泛了。

2.可选择灵活就业

选择由政府安排工作的退役士兵回到地方后，又放弃安排工作待遇的，经本人申请确认后，由安置地人民政府有关部门按照其在部队选择自主就业应领取的一次性退役金和地方一次性经济补助金之和的80%，发给一次性就业补助金，同时按规定享受扶持退役军人就业创业的各项优惠政策。

3. 待安排工作期间享受社会保险

退役士兵在国家规定的待安排工作期，可以享受基本医疗保险和基本养老保险。以其在军队服役最后年度的缴费工资为基数，按20%的费率缴纳基本养老保险费，其中8%作为个人缴费记入个人账户，所需费用由安置地人民政府同级财政资金安排。退役士兵在国家规定的待安排工作期间，按规定参加安置地职工基本医疗保险，单位缴费部分由安置地人民政府足额缴纳，个人缴费部分由退役士兵个人缴纳。

4. 待安排工作期间可领取较高生活补助

退役士兵待安排工作期间，可以按照上年度最低工资标准，逐月领取生活补助，直至上岗。

5. 由单位及时安排上岗

接收单位应当从所在地人民政府退役士兵安置工作主管部门开出介绍信的1个月内，安排退役士兵上岗。非因退役士兵本人原因，接收单位未按照规定安排上岗的，应当从开出介绍信的当月起，按照不低于本单位同等条件人员平均工资80%的标准，逐月发给退役士兵生活费直至上岗为止。

6. 岗位待遇更有保障

退役士兵享受所在单位正式员工同工龄、同工种、同岗位、同级别待遇。军龄10年以上的，接收的企业应当与其签订无固定期限劳动合同，接收的事业单位应当与其签订期限不少于3年的聘用合同。任何部门、行业和单位不得出台针对退役士兵的歧视性措施，严禁以劳务派遣等形式代替接收安置。

7. 贡献大的优先选岗

《意见》规定，要坚持公平公正的原则，把退役士兵服现役期间的表现作为安排工作的主要依据，结合量化评分情况进行排序选岗，使服役时间长、贡献大的退役士兵能够优先选岗。要进一步健全“阳光安置”制度，各地可结合实际研究制定选岗定岗的具体办法措施。

（来源：退役军人事务部 https://www.mva.gov.cn/jiedu/zcjd/201808/t20180801_14629.html）

退役军人事务部有关负责同志就《关于促进新时代退役军人就业创业工作的意见》答记者问

在《关于促进新时代退役军人就业创业工作的意见》（以下简称《意见》）公开发布之际，退役军人事务部有关负责同志就《意见》的主要精神，回答了记者提问。

记者：为什么要出台这个《意见》

答：制定出台《意见》主要基于以下三点考虑。

一是贯彻落实党中央、国务院决策部署的实际举措。习近平总书记对退役军人工作高度重视，作出一系列重要指示。习近平总书记强调，军人退役到地方工作，是他们人生的重大转折，要安置好，也要使用好，继续发挥他们的作用；要拿出一些特殊措施和倾斜政策，主动帮助解决好退役军人、职工安置工作。这些重要论述为做好退役军人工作指明了方向，提供了根本遵循。李克强总理也十分关心和重视退役军人工作，要求大力扶持退役军人就业创业。《意见》以习近平总书记重要指示精神为指导，贯彻落实党中央和国务院决策部署，提出一系列政策措施，为退役军人就业创业铺路搭桥、提供支持。

二是凝聚军心士气、实现强军目标的重要保障。没有一个人民的军队，便没有人民的一切。当前，国内外形势正在发生深刻复杂变化，我国面临的安全环境挑战十分严峻，维护国家主权、安全和发展利益的任务艰巨而繁重，迫切需要建设一支强大的人民军队。退役与现役是军人人生的不同阶段。退役军人就业创业工作做好了，作用发挥好了，个人价值得到较好实现，不仅对退役军人自身和家庭具有“安神定心”作用，也有利于解除广大现役军人的后顾之忧，促进他们安心服役，有效履行新时代军队的崇高使命，有利于吸引更多高素质人才积极投身国防和军队建设事业，真正把国防潜力转化为国防实力。

三是发挥人才作用、助推经济发展的内在要求。军队是大熔炉、大学校。广大退役军人经过军队的培养锻炼，政治素质、意志品质、能力作风都比较过硬。目前，全国累计有数千万退役军人，每年还有数十万军人退出现役，是社会主义现代化建设一支不可或缺的重要力量。同时，军事职业有其特殊性，军人退役到地方后有一个心理调适、角色转变、能力转换的过程，需要给予支持和帮扶。制定出台《意见》，提升退役军人就业创业能力，帮助他们迈好工作转轨、事业转型、人生转段的关键一步，为他们更快融入社会、更好发挥作用创造条件，为社会主义现代化建设贡献智慧和力量。

记者：《意见》适用哪些退役军人

答：《意见》主要适用于三类退役军人：一是自主就业退役士兵；二是自主择业军转干部；三是复员干部。

记者：《意见》有哪些主要特点

答：《意见》主要有四个特点：一是重要宣示。首次提出退役军人就业创业政策优先，保障退役军人在享受普惠性就业创业扶持政策和公共服务基础上再给予优待，充分体现党和政府对退役军人的关心关爱，把习近平总书记关于“让军人成为全社会尊崇的职业”重要指示落到实处。二是问题导向。针对当前不同程度存在的退役军人就业创业能力不足、扶持力度不够、服务体系不健全等问题，提出了一系列政策措施。三是统筹兼顾。根据各类退役军人群体现有政策和现实需求，本着就高不就低的原则，逐步建立相对统一、规范有序的政策制度。四是继承中创新。一方面，用足用好现有政策，对退役军人普遍欢迎、实际效果较好的相关政策继续坚持；另一方面，对部分地区出台的好政策上升为全国性政策，对工作中的经验做法固化为政策；同时，根据新形势新要求，提出了一些前瞻性的创新措施。

记者：退役军人就业创业工作的总体思路是什么

答：《意见》明确，新时代退役军人就业创业工作以习近平新时代中国特色社会主义思想为指导，具体提出32字要求。一是政府推动、政策优先。政府在扶持退役军人就业创业方面积极发挥作用，在政策扶持、公共服务、宣传引导、组织协调等方面切实担负起职责。二是市场导向、需求牵引。就业创业归根结底属于市场行为，要发挥市场在资源配置中的决定性作用，根据市场需求，提高就业创业服务的针对性、实效性。三是自愿选择、自主作为。促进退役军人就业创业，关键在于退役军人自身努力，要加快角色身份转换，勇于投身改革开放时代大潮，积极投身社会主义现代化建设。四是社会支持、多方参与。退役军人就业创业工作是一项系统工程，是全社会的共同责任，要调动政府、市场、社会各方面力量共同推进。

记者：在提升退役军人就业创业能力方面有哪些举措

答：促进退役军人就业创业，提升能力是基础。近年来，国家在加强退役军人职业技能培训、提升就业创业能力方面，出台了一些针对性措施。但也存在各类政策零散、优惠不足、培训质量不高、培训方式不灵活等问题。《意见》提出6个方面措施：

一是完善多层次、多样化的教育培训体系。将退役军人教育培训纳入学历教育和职业教育体系，依托普通高校、职业院校等教育资源，促进现役军人与退役军人教育培训相衔接、学历教育与技能培训互为补充。

二是开展退役前技能储备培训。深入开展“送政策进军营”活动，加强经济社会发展和就业形势介绍、政策咨询、心理调适、“一对一”职业规划，努力把退役军人服役期间锤炼的品质转化为就业创业的优势。

三是加强退役后职业技能培训。放宽参加免费培训的时间限制，把现行的退役后一年内可参加一次免费培训，放宽至退役后任意时间段均可参加；放宽参加免费培训的地域限制，经省级退役军人事务部门同意，允许跨省异地参加教育培训。

四是推行终身职业技能培训。鼓励用人单位定期组织退役军人参加岗位技能提升和知识更新培训；将下岗失业退役军人纳入特别职业培训计划和职业技能培训等范围，并按规定予以补贴。

五是鼓励参加学历教育。鼓励各地将符合高考报名条件的退役军人纳入高等职业院校单独考试招生范围；退役军人参加高考和研究生考试享受加分照顾；军人服役期间参加开放教育、自学考试等学历继续教育，退役后可继续完成学业，获得相应国民高等教育学历文凭。

六是加强教育培训管理。提出建立退役军人职业技能承训机构、承训企业和高等院校目录，向社会公开并实行定期考核、动态管理，确保承训单位的教学水平。加强对承训单位教育培训质量考核，建立激励机制。

记者：在支持退役军人就业方面有哪些举措

答：《意见》从放宽招收条件、拓宽就业渠道、强化就业服务等方面，提出了具体措施。

在放宽招收条件方面，明确机关、社会团体、企业事业单位招收退役军人，适当放宽年龄和学历条件，同等条件下优先招录。

在拓宽就业渠道方面，一是加大公务员招录力度。在军队服役5年(含)以上的高校毕业生士兵，退役后可以报考面向服务基层项目人员定向考录的职位，同服务基层项目人员共享公务员定向考录计划；各地特别是边疆地区、深度贫困地区结合实施乡村振兴、脱贫攻坚等战略，设置一定数量基层公务员职位面向退役军人招考；各级党政机关在组织开展选调生工作时，注意选调有服役经历的优秀大学生；拓宽从反恐特战等退役军人中招录公安机关人民警察渠道。二是鼓励企业招用。吸纳退役军人就业的企业，可享受税收优惠；对退役军人就业作出突出贡献的企业，给予表彰、奖励。三是探索新的就业渠道。研究制定适合退役军人就业的岗位目录，提高退役军人服务保障以及安保等岗位招录退役军人的比例，辅警岗位同等条件下优先招录退役军人；选派退役军人参与社会治理、稳边固边、脱贫攻坚等重点工作，鼓励退役军人到党的基层组织、城乡社区担任专职工作人员。

在强化就业服务方面，明确退役军人在各级公共就业服务机构享受优先待遇，县级以上地方人民政府每年至少组织2次退役军人专场招聘活动。同时要求搞好后续扶持，建立退役军人就业台账，实行实名制管理，跟踪退役军人就业情况，并提供必要服务。

记者：在支持退役军人创业方面有哪些举措

答：创业是更高层次的就业，对带动就业具有重要作用。《意见》突出对有创业意愿退役军人的引导和服务。一是加强创业培训。各地对有创业意愿的退役军人，要组织开展创业意识教育、创业项目指导、企业经营管理等培训，增强创业信心，提升创业能力。二是优先提供创业场所。鼓励建立退役军人创业孵化基地、众创空间和创业园区，有针对性地解决缺场地、缺资金、缺技术等问题，为他们创新创业创造条件。三是享受金融和税收优惠。退役军人创办小微企业可申请创业担保贷款，按规定享受贷款贴息，各地可结合实际加大支持力度。鼓励社会资本设立退役军人创业基金，拓宽资金保障渠道。退役军人从事个体经营，可享受税收优惠。下一步，相关部门还将研究完善退役军人就业创业税收优惠政策。

记者：在健全退役军人就业创业服务体系方面有哪些举措

答：根据新的形势要求，按照平台信息化、队伍专业化、力量多元化的思路，明确了服务体系建设的目标和架构。一是搭好信息平台。强调信息化建设对精准服务的支撑作用，提出加快建成全国贯通、实时共享、上下联动的退役军人就业创业服务信息平台，充分运用大数据，提供精准服务。二是建好指导队伍。发挥指导团队在退役军人职业规划、创业指导、吸纳就业等方面的传帮带作用，将创业经验丰富、关爱退役军人、热爱公益事业的企业家和专家学者吸纳进来，提高服务指导的专业化水平。三是建设实训基地。按照分级分类管理原则，加快建立优势互补、资源共享、专为退役军人服务的区域化实训基地，将其纳入国家政策支持范围，给予适当补助。四是用好社会力量。倡导全社会共同参与退役军人就业创业，把政府提供公共服务、社会力量补充服务、退役军人自我服务结合起来，支持为退役军人就业创业服务的社会组织依法开展工作。

记者：《意见》对健全完善退役军人就业创业工作机制有哪些措施

答：退役军人就业创业工作涉及的部门多，需要建立有效机制。《意见》提出了三个方面的措施：一是健全工作机制。明确党委领导、政府推动、退役军人事务部门牵头、军地相关部门支持、社会各界参与的工作机制，细化部门具体分工，有利于形成齐抓共管的工作合力。二是严格追责问责。把退役军人就业创业工作作为一项政治任务，纳入各地区各部门年度绩效考核内容，确保中央政策落实落地。对在中央政策之外增设条件、提高门槛的，坚决予以清理和纠正；对政策落实不到位、工作推进不力的，及时进行督查督办；对严重违反政策规定、造成不良影响的，严肃追究相关人员责任。三是加强宣传教育。突出强调加强退役军人思想政治和择业观念教育，大力宣传退役军人就业创业典型，宣传社会各界关心支持退役军人就业创业的先进事迹，营造有利于退役军人就业创业的良好氛围。

记者：对《意见》的贯彻落实有哪些要求

答：政策的生命力在于执行，再好的政策如果不落实，也是空中楼阁。把《意见》精神宣传好、贯彻好，确保各项要求落实落地、惠及广大退役军人，是当前一项十分紧要的任务。下一步，重点做好以下几项工作：一是加强政策解读。通过多种媒体对《意见》进行公开报道，特别是对退役军人关注的问题，主动解疑释惑，使广大退役军人准确把握政策精神。二是细化政策措施。各地要结合实际，制定具体实施办法，把《意见》各项要求落细落实。三是注重典型引领。对各地贯彻落实的好做法好经验及时总结、推广，以点带面推动工作。四是加强督促检查。要建立任务台账，坚持跟踪问效，定期评估检查，推动工作有力有序进行。

（来源：退役军人事务部
https://www.mva.gov.cn/jiedu/zcjd/201808/t20180802_14665.html）

退役军人事务部有关负责人就央企接收安置退役士兵答记者问

中央企业接收安置退役士兵是一项传统性工作，新中国成立以来，数以万计退役士兵被安置到央企工作，成为推动企业发展、促进经济建设的重要力量。2018 年中央企业接收退役士兵工作有哪些新特点？退役军人事务部有关负责人于 2018 年 9 月 14 日就相关问题回答了新华社记者提问。

问：当前符合政府安排工作退役士兵有哪些

答：政府安排工作对象主要有 4 类：（1）服现役满 12 年的士官；（2）服现役期间平时荣获二等功以上或者战时荣获三等功以上奖励的士兵；（3）因战致残被评定为 5 级至 8 级残疾等级的士兵；（4）烈士子女士兵。

另外，中级以上士官因战致残被评定为 5 级至 6 级残疾等级，本人自愿放弃退休安置的，可以选择由人民政府安排工作。对这部分退役士兵，安置地县级以上地方人民政府按照属地管理的原则，对符合安排工作条件的退役士兵进行安置，保障其第一次就业。

问：政府安排工作的退役士兵都被安排在什么类型的单位

答：各类机关、团体、企事业单位，都是接收安置符合政府安排工作条件退役士兵的主体。其中，安置到机关、事业单位和国有企业的比例不低于 80%。

问：政府是如何确定安排工作退役士兵的岗位的

答：全国普遍把文化考试与档案考核相结合，坚持“考试考核，阳光安置”的办法，按照“下达安置计划、组织考试考核、综合评价排序、自主选择岗位、公示安置去向、办理手续上岗”的程序对符合安排工作退役士兵进行岗位安置。通过服役表现量化评分办法，使服役时间长、贡献大的退役士兵能够得到优先安置，确保公平公正。通过向社会主动公开岗位计划、双考成绩和选岗结果，使安置工作的各个环节都在“阳光”下运行。

问：待安排工作期间有些什么待遇

答：一是社会保险接续方面：退役士兵在国家规定的待安排工作期，以其在军队服役最后年度的缴费工资为基数，按20%的费率缴纳基本养老保险费，其中8%作为个人缴费记入个人账户，全部所需费用由安置地人民政府同级财政资金安排，个人不缴费。退役士兵在国家规定的待安排工作期，按规定参加安置地职工基本医疗保险，单位缴费部分由安置地人民政府足额缴纳，个人缴费部分由退役士兵个人缴纳，军地相关部门协同做好保险关系接续，确保待遇连续享受。

二是生活补助方面：退役士兵待安排工作期间，安置地人民政府按照上年度最低工资标准逐月发放生活补助。

问：怎样保障符合政府安排工作条件退役士兵安置在国有企业的待遇

答：退役士兵享受所在单位正式员工同工龄、同工种、同岗位、同级别待遇。军龄10年以上的，接收的企业应当与其签订无固定期限劳动合同。任何部门、行业和单位不得出台针对退役士兵的歧视性措施，严禁以劳务派遣等形式代替接收安置。对拒绝履行接收安置退役士兵任务的单位进行责任倒查，采取适当措施予以处罚，督导相关单位保质保量落实退役士兵安置任务。

问：哪些中央企业在接收安置退役士兵

答：目前国资委监管的96家和财政部监管的27家财政金融类共计123家中央企业，在党和国家政策指引下主动承担国防义务，每年按照新招录用工的5%招收符合政府安排工作条件的退役士兵。退役军人，特别是退役士兵将成为中央企业不可或缺的人力资源。

问：中央企业用工结构是怎样的

答：中央企业用工一般分为批复用工、市场化用工等多种类别，随着改革开放后的市场化改革，更多的中央企业采用市场化用工制度，按照职业经理人对人才进行管理使用。

问：入职中央企业的工资福利待遇怎样

答：中央企业的工资福利待遇都在各地区社会平均工资线以上，随着岗位晋升到一定职位，部分企业实行年薪制。

问：入职中央企业后会存在下岗问题吗

答：当前国家对部分中央企业提出去产能的任务要求，同时要求不能因为去产能辞退员工，要通过转化职业、技能培训、转岗的方式进行妥善安置，做到依法保护职工合法权益，保障职工转岗不下岗。

（来源：退役军人事务部 https://www.mva.gov.cn/jiedu/zcjd/201809/t20180914_16029.html）

《符合政府安排工作条件退役士兵服役表现量化评分暂行办法》政策解读

退役军人事务部、中央军委政治工作部联合印发的《符合政府安排工作条件退役士兵服役表现量化评分暂行办法》（以下称《办法》）是对民政部、原总参谋部印发的《符合政府安排工作条件退役士兵服役表现量化评分办法（试行）》的修订。修订后的《办法》共计 10 条，着重完善了适用范围、评分项目和标准、档案材料登记管理、审档评分、责任追究等内容，指导性和操作性更强。

一、关于《办法》修订的必要性重要性

修订工作主要基于以下三点考虑。

一是落实中央决策、妥善安置退役士兵的需要。习近平总书记强调，在军转安置方面，要改进完善安置办法，安排好功臣模范和长期在艰苦边远地区、特殊岗位工作的同志。根据新形势新任务修订出台《办法》，是贯彻落实中央决策部署，推进公正公平公开“阳光安置”，妥善安置退役士兵并褒扬彰显其牺牲奉献精神的实际举措。

二是聚焦练兵备战、服务改革强军战略的需要。士兵是军队履行使命、完成任务最直接的担当者。实现党在新时代的强军目标，把人民军队全面建成世界一流军队，离不开士兵队伍的稳固。强化退役士兵安置待遇与服役表现匹配关联度，更加聚焦其服役期间的作战表现和练兵备战水平，有利于引导现役士兵安心服役，矢志强军打赢，积极建功军营，从而实现安置工作与士兵队伍建设的相互促进和共同发展。

三是解决现实问题、改进量化评分工作的需要。一方面，近两年军队出台了《中国人民解放军纪律条令（试行）》等与退役士兵安置相关的法规政策，需要在《办法》中作出明确和体现。另一方面，实际工作中也反映出有些表述比较原则不好操作、有些评分项目和标准不适应不符合新形势新任务要求等问题，需要与时俱进加以改进。同时，考虑到当前仍处于军改期，评分项目很有可能再次发生重大变化，故先暂行实施。

二、关于进一步明确适用范围

为便于军地基层准确理解和执行，《办法》在重申原来关于《退役士兵安置条例》第二十九条规定的安排工作退役士兵的基础上，专门对《退役士兵安置条例》施行以前入伍、施行以后退出现役的由政府安排工作的4类退役士官作出详细界定。一是服现役满10年、11年符合全程退役条件的士官；二是服现役满上士军（警）衔规定年限的直接从非军事部门招收的士官；三是因公致残，被评定为5级至8级残疾等级的士官；四是从城镇（非农业户口）青年中征集入伍或者从在校大学生中征集入伍（不复学）以及应届大学毕业生入伍且持有“通”字或非农优待安置证的士官。

为突出量化评分作用，《办法》将退役士兵得分总和由安排工作的重要依据调整为主要依据，使贡献大的退役士兵能够优先选岗。对于服役期间个人获得八一勋章和荣誉称号的，由安置地政府优先安排工作，以体现对他们突出贡献的褒扬和优待。

三、关于完善奖励和表彰计分

2018年施行的《中国人民解放军纪律条令（试行）》对军队表彰工作作出规范。按照全军性表彰附加待遇一致性原则，《办法》将原来仅对士官优秀人才奖计分调整为对所有全军性表彰计分，并细化为两类：个人获得中央军委实施的表彰，每次计20分；个人获得军委机关部门实施的全军性表彰，每次计10分。同时对认定材料作出明确：退役士兵档案中必须具备表彰通报（通令）名称和文号（编号）。

《办法》还对原来奖励计分进行了完善，将平时个人三等功分值由每次3分提至10分；新增战时嘉奖计分，每次3分，以激励士兵聚焦打仗、专谋打赢。

四、关于调整其他情况计分

为更客观反映士兵为国防和军队建设作出的牺牲与奉献，同时兼顾相关情形基本概念清晰、档案记载明确、核查简单易行、军地双方认可等需要，《办法》对其他情况计分进行了调整。

一是细分在艰苦边远地区等服役计分。将原来艰苦边远地区服役计分进一步细分为在艰苦边远地区、西藏地区、海岛服役且连续享受相关津贴一年（含）以上计分，并相应设置计分标准。其中，在艰苦边远地区服役的，一、二、三、四、五、六类区，每服役 1 个月分别计 0.05 分、0.1 分、0.15 分、0.2 分、0.25 分、0.3 分；在西藏地区服役的，二、三、四类区，每服役 1 个月分别计 0.2 分、0.25 分、0.3 分；在海岛服役的，三、二、一、特类岛，每服役 1 个月分别计 0.05 分、0.1 分、0.15 分、0.2 分。

二是增加驻海外基地服役计分。结合我国海外利益拓展增多的实际，《办法》规定在驻海外基地服役且连续服役时间一年（含）以上的，每服役 1 个月计 0.2 分，分值与在特类岛服役相当。

三是完善参加作战计分。根据现代战争发展趋势和执行任务风险，《办法》统一作战计分标准并提至每天 0.5 分。参加作战的具体时间、人员由部队依据作战命令和战争实际等情况认定。

工作中军地基层反映，士兵获得的各类专业技能资格存在军地认定标准不同、有的与服役没有直接关联的问题；随着科技发展，除核专业外，生化、电磁等多种行业在军事活动中的权重日益增加，影响人员健康的新行业新情况日趋复杂，拟待相关改革落地和政策制度进一步明确后再行研究。对此，《办法》取消了对职业技能等级和从事核专业工作的计分。

五、关于强调服役、残疾等计分

考虑到士兵服役年限、残疾情况以及是否为烈士子女是其退役后享受安排工作的重要条件，《办法》对上述三项情形的计分予以保留和强调，并适当调整了服役满 12 年后多服役 1 年以及因公致残被评定为 5 至 10 级残疾等级的分值。

六、关于充实减分项目内容

适应全面从严治党、治军要求，按照依据事实、惩前毖后、治病救人的原则，《办法》对原处分和档案材料弄虚作假减分进行了补充完善，新增违反党纪和违规抽取减分材料两项内容，并将档案材料弄虚作假扣分由 3 倍调至 5 倍。

一是违反党纪减分方面。《办法》规定服役期间受警告、严重警告、撤销党内职务、留党察看、开除党籍等党纪处分的，每次分别减 5 分、10 分、30 分、60 分、100 分。因同一违纪行为同时受到党纪、军纪处分的，以最高标准减分；因多次违纪行为受到处分的，累计减分。

二是违规抽取减分材料减分方面。《办法》规定属违规抽取减分材料的，应补齐材料、按规定减分，并按其应减分值的 5 倍追加扣分。退役士兵安置工作主管部门和相关部队共同做好退役士兵档案虚假材料认定。

七、关于严格档案材料登记和归档管理

退役士兵档案材料是了解和考核士兵服役表现的重要依据。基层实际工作中，可能存在退役士兵档案移交地方后需要补充有关材料的情况。对此，《办法》明确了影响评分的档案材料的核实、补充、修正和转递要求。即：影响评分的档案材料出现疏漏、错误的，军地相关部门应当共同核实、及时补充修正。因审批周期较长而延迟取得的影响评分的奖惩材料，应当由部队按照档案移交程序协商退役士兵安置工作主管部门移交。各类影响评分的补充材料，在安置地相关部门组织公示前移交核实的，应当予以补充评分。

八、关于健全公开公正审档评分工作机制

考虑到退役士兵服役表现情况较为复杂，地方退役士兵安置工作主管部门仅凭退役士兵档案进行认定和评分，很难做到全面、准确，甚至可能

影响退役士兵的权益。为加强军地协同，维护公平公正，形成良性工作机制，《办法》统一了《符合政府安排工作条件退役士兵服役表现量化评分表》式样，明确退役士兵服役表现量化评分由部队团级以上单位和安置地县级以上地方人民政府退役士兵安置工作主管部门分别填写并审核，由退役时所在部队和安置地相关部门分别采取适当方式公示，时间不少于 5 个工作日，并由退役士兵本人签字确认。退役士兵本人对分数有异议的，可在公示期内向组织公示的单位申请复核，逾期未申请复核的，视为本人无异议。

九、关于加强责任追究

为严明纪律，教育违规单位和个人，《办法》在原来基础上进一步完善了责任追究的相关内容，规定对退役士兵评分及相应证明材料弄虚作假的单位和个人，由省级退役士兵安置工作主管部门和部队相应权限部门上报，国务院退役士兵安置工作主管部门和中央军委兵员管理部门汇总情况后，进行通报并按照规定追究单位负责人和经办人责任，构成犯罪的，依法追究刑事责任。

十、关于《办法》施行时间

《办法》规定本办法自 2018 年 12 月 14 日起施行，民政部、原总参谋部 2015 年 10 月 13 日印发的《符合政府安排工作条件退役士兵服役表现量化评分办法（试行）》（民发〔2015〕195 号）同时废止。同时考虑到 2018 年秋季和冬季退出现役符合政府安排工作条件的士兵有的需在 2019 年进行安置，退役军人事务部和中央军委政治工作部印发的通知指出，2018 年秋季及以后退出现役的士兵适用于本办法，本办法施行前已办理退役手续的，量化评分工作由地方退役士兵安置工作主管部门实施，部队配合完成。

（来源：退役军人事务部

https://www.mva.gov.cn/jiedu/zcjd/201812/t20181220_18945.html）

中办国办印发《关于解决部分退役士兵社会保险问题的意见》，退役军人事务部作解读

党中央、国务院历来高度重视退役军人工作。习近平总书记在2019年新年贺词中专门指出，“要关爱退役军人，他们为保家卫国作出了贡献”。在十三届全国人大二次会议上，国务院总理李克强作政府工作报告，指出落实退役军人待遇保障，完善退役士兵基本养老、基本医疗保险接续政策。年初，中共中央办公厅、国务院办公厅印发了《关于解决部分退役士兵社会保险问题的意见》（以下简称《意见》），为解决部分退役士兵的基本养老、医疗困难提供了政策依据。我们整理了退役士兵关心的 11 个问题予以解答。

一、为什么要出台《意见》

答：习近平总书记十分关心退役军人，强调要把广大退役军人的合法权益维护好，把他们的工作和生活保障好。2011年以前，依据国家户籍制度管理规定及其相应的社会保障体系，退役士兵安置区分城乡，采取安排工作和回乡务农等方式，基本保证了大多数人员的就业和生活。但从上世纪九十年代开始，随着经济体制改革特别是国有企业的集中调整，出现了就业渠道变窄、岗位资源较少和较大规模的下岗情况，部分退役士兵在养老、医疗等方面存在着一些困难。党中央、国务院对此高度重视。为贯彻落实习近平总书记关于退役军人工作的重要论述，保证退役士兵享有的待遇保障与服役贡献相匹配、与经济社会发展水平相适应，切实维护他们的切身利益，中共中央办公厅、国务院办公厅专门下发了《意见》，以解决他们养老、医疗等方面的后顾之忧。

二、哪些退役士兵在《意见》保障范围内

答：考虑到出现社会保险中断缴费的退役士兵主要是在 2011 年退役

士兵安置改革以前退役。按照当时国家层面确定的安置政策，转业志愿兵（士官）和城镇义务兵等人员应由政府安排工作，他们中退役时选择由政府安排工作的人员，回到地方后因为种种原因没有稳定就业和稳定收入来源，属于政策保障范畴。

三、首次参保时间如何认定

答：根据相关规定，《意见》进一步明确，符合政策保障范畴人员入伍时未参加城镇职工基本养老、基本医疗保险的，入伍时间视为首次参保时间。这一规定对接了安置政策和现行社会保险政策，有利于更好地保障这些人员的切身利益。

四、对缴费年限有何规定

答：《意见》规定，2012 年 7 月 1 日《中华人民共和国军人保险法》实施前退役的，军龄视同为基本养老保险、基本医疗保险缴费年限；在《中华人民共和国军人保险法》实施后退役、国家给予军人退役基本养老保险补助的，军龄与参加基本养老保险、基本医疗保险的缴费年限合并计算。

五、对补缴年限有何规定

答：《意见》规定，符合政策保障范畴人员参保后缴费中断的，可以按照不超过本人军龄的年限补缴，并免收滞纳金。

六、由谁来补缴费用

答：《意见》明确了补缴责任主体，按照规定，符合政策保障范畴人员补缴社会保险缴纳费用，原则上单位缴费部分由原安置单位负担，个人缴费部分由个人负担。

七、单位和个人无力补缴怎么办

答：《意见》规定原安置单位已不存在或缴纳确有困难的，由原安置单位上级主管部门负责补缴；上级主管部门不存在或无力缴纳的，由安置地退役军人事务主管部门申请财政资金解决。对属于最低生活保障对象、特困人员的，地方政府对个人缴纳部分予以适当补助。政府补缴年限不超过本人军龄。

八、缴费基数是多少

答：《意见》规定，补缴城镇职工基本养老保险和医疗保险缴费工资基数分别为补缴时安置地和参保地上年度职工平均工资的 60%，单位和个人缴费费率按补缴时当地规定执行，相应记录个人权益。

九、补缴手续怎么办

答：本着便于操作，让服务保障对象少跑路的原则，《意见》提出，符合政策保障范畴人员持本人有效身份证件和相关退役证明，到安置地退役军人事务主管部门或相关部门登记军龄、提出申请后，安置地退役军人事务主管部门负责将相关信息及证明材料分别提供给安置地（或参保地）社会保险、医疗保险及相关征收机构，相关部门分不同情况，对退役信息、参保信息、单位和个人困难情况等进行审核确认后，分类为符合政策保障条件人员办理参保和补缴手续。

十、补缴后仍达不到领取待遇条件怎么办

答：《意见》的基本原则是按照服役年限，对符合保障条件对象断保情况予以帮扶援助，这体现了对退役士兵服役贡献的褒奖。同时，国家也鼓励退役士兵通过个人努力，充分享受国家普惠性的政策保障。

一是达到法定退休年龄、基本养老保险累计缴费年限（含军龄）未达到国家规定最低缴费年限的，允许延长缴费至最低缴费年限。《中华人民共和国社会保险法》实施前参保、延长缴费五年后仍不足国家规定最低缴费年限的，允许一次性缴费至最低缴费年限。达到法定退休年龄、城镇职工基本医疗保险累计缴费年限（含军龄）未达到国家规定年限的，可以缴费至国家规定年限。

二是对服役时间短，相对年轻人员，国家明确要求各地通过教育培训、推荐就业、扶持创业等方式，帮助他们就业创业，以解决他们的生活保障问题。

三是年龄偏大、扶持后仍就业困难的退役士兵，符合条件的，优先通过政府购买的公共服务岗位帮扶就业，要求用工单位依法给他们缴纳社会保险费。

十一、补缴工作涉及时间跨度大、人员类别多，有些情形该如何甄别鉴定

答：《意见》实施后，将重点通过建立部门会商机制，借助信息化手段等，对符合保障条件人员的服役信息、退役情形、参保情形、生活困难情况以及原安置单位目前状况进行甄别鉴定，确保不发生错保漏保情况。

涉及的单位部门和符合保障条件对象也要准确理解和执行政策，切实履行好权利和义务，有能力的要主动承担相关费用。特别是符合保障条件对象要据实提供参保信息，如果因为信息不全造成重复缴费，不仅不能提高待遇标准，还会增加个人缴费负担。

（来源：退役军人事务部 https://www.mva.gov.cn/jiedu/zcjd/201904/t20190428_26251.html）

新修订的《双拥模范城（县）创建命名管理办法》和《全国双拥模范城（县）考评标准》解读

经全国双拥工作领导小组批准，新修订的《双拥模范城（县）创建命名管理办法》和《全国双拥模范城（县）考评标准》已印发各地各部队。为帮助大家深化认识理解、抓好贯彻落实，现予以解读。

一、修订两个文件的主要考虑

兴起于20世纪90年代初的创建双拥模范城（县）活动，是推动双拥工作有效落实、巩固发展军政军民团结的重要载体和抓手，极大地激发了广大军民爱国拥军、爱民奉献的热情和动力，在我国政治生活中产生了重大影响。为指导和规范创建活动，1993年全国双拥工作领导小组制定《命名管理办法》，并于2002、2006、2010、2015年4次进行修订；2010年出台《考评标准》，2015年作了修订，使双拥模范城（县）命名管理、考评推荐有了基本政策依据。各省（区、市）普遍结合实际，制定与两个文件相配套的实施细则和具体措施，推动创建工作走上制度化规范化轨道。近年来特别是党的十八大以来，创建工作所处的时代条件、面临的形势任务都发生了很大变化。顺应时势发展，紧跟实践进程，对创建活动两个文件进行修订完善，十分必要。

（一）这次修订是贯彻习近平总书记有关重要决策指示的实际举措。习近平总书记对做好新时代双拥工作、加强军政军民团结高度重视，作出一系列决策指示，强调拥军优属、拥政爱民是我党我军特有的政治优势，坚如磐石的军政军民关系是我们战胜一切艰难险阻、不断从胜利走向胜利的重要法宝；新形势下，双拥工作只能加强，不能削弱；军地合力、军民同心，我们就一定能实现“两个一百年”奋斗目标、实现中华民族伟大复兴的中国梦，共同创造更加美好的未来；中央和国家机关、地方各级党委和政府要支持国防和军队建设，做好退役军人安置、伤病残军人移交、随军家属就业、军人子女入学等工作；军队要积极支援地方经济社会发展和生态文明建设，勇于承担抢险救灾等急难险重任务，做好定点帮扶贫困村、贫困群众工作，等等。习近平总书记的重要指示，为做好新时代双拥工作指明了努力方向，提供了根本遵循。把这些重要指示精神体现到两个文件中，转化为推进创建工作的思路办法，既是双拥工作贯彻落实习近平总书记系列重要讲话精神的真招实举，也是确保创建活动正确方向、使之持续深入健康发展的重要保证。

（二）这次修订是适应形势任务发展、提升双拥工作服务保障效能的现实需要。双拥工作历来是为党、国家和军队中心任务服务的，战争年代拥军支前、保障打赢，和平时期为维护国家安全、促进经济社会发展和部队履行使命任务服务。当前，中国特色社会主义进入了新时代，强国强军伟大实践对新时代双拥工作提出新要求：实现中华民族伟大复兴的中国梦，明确了凝聚军民团结奋斗的新使命；实现党在新时代的强军目标、把人民军队全面建成世界一流军队，确立了支持军队练兵备战的新标准；全面深化改革和依法治国，加快了创新工作理念、转变运行机制的新步伐。紧贴当前形势任务修订两个文件，有利于通过政策法规的导向作用，牵引军地各级更好地围绕中心、服务大局，为实现中国梦强军梦凝聚力量。

（三）这次修订是总结吸纳新鲜经验、增强创建工作生机活力的内在要求。经过 28 年的发展历程，创建工作质量层次不断提升，这与各地各部队在实践中积极探索、勇于创新是分不开的。上一届全国双拥模范命名表彰以来，军地各级坚持以新的思路和办法，创造性开展工作，积累了许多成功的经验做法。比如，坚持任务牵引，大力加强拥军支前军地协调机制建设；强化问题导向，着力解决官兵“三后”问题；利用互联网、大数据等新兴媒体和科技手段提升双拥工作信息化水平；以参与打赢脱贫攻坚战为主统筹做好支援国家建设工作等等。通过修订两个文件，把这些源于生动实践、富有创新特色的经验做法，上升固化为制度性规定、普适性要求，对于增强创建工作时代感和实效性具有重要意义。

二、修订的主要过程和内容

这次修订《命名管理办法》和《考评标准》，我们按照体现时代性、保持连续性、增强约束刚性的原则，先后作了3次大的集体修改，并在北京、南京召开座谈会，到福建、广东、海南等省份调研，书面征求全国双拥工作领导小组成员单位、各省（自治区、直辖市）双拥办和军队各大单位群工部门、军委机关各部门相关局（厅）的意见。可以说，这次修订是举各级之力、集各方之智。修订内容主要有以下几个方面。

一是强化新时代双拥工作的根本遵循。坚持以习近平新时代中国特色社会主义思想为指导，将习近平总书记关于加强军政军民团结的重要指示和党中央、国务院、中央军委决策部署，贯彻落实到双拥创建活动之中。《管理办法》、《考评标准》通篇贯彻和体现了有关重大思想观点、重要部署要求。比如，配合和支持统筹推进“五位一体”总体布局、协调推进“四个全面”战略布局；服务部队备战打仗，支援地方经济社会建设，促进军民融合深度发展；让军人成为全社会尊崇的职业，关心关爱退役军人和军人家属；军政军民互相理解、互相支持，不断密切坚如磐石的军政军民关系；等等。

二是规范双拥创建的原则。明确创建工作的原则为坚持军地合力、军民同心，坚持服务备战、保障打赢，坚持贴近基层、注重实效，坚持改进创新、与时俱进。

三是增强双拥创建的杠杆牵引作用。围绕提升双拥工作在发展社会生产力和提高部队战斗力中的贡献率，修订中强化了4个导向：①突出服务备战打仗，对建立拥军支前协调机制、帮助新调整组建和移防换防部队解决实际问题、城乡基础设施建设兼顾国防需求等作出新的规定，明确各省（区、市）推荐双拥模范城（县）须征求战区意见。②积极回应军民利益关切，政策法规落实考评分值约占总分的 1/3，其中随军随调家属安置、子女教育优待单项分值最高，同时也增加了军队参与脱贫攻坚和支持教育、医疗等社会事业方面的内容。③推动形成尊崇军人的浓厚氛围，对建立健全退役军人荣誉激励机制、悬挂光荣牌、送立功喜报和慰问信、落实军人军属依法优先等作出明确，要求广泛开展“爱心献功臣”、“双拥在基层”和走访慰问等双拥活动，充分利用“报、网、端、微、屏”等资源深化国防教育，不断增强军人军属、退役军人和其他优抚对象的荣誉感获得感。④充分调动参与创建活动积极性，首次将市辖区纳入全国双拥模范城（县）命名范围，提高地级行政区双拥模范城（县）申报比例；明确各地、各有关部门可从实际出发，对被命名表彰的双拥模范城（县）、双拥模范单位和个人及在创建活动中作出重要贡献人员进行奖励。

四是健全完善创建命名管理机制。着眼提升双拥模范的含金量，经协调全国评比达标表彰工作协调小组报中央批准，将全国双拥模范命名表彰列入常设项目，全国双拥模范城（县）数量由控制在纳入考核评选城（县）总数的 15%以内，核减到 10%以内；强调命名双拥模范城（县）应坚持标准、严格程序，保证质量、控制数量，实行能上能下、动态管理，避免“重评时、轻平时”；双拥模范城（县）实行荣誉周期制度，以全国和省级最新一届命名为起点，到下一届命名为止，克服“一评定终身”的现象；对未专设双拥工作机构、命名前出现重大问题等情况的城（县），取消申报和推荐资格；对命名后工作出现问题的，全国双拥办采取发函督导、现地核查或约谈该城（县）双拥工作领导小组负责同志等方式，督促问题整改，整改不力的撤销称号；明确对双拥模范单位和个人，实行荣誉取消机制。

五是调整完善创建考评指标体系。为增强《考评标准》的执行力和操作性，进一步优化了考评项目和评分标准，对一些过于原则、较为笼统的表述作了细化具体化，精简或合并了个别过时、交叉的内容，总项目由81项减为78项。对考评项目分值相应作了调整，其中拥军工作、双拥活动和军政军民关系3个考评项目分值保持不变，组织领导由9分加至10分，宣传教育由7分加至9分，拥政爱民由15分加至17分，政策落实由28分加至32分，军民共建由5分调整至3分，群众满意度由3分加至4分。原考评项目军民融合的8分调整分配到服务备战打仗和解决官兵“三后”等事项，以推动解决部队和官兵的后顾之忧。将党政主要领导担任双拥工作领导机构负责人且担当有为，服务备战打仗有力，军供站、优抚医院、光荣院建设和功能作用充分发挥，无退役军人群体性上访等列为加分内容，同时还允许各省（自治区、直辖市）增加2分的特色加分项目，以充分调动各个层面做好双拥工作的积极性。

三、学习贯彻两个文件需要把握的问题

修订《命名管理办法》和《考评标准》，只是做了“上篇文章”，更重要的是要把贯彻落实这个“下篇文章”做扎实，推动创建活动持续深入健康发展。

要搞好文件学习宣传。要结合传达贯彻这次会议精神、部署开展新一轮双拥模范评选推荐、召开创建工作动员大会等时机，组织原原本本学习研读这两个文件，有条件的地区可组织以会代训、集中培训、座谈研讨等活动，结合实际安排一些“自选动作”。特别是双拥和群工战线的同志，要把学习贯彻两个文件作为重要任务，先学一步、学深一层，既要熟知熟记文件主要内容，还要把握修订的时代背景、蕴含的精神实质和落实的基本要求。要加强舆论引导和宣传教育，利用媒体报道、专家解读、政策宣讲、在线访谈等多种形式，大力宣传普及文件精神，营造学习、宣传、贯彻两个文件的浓厚氛围。

要完善配套政策措施。制定《命名管理办法》和《考评标准》，是从宏观层面规范指导创建活动，更多侧重于共性指导、考虑普遍情况，但各

地各部队实情千差万别，需要结合自身实际修订完善实施细则和配套措施。近年来，随着军地改革深入推进，先后出台了退役军人安置、随军家属就业、伤病残退役军人移交、军事设施保护等一系列政策规定。各地各部队各部门要积极适应依法治国、依法治军新形势，不断加大双拥政策法规建设力度，健全与国家上位法规相衔接、与地区经济社会发展和部队建设相适应、与广大军民期盼相吻合的政策法规体系，为破解热点难点问题、提升双拥工作水平提供政策支撑。

要依法规范创建活动。贯彻落实两个文件，关键在于提高执行力、维护权威性。（1）依法加强工作指导。各级双拥部门要依据文件，认真分析创建工作形势，总结推广经验做法，培养宣扬先进典型，研究解决遇到的矛盾问题，指导创建工作深入开展。（2）依法推动工作落实。两个文件既是开展创建工作的总纲和遵循，也是深化创建实践的路线图、施工图。各地各部队要对照文件要求，进一步理清工作思路，细化创建措施，明确职责分工，确保创建活动有力有序推进。（3）依法搞好考评推荐。新一轮全国双拥模范城（县）评选推荐工作将全面展开，各地要严格按照两个文件明确的范围、条件、程序和考评打分办法，搞好自荐申报、检查考核、测评公示，确保推荐上报的城（县）经得起历史和实践的检验。

（来源：退役军人事务部
https://www.mva.gov.cn/jiedu/zcjd/201908/t20190806_31747.html）

《光荣牌悬挂服务管理工作规定（试行）》政策解读

退役军人事务部正式印发《光荣牌悬挂服务管理工作规定（试行）》（以下简称《悬挂工作规定》）。为进一步做好政策落实工作，现就社会关心关注的有关问题予以解读。

一、为什么出台《悬挂工作规定》

为落实中央决策部署、弘扬拥军优属优良传统、推进军人荣誉体系建设，2018 年 7 月 30 日，国务院办公厅印发《关于为烈属、军属和退役军人等家庭悬挂光荣牌工作实施办法》，全面部署悬挂光荣牌工作。各地认真落实国务院要求，有序推进各项工作。截至目前，全国已为 3958 万余户对象家庭悬挂了光荣牌，社会反响良好。

但在工作中，悬挂对象和基层工作人员也反映了一些具体问题，如已成家的现役军人父母家庭能否悬挂、异地悬挂如何办理等。为进一步规范悬挂光荣牌工作，切实回应悬挂对象关切，我们对问题进行了认真梳理，深入调查研究，听取各方面建议，起草了相关文件，并广泛征求意见，最终形成了《悬挂工作规定》。

二、《悬挂工作规定》都包含哪些内容

《悬挂工作规定》明确了给谁挂、谁来挂、怎么挂、怎么管等具体问题，规范了光荣牌制作、新发、补发、更换、收回、取消和恢复悬挂等全部工作流程，细化了各个环节的操作程序和工作标准。

《悬挂工作规定》共分为 6 章 35 条，分别为总则、悬挂范围、组织实施、生产制作和分发、监督管理、附则。

第一章总则共包含 6 条，主要明确光荣牌悬挂工作的目的、定义、适用范围、悬挂原则、职责分工等内容。

第二章悬挂范围共包含 5 条，主要明确哪些家庭可以悬挂光荣牌，人户分离等情况应当怎样处置等内容。

第三章组织实施共包含 10 条，主要明确悬挂的工作流程、工作标准、工作方法等问题。

第四章生产制作及分发共包含 4 条，主要明确光荣牌生产、运输、储存、分发过程的有关要求。

第五章监督管理共包含 6 条，主要明确对光荣牌的不当使用应当如何处理，对工作人员的要求，以及社会监督等内容。

第六章附则共包含 4 条，主要对收费、家庭成员的定义、适用条款、生效时间等做出说明。

三、现役军人家庭怎么悬挂

为现役军人家庭悬挂光荣牌，是指为现役军人本人家庭悬挂。考虑到有些现役军人和父母分居两地、更希望为在家乡的父母悬挂，《悬挂工作规定》明确了“现役军人与父母（抚养人）分户居住的，也可为其父母（抚养人）家庭悬挂一块光荣牌。”

四、是否可以异地悬挂

光荣牌在对象家庭户籍所在地悬挂。悬挂对象户籍地与常住地不一致的，可尊重对象意愿悬挂。需跨省异地悬挂的，由悬挂对象凭常住证明（居住证或房产证）向户籍所在地县级人民政府退役军人事务部门提出申请，户籍所在地县级人民政府退役军人事务部门核实后开具协办信函。常住地县级人民政府退役军人事务部门核准后，由其常住地退役军人服务中心（站）为其悬挂常住地的光荣牌。

五、如何引导悬挂对象家庭珍视荣誉、规范使用

为提升悬挂对象家庭对光荣牌的珍视程度，《悬挂工作规定》明确了对光荣牌悬挂对象本人及家庭给予说服教育、督促纠正，取消资格、收回光荣牌的情形，引导悬挂对象家庭珍视荣誉、规范使用光荣牌。

六、对买卖光荣牌等违法违规及不当行为怎样处置

光荣牌是褒扬为国家、国防和人民牺牲奉献的荣誉载体和象征，应当得到尊重和爱护。《悬挂工作规定》明确任何组织和个人不得买卖、出租、仿制光荣牌，不得将光荣牌用于商业广告、制作商标或者其他商业性用途，不得将光荣牌用于娱乐活动，不得进行丑化、玷污、破坏光荣牌等有损光荣牌形象的活动。退役军人事务部门发现不恰当使用光荣牌的行为，应当依法协同相关部门及时处置。

七、对退役军人事务部门有哪些工作要求

《悬挂工作规定》明确了各级退役军人事务部门的职责，要求退役军人事务部门以及有关单位的工作人员，在光荣牌悬挂和服务管理工作中应当积极主动、热情周到，对不履行职责并造成严重社会不良影响的，严格问责追责。省级人民政府退役军人事务部门应当设立光荣牌悬挂服务管理监督电话，接受咨询和投诉，建立反馈办理台账，方便社会和服务对象监督。

（来源：退役军人事务部 https://www.mva.gov.cn/jiedu/zcjd/201908/t20190823_31969.html）

《关于加强困难退役军人帮扶援助工作的意见》政策解读

退役军人事务部、民政部、财政部、住房和城乡建设部、国家医疗保障局联合印发《关于加强困难退役军人帮扶援助工作的意见》（以下简称《意见》），自2019年10月9日起施行。为帮助大家深化认识理解，推动政策落实落地，现予解读。

一、关于出台《意见》的主要考虑

一是贯彻落实中央决策部署。习近平总书记指出："要关爱退役军人，他们为保家卫国作出了贡献"。党中央、国务院、中央军委有关改革也作出相应部署要求。习近平总书记关于退役军人的重要论述和中央的有关决策部署，体现了对退役军人的关心关爱，需要各级有关部门以高度的政治自觉和责任担当创造性地抓好贯彻落实，切实让退役军人看到变化、得到实惠。

二是体现厚植社会尊崇优待。一方面，坚持政府主导，立足济难解困，及时对陷入困境的退役军人予以帮扶援助，解决他们的现实困难，传递党和政府的特殊关爱，有利于增强广大退役军人的安全感、获得感。另一方面，通过政策激励引导，创新方式方法，充分调动社会力量为困难退役军人提供多主体供给、多渠道保障的帮扶援助，有利于营造关心关爱退役军人的浓厚社会氛围。

三是科学规范帮扶援助工作。党的十八大以来，部分地方在困难退役军人帮扶援助方面做了一些有益探索，但还存在各地推进不平衡、对象范围不明确、工作机制不健全、办理程序不规范等问题，迫切需要国家层面作出统一规定。《意见》充分考虑退役军人为国防和军队建设所作贡献，借鉴国内外有益做法，聚焦退役军人特点诉求，结合管理服务现实需要，对相关事项作出明确，具有较强的针对性和指导性，对提升工作的制度化、规范化水平具有重要作用。

二、关于帮扶援助的对象范围

鉴于军队已对现役军人相关保障作出制度安排，《意见》将帮扶援助对象确定为依法退出现役的军官和士兵、领取定期抚恤补助的“三属”。其中，“三属”是指烈士遗属、因公牺牲军人遗属、病故军人遗属。这部分人员虽没有服役经历，但作为牺牲或病故军人没有固定收入来源的亲属，在生活陷入困境时，政府应当给予特殊关照。同时，考虑到各地经济社会发展水平、服务保障对象情况、工作开展基础等存在较大差异，《意见》提出，有条件的地区可将现役军人父母、配偶、未成年子女纳入帮扶援助范围。

三、关于帮扶援助的主要情形

结合基层探索实践和困难退役军人、“三属”主要诉求，《意见》归纳列举了五种可能导致基本生活陷入困境、需要帮扶援助的情形：

一是退役军人因服役期间致残或因患有严重疾病等原因导致退役后本人就业困难，医疗和康复等必需支出突然增加造成的；

二是退役军人因服役时间长、市场就业能力弱等原因导致长期失业或突然下岗造成的；

三是退役军人因旧伤复发、残情病情加重等原因造成的；

四是退役军人、“三属”等因火灾水灾、交通事故、重大疾病、人身伤害、见义勇为等突发事件造成的；

五是遭遇其他特殊情况造成的。

四、关于帮扶援助的具体方式

立足保基本、救急难、求实效的要求，借鉴现行较为成熟的帮扶援助方式，《意见》指出各地应当根据帮扶援助标准和对象基本需要，采取提供资金、实物和社会化服务等方式，给予多元化、个性化帮扶援助。同时为便于地方准确理解和执行操作，《意见》还对各类帮扶援助方式进行了细化，明确了资金援助的要求，列出了实物援助的内容和社会援助的形式。

五、关于帮扶援助的保障标准

按照保障和改善民生既要尽力而为、又要量力而行的总体要求，《意见》指出各地要根据帮扶援助对象的困难情形和程度、当地经济社会发展和救助保障水平等因素，合理确定困难退役军人帮扶援助标准，并适时调整。同时，从长远考虑，为推动工作均衡发展，《意见》规定省级相关部门要加强对工作的统筹指导，推动逐步形成相对统一的区域帮扶援助标准体系。

六、关于帮扶援助的办理程序

根据帮扶援助临时性、过渡性的特点，为进一步增强工作的规范性、协同性和实效性，按照普惠加优待的原则，《意见》规定困难退役军人生活、医疗和住房等救助工作按现行相关规定办理。帮扶援助工作实行一事一批，按照个人申请、乡镇（街道）审核、县级审批的程序办理。遇有紧急情况，则先行帮扶援助再按规定补齐审核审批手续。具体看：

一是在个人申请方面。按照方便、就近的工作思路，《意见》规定，一般由符合条件的对象本人书面向所在乡镇人民政府（街道办事处）退役军人服务站提出申请。没有单独建立服务站的，可向负责退役军人工作的工作人员提出申请。本人因行动不便、精神障碍等原因不能自行申请的，其监护人、家属、所在村（居）可代为提出申请。申请时应当按规定如实提交相关资料。

二是在乡镇（街道）审核方面。按照公正公开，接受社会监督的思路，《意见》规定，乡镇人民政府（街道办事处）退役军人服务站应当在村（居）民委员会协助下，对申请人身份、家庭经济状况、困难情形程度、各类救助情况等逐一调查，提出审核意见，并视情在申请人所居住的村（居）公示后，报县级人民政府退役军人事务部门审批。

三是在县级审批方面。为提高工作效率，切实维护困难退役军人合法权益，《意见》规定，县级人民政府退役军人事务部门受理后，可委托县级退役军人服务中心开展信息核实等工作，并应当及时作出审批决定，不予批准的应当书面说明理由。申请人无正当理由以同一事由重复申请的，不予批准。申请人对审批结果有异议的，可向县级人民政府或上一级人民政府退役军人事务部门申请复核。

七、关于帮扶援助的组织保障

围绕确保帮扶援助工作有保障、能落实，《意见》从健全工作机制、加强经费保障、强化服务意识、坚持依法援助 4 个方面明确了保障措施。提出各地要建立健全在政府统一领导下，退役军人事务部门统筹协调，各相关部门各司其职、密切配合的工作机制。各部门要不断创新服务形式，优化服务流程，提升服务效能。安置地要将帮扶援助资金列入财政预算。鼓励有条件的地方设立困难退役军人关爱帮扶基金，拓宽资金保障渠道。同时，为树立正确的政策导向，体现帮扶援助与教育管理并举的思路，对退役军人不遵守法律法规、不支持不配合服务管理工作造成恶劣影响等问题提出了相应惩处措施。

（来源：退役军人事务部
https://www.mva.gov.cn/jiedu/zcjd/201910/t20191021_32637.html）

《伤残抚恤管理办法》政策解读

2019年12月16日，退役军人事务部第1号令公布修订《伤残抚恤管理办法》（以下简称《办法》），自2020年2月1日起施行。现就有关问题予以解读。

一、修订的主要考虑是什么

《伤残抚恤管理办法》是规范伤残认定程序、落实伤残抚恤待遇的基本依据，对加强抚恤工作管理、维护伤残人员合法权益等具有重要作用。

此次修订的主要考虑是：一是适应新修订的《公务员法》，新修订的《公务员法》规定公务员依法参加社会保险，删除了公务员评残的抚恤内容。二是适应新的形势任务，解决原《办法》在执行过程中出现的诸如个别规定不明确、程序不合理、不符合国家“放管服”要求等问题。三是更改行政主体，将民政部门修改为退役军人事务部门。

二、《办法》的适用对象是什么

《办法》第二条规定：本办法适用于符合下列情况的中国公民：

（一）在服役期间因战因公致残退出现役的军人，在服役期间因病评定了残疾等级退出现役的残疾军人；

（二）因战因公负伤时为行政编制的人民警察；

（三）因参战、参加军事演习、军事训练和执行军事勤务致残的预备役人员、民兵、民工以及其他人员；

（四）为维护社会治安同违法犯罪分子进行斗争致残的人员；

（五）为抢救和保护国家财产、人民生命财产致残的人员；

（六）法律、行政法规规定应当由退役军人事务部门负责伤残抚恤的其他人员。

前款所列第（三）、第（四）、第（五）项人员根据《工伤保险条例》

应当认定视同工伤的，不再办理因战、因公伤残抚恤。

三、评残程序做了哪些调整

一是规定没有工作单位的申请人可以直接向户籍地县级人民政府退役军人事务部门提出申请，减少户籍地街道办或者乡镇政府这一审核环节，落实“放管服”要求。

二是明确了致残经过证明、医疗诊断证明、档案记载、原始医疗证明等材料的具体内容，规范认定证明材料。

三是设计制定《残疾等级评定审批表》《残疾等级评定结果告知书》《伤残人员换证补证审批表》《伤残人员关系转移证明》等表格式样，实现全国统一。

四、《办法》从哪些方面加强服务管理

一是将抚恤待遇发放部门、领取待遇资格确认部门统一为户籍地县级人民政府退役军人工作主管部门，同时要求伤残抚恤关系随户籍迁移，明确落实待遇以户籍地为基础。

二是规定伤残人员本人或家属每年与户籍地县级人民政府退役军人事务部门联系一次，确认伤残人员待遇领取资格。

三是依据《军人抚恤优待条例》相关条款，对冒领抚恤金、骗取医药费等费用、骗取抚恤金和相关待遇等行为追究相应责任，强化政策刚性。

（来源：退役军人事务部 https://www.mva.gov.cn/jiedu/zcjd/202103/t20210311_45545.html）

《关于进一步规范退役士兵移交安置工作有关具体问题的通知》政策解读

退役军人事务部、中央军委政治工作部联合印发《关于进一步规范退役士兵移交安置工作有关具体问题的通知》（以下简称《通知》），自 2019 年 12 月 23 日起施行。为帮助大家学习理解《通知》，现就有关问题予以解读。

一、为什么要制定出台《通知》

一方面，是服务国防和军队建设的需要。随着军队各项改革向纵深推进，对加强军地政策制度衔接和工作协同配合提出了更高要求，需要我们在统筹做好顶层设计的同时加强分层对接，全力推进退役军人事务领域治理体系和治理能力现代化。《通知》针对当前军地在移交安置工作中的一些难点、断点问题提出了解决意见，进一步压实了军地责任，增强了刚性约束，加强了业务衔接，对于提升工作的严肃性和协同性，健全军地移交工作机制具有重要作用。

另一方面，是维护退役士兵合法权益的需要。近年来，国家层面围绕退役士兵安置出台了一些法规政策，但由于部分规定比较原则，政策效果没有充分释放；有的地方在具体工作中存在程序不严谨、服务不到位的问题，需要我们坚决贯彻以人民为中心的发展思想，通过规范行政行为，改进服务方式，打通政策落地“最后一公里”，逐步提高服务的精细化、人性化水平。

二、《通知》对哪些具体问题进行了规范

按照于法周延、于兵简便、于事规范的原则，根据《退役士兵安置条例》《关于进一步加强由政府安排工作退役士兵就业安置工作的意见》（退役军人部发〔2018〕27 号）等法规文件精神，《通知》重点对安排工作和

自主就业退役士兵离队报到接收，退役士兵安排工作手续办理，退役士兵放弃安排工作待遇、选择灵活就业的申请程序和相关待遇，“视为放弃安置待遇”和“视为放弃安排工作待遇”退役士兵的认定和管理，退役士兵因特殊情形不能按时报到和办理安排工作手续的处理等5个具体问题作出了明确和规范，并统一了《退役士兵接收安置通知书》等6种文书式样。

三、安排工作和自主就业的退役士兵到地方报到需要注意哪些事项

退役士兵持相关证件按时到安置地退役军人事务部门报到，法律法规有规定，也事关退役士兵切身利益。对此，《通知》结合具体工作需要，进一步细化了报到规定，明确集中移交的安排工作退役士兵应当在《退役士兵接收安置通知书》规定的时间内，自主就业退役士兵和非集中移交的安排工作退役士兵应当自被批准退出现役之日起 30 日内，持退出现役证件、介绍信（集中移交的还应有《退役士兵接收安置通知书》）到安置地退役军人事务部门办理报到登记。

四、军地相关部门在安排工作和自主就业的退役士兵离队报到接收中需要重点做好哪些工作

《通知》更加强调军地协同配合，同向发力，共同做好相关工作；更加强调安置地退役军人事务部门增强服务意识，创新服务举措，提升服务效能。

一是在督促提醒方面，要求部队加强退役士兵离队和择业观教育，联合驻地退役军人事务部门开展政策宣讲，使其知晓退役后的安置待遇、报到规定和违规须承担的责任。安置地退役军人事务部门在收到退役士兵档案后，应当通过告知书形式对临近报到期限但仍未报到的退役士兵进行督促提醒，同时函商其家庭所在乡镇人民政府（街道办事处）退役军人服务站督促退役士兵按时报到。

二是在档案交接方面，规定集中移交的安排工作退役士兵档案由军队各大单位兵员管理部门按规定移交省级人民政府退役军人事务部门；自主就业退役士兵和非集中移交的安排工作退役士兵的档案，一般由部队师（旅）、团级单位在士兵退役之日起 20 日内邮寄至安置地退役军人事务部门。档案移交时，所在单位应当按照《军队档案条例》有关规定，留存退役士兵档案的数字复制件。安置地退役军人事务部门应当在收到退役士兵档案后的 20 日内，将《退役士兵档案转递通知单回执》寄回部队师（旅）、团级单位兵员管理部门。

三是在组织接收方面，提出安置地退役军人事务部门要与退役士兵逐人面谈了解其服役经历等情况，并填写留存本人基本信息和联系电话；对本人情况与档案记载明显不相符的，以及退役士兵反映与原服役部队有遗留问题未解决的，应与相关部队核实商议达成一致意见后按实际情况处理。

四是在做好相关服务方面，要求安置地退役军人事务部门发挥牵头作用，主动协调相关部门为退役士兵提供优质服务。在退役士兵集中报到时段，通过设置专门窗口，开展“一站式”服务，方便退役士兵办理落户、党（团）组织关系转接、社会保险关系接续、预备役登记等手续；通过举办适应性培训、发放宣传资料、现场讲解答疑等方式，帮助退役士兵了解安置政策、程序和就业形势。

五、对退役士兵办理安排工作手续作了哪些规范

《通知》在强调做好组织管理的前提下，重点对办理分配和上岗手续两个环节进行了规范：明确对按时前来办理分配手续的退役士兵，安置地退役军人事务部门应当面开具《退役士兵安排工作介绍信》，并据实填写办理日期，按规定向接收单位移交《退役士兵安排工作登记卡》和退役士兵档案材料。退役士兵应当持《退役士兵安排工作介绍信》在规定的时间内到接收单位办理上岗手续。接收单位应当在退役军人事务部门开出《退役士兵安排工作介绍信》1 个月内安排退役士兵上岗，并在退役士兵办理上岗手续时填写《退役士兵安排工作登记卡》，加盖公章后及时回传安置地退役军人事务部门。年度安排工作结束后，接收单位应当向安置地退役军人事务部门报送接收安置工作情况和《退役士兵安排工作登记卡》原件一份（另份单位留存）。同时，《通知》还对退役士兵未按时办理分配和上岗手续的情况提出了处理意见，并要求安置地退役军人事务部门做好相关督促提醒工作。

六、安置地退役军人事务部门在接收安置的哪些环节要加大对退役士兵的督促提醒

《通知》主要对以下三个环节作了明确。

一是报到环节。规定安置地退役军人事务部门在收到退役士兵档案后，应当通过告知书形式对临近报到期限但仍未报到的退役士兵进行督促提醒，同时函商其家庭所在乡镇人民政府（街道办事处）退役军人服务站督促退役士兵按时报到。

二是办理分配手续环节。规定安排工作退役士兵的接收单位确定后，安置地退役军人事务部门应当及时书面通知退役士兵办理分配手续，明确办理时限和要求。对未按时前来办理手续的，安置地退役军人事务部门应当出具告知书督促，同时明确其无正当理由超过告知书规定办理时限 15 个工作日的，将单方面开具《退役士兵安排工作介绍信》。

三是办理上岗手续环节。规定安置地退役军人事务部门根据接收单位提供的信息，对临近《退役士兵安排工作介绍信》开出 15 个工作日仍未到接收单位办理上岗手续的退役士兵，再次给予督促。

七、由政府安排工作的退役士兵如何申请办理灵活就业

《关于进一步加强由政府安排工作退役士兵就业安置工作的意见》规定，选择由政府安排工作的退役士兵回到地方后又放弃安排工作待遇的，经本人申请确认后允许灵活就业，由安置地人民政府有关部门按照其在部队选择自主就业应领取的一次性退役金和地方一次性经济补助金之和的 80%，发给一次性就业补助金。

为增强政策的操作性，维护退役士兵的合法权益，《通知》对相关申请办理程序等作了规范。从时间选择看，《通知》明确为“确认选岗前”，以便在给选择灵活就业退役士兵充分考虑时间的同时兼顾保障其他安排工作退役士兵的权益。若选岗结束后再选择，容易造成安置岗位浪费，对其他按序选岗的退役士兵而言有失公允。从具体环节看，《通知》通过本人书面申请、签订协议书等，保障退役士兵的自愿选择权。从待遇兑现看，《通知》强调一次性就业补助金发放原则上与年度安排工作同步完成，因资金预算等原因确须延至下一年度发放的，应当向退役士兵说明情况，并于下一年度 12 月底前付清。灵活就业的退役士兵可按规定享受扶持自主就业退役士兵就业创业的各项优惠政策。

八、“视为放弃安置待遇”和“视为放弃安排工作待遇”的认定管理中需要注意什么

《退役士兵安置条例》第十七条规定，退役士兵无正当理由不按规定时间报到超过 30 天的，视为放弃安置待遇。《退役士兵安置条例》第四十条和《关于进一步加强由政府安排工作退役士兵就业安置工作的意见》规定，由政府安排工作退役士兵无正当理由自开出安置介绍信 15 个工作日内拒不服从安置地人民政府安排工作的，视为放弃安排工作待遇。

据此，《通知》对“视为放弃安置待遇”和“视为放弃安排工作待遇”的认定和管理作了细化。具体工作中，需要注意以下三个方面。

一是严守认定条件。安置地退役军人事务部门要本着对退役士兵负责的态度，依法依规严格认定，切实做好报到和安排工作手续办理的事前提醒和督促，严禁擅自扩大范围和更改条件。

二是规范工作程序。安置地退役军人事务部门应当书面告知本人，并以适当形式在一定范围内向社会公开。年度安置工作结束后，应当逐级报至省级人民政府退役军人事务部门备案。

三是其他有关事项。退役士兵认为退役军人事务部门的认定工作侵犯其合法权益的，可以依法申请行政复议或提起行政诉讼。“视为放弃安置待遇”和“视为放弃安排工作待遇”的退役士兵，在补办报到等手续后，可享受扶持退役军人就业创业的优惠政策，其档案按照当地自主就业退役士兵档案管理规定办理。

九、退役士兵因特殊情形不能按时报到和办理安排工作手续时如何处理

退役士兵因突发重大疾病、发生事故等不能按时到地方报到或办理安排工作手续的情况，虽属特例，但对退役士兵乃至家庭都会产生较大影响。对于此类情况，《通知》要求各有关方应当给予关心关爱，在工作中加强相互协作，一人一案进行研究解决。对于退役士兵在规定的到地方报到期限内，因上述原因不能按时报到的，由原部队根据实际情况按照有关规定予以处理。其中，离队前由原部队、离队后由退役士兵本人或家属，在规定的报到期限内向安置地退役军人事务部门书面说明情况，申请延期。超过延期时间确实无法到地方报到的，由军地协商达成一致意见后，按实际情况妥善处理。对于退役士兵按规定到安置地退役军人事务部门报到后，在规定的到接收单位办理上岗手续期限前，出现上述情况的，由退役士兵本人或家属在规定的办理安排工作手续期限内向安置地退役军人事务部门、接收单位分别书面说明情况，申请延期。超过延期时间确实无法办理安排工作手续的，由安置地退役军人事务部门根据实际情况按照相关规定予以处理。申请延期时间一般不超过 30 日。

（来源：退役军人事务部
https://www.mva.gov.cn/jiedu/zcjd/202001/t20200108_34602.html）

《关于加强军人军属、退役军人和其他优抚对象优待工作的意见》政策解读

一、关于《意见》出台的背景

为深入贯彻落实习近平总书记关于退役军人工作重要论述精神，着眼长远建立优待工作体系，努力让优抚对象受到全社会尊重、让军人成为全社会尊崇的职业，退役军人事务部在充分研究论证、广泛征求意见、对标相关政策、反复修改评估的基础上，经中央领导同志同意，与中央宣传部、国家发展改革委等 20 个部门联合印发《关于加强军人军属、退役军人和其他优抚对象优待工作的意见》（以下简称《意见》）。

二、关于《意见》出台的重要性

《意见》的出台，能更好地落实中央决策部署，体现党和政府对军人军属、退役军人和其他优抚对象的关心关爱，对于维护军人军属合法权益、形成拥军优属的价值导向和浓厚社会氛围具有积极正向作用。

一是明确了优待工作的原则，坚持现役与退役衔接、优待与贡献匹配、关爱与管理结合、当前与长远统筹等 4 项原则，立足当前国家经济社会发展实际，尽力而为、量力而行，规范细化优待条件和内容。

二是搭建了优待工作的整体框架，明确指导思想和基本原则，整合现行较为零散的优待政策，形成针对全体优抚对象的社会优待政策体系，健全了管理机制，为今后一个时期的优待工作提供了遵循和方向。

三是初步确立了优待目录清单，在全国层面统一优待政策和目录清单的同时，又为地方逐步拓展优待领域，丰富优待内容留下一定空间。

四是更加注重精神褒扬和激励，如优先聘请优秀优抚对象担任编外辅导员、讲解员等；倡导利用大型集会、赛事播报，航班、车船及机场、车站、码头的广播视频等载体和形式，宣传优抚对象中优秀典型的先进事迹。

五是与贡献匹配的优待得到体现，综合考虑优抚对象为国防和军队建设所作贡献，给予相应优待，树立贡献越大优待越多的鲜明导向，促进优待工作更加科学规范。

三、关于《意见》的主要内容

《意见》共分 4 部分，16 项内容。

一是把握指导思想和基本原则。明确了优待工作的指导思想和坚持现役与退役衔接、优待与贡献匹配、关爱与管理结合、当前与长远统筹的主要原则。

二是规范优待内容。提出了荣誉、生活、养老、医疗、住房、教育、文化、交通和其他优待等 8 个方面的优待内容；在兼顾普惠与贡献的基础上，统筹设计优抚对象的优待项目，明确了不同对象的基本优待目录清单。

三是健全管理机制。建立优待证和优待期限等制度，制定管理办法。优待目录清单根据经济社会发展和优待工作实际需要适时调整。完善奖惩措施，建立能进能出的制度措施。

四是加强组织领导。对压实工作责任、严密组织实施、强化教育引导等提出相关要求，推动政策落地见效。

四、关于《意见》的创新举措

《意见》提出一系列创新举措。如，在荣誉激励方面，将服现役期间荣获个人二等功以上奖励的现役军人、退役军人名录载入地方志；对个人立功、获得荣誉称号或勋章的现役军人，给其家庭送喜报。在养老方面，国家兴办的光荣院、优抚医院对荣获个人二等功以上奖励现役军人的父母等优抚对象，优先服务并减免相关费用。在医疗方面，明确本地区医疗优待定点服务机构，开通优先窗口，提供优先服务；优抚医院为部分优抚对象免收相关费用，提供优惠体检。在文化交通方面，博物馆、纪念馆、美术馆等公共文化设施和实行政府定价或指导价管理的公园、展览馆、名胜古迹、景区，对现役军人、残疾军人、“三属”、现役军人家属按规定提供减免门票等优待。现役军人、残疾军人免费乘坐市内公共汽车、电车和轨道交通工具；“三属”乘坐境内运行的火车、轮船、客运班车以及民航班机时，可使用优先通道。

五、关于优待目录清单

基本优待目录清单分为现役军人、现役军人家属、残疾军人、退役军人、“三属”5类，共计116条。围绕8个方面优待内容，进一步细化明确，便于各地执行操作。目录清单是开放性的，各地可在优待内容、范围、标准等方面开拓创新，随着经济社会发展不断调整充实。

六、关于落实工作的保障

为确保《意见》落地落实，《意见》明确要求在压实工作责任、严密组织实施、强化教育引导3个方面做好保障：要切实提高政治站位，加强组织领导，建立联动机制，明确责任分工，充分调动社会力量参与，形成统筹推进、分工负责、齐抓共建的良好工作格局；要列支相关经费，对优惠项目予以补贴，把优待政策落实情况纳入年度工作绩效考评范畴，作为参加双拥模范城（县）、模范单位和个人评选的重要条件，作为文明城市、文明单位评选和社会信用评价的重要依据；要建立工作目标责任制，明确标准、细化举措，制定路线图、时间表，做到各项工作任务有部署、有督促、有总结。

（来源：退役军人事务部
https://www.mva.gov.cn/jiedu/zcjd/202001/t20200114_34671.html）

退役军人事务部解读：新冠肺炎疫情防控牺牲人员烈士褒扬工作如何做

2020 年 2 月 16 日，退役军人事务部、中央军委政治工作部联合印发《关于妥善做好新冠肺炎疫情防控牺牲人员烈士褒扬工作的通知》，要求各地各部门妥善做好因疫情防控牺牲人员烈士褒扬工作，符合烈士评定（批准）条件的人员，应评定（批准）为烈士。那么，此次印发的《通知》考量因素有哪些？烈士评定有何标准及执行方案？退役军人事务部相关负责人 20 日接受人民网专访，围绕这些问题进行了解读。

明确烈士评定范围，有针对性部署工作程序

问：退役军人事务部、中央军委政治工作部联合印发《关于妥善做好新冠肺炎疫情防控牺牲人员烈士褒扬工作的通知》，请介绍一下出台这个通知的背景？目前是否有新冠肺炎疫情防控牺牲人员评定为烈士的具体标准和执行方案？

答：在坚决打赢新冠肺炎疫情阻击战中，军民合力，上下同心，众志成城，同舟共济，广大干部群众尤其是医务人员和防疫工作者舍弃个人安危，敢于担当，勇于作为，英勇奋战在防控工作第一线，有的同志不幸牺牲。他们这种不顾个人安危、舍己救人的精神应予大力褒扬，符合烈士评定（批准）条件的人员，应评定（批准）为烈士。

此次印发的《通知》对新冠肺炎疫情防控牺牲人员烈士评定（批准）范围进行了明确，并结合疫情防控实际情况，对申报、受理、审核等工作程序进行了有针对性的部署，以确保在当前疫情防控特殊形势下，能够迅速开展疫情防控牺牲人员烈士褒扬工作。目前，退役军人事务部与国家卫健委、军委政工部以及各省（市、区）退役军人事务部门，尤其是湖北省退役军人事务厅保持密切联系，指导相关部门已经按照《通知》要求启动烈士评定（批准）相关工作。

问：2003年抗击疫情防控牺牲人员，是否也有烈士评定的相关工作？

答：2003年防治“非典”期间，民政部专门印发了《关于在防治非典型肺炎斗争中做好烈士审核报批工作的通知》，指导各地、各有关单位做好在防治非典型肺炎斗争中烈士审核报批相关工作。各地、各单位积极落实《通知》要求，已将符合烈士评定（批准）条件的牺牲人员评定（批准）为烈士，如叶欣烈士就是其中之一。

全国的烈士褒扬工作由退役军人事务部负责

问：我国烈士评定（批准）的法规依据有哪些？相关工作会涉及到哪些部门？

答：“烈士”是党和国家授予为国家、社会和人民英勇献身的公民的最高荣誉性称号，烈士评定（批准）是一项严肃的政治工作。目前，我国烈士评定（批准）的法规依据主要有《烈士褒扬条例》和《军人抚恤优待条例》。

根据《烈士褒扬条例》规定，退役军人事务部负责全国的烈士褒扬工作，县级以上地方人民政府退役军人事务部门负责本行政区域的烈士褒扬工作。烈士评定（批准）职责根据人员身份、牺牲情形等分别由省级人民政府、退役军人事务部和军队相关部门等分别承担。地方和军队等相关部门评定的烈士，均要报送退役军人事务部备案，并由退役军人事务部负责将烈士名单呈报党和国家功勋荣誉表彰工作委员会。烈士证书以党和国家功勋荣誉表彰工作委员会办公室名义制发，由县级以上人民政府每年在烈士纪念日举行颁授仪式向烈士遗属颁授。

不断完善政策法规体系，烈士褒扬工作涵盖五个方面

问：退役军人事务部成立以来，在烈士褒扬方面都做了哪些工作？

答：退役军人事务部成立以来关于烈士褒扬纪念工作主要可以分为五个方面：

一是不断完善政策法规体系。配合全国人大法工委制定《中华人民共和国英雄烈士保护法》，编撰出版《英雄烈士保护法释义》，修订《烈士褒扬条例》，落实习近平总书记关于烈士纪念设施保护重要指示精神，起草并推动以中办、国办、军办名义出台《烈士纪念设施规划建设修缮管理维护总体工作方案》；会同外交部、财政部、中央军委政治工作部制定《境外烈士纪念设施保护管理办法》等，一系列政策法规政策的出台，实现了褒扬纪念制度体系法制化规范化。

二是有力提升烈士烈属地位。将英烈保护纳入党和国家功勋荣誉表彰制度体系，设计启用新版《烈士光荣证》，并以党和国家功勋荣誉表彰工作委员会办公室名义制发，在庆祝新中国成立 70 周年之际，指导各地在烈士纪念日举行庄严肃穆的烈士公祭仪式和《烈士光荣证》颁授仪式，进一步提升了“烈士”称号的政治属性和烈士遗属的荣誉感、获得感；

三是全面加强纪念设施保护管理。贯彻落实《烈士纪念设施规划建设修缮管理维护总体工作方案》，充分发挥纪念设施红色教育主阵地作用，全面摸清烈士纪念设施底数；深入推进境外烈士纪念设施修缮保护工作，举行坦赞铁路纪念园和平壤兄弟山等 7 处烈士陵园开工仪式。

四是有力推进烈士遗骸收殓保护工作。会同广西和有关部门全面完成湘江战役红军烈士遗骸发掘收殓和 DNA 鉴定，隆重举行“湘江战役红军烈士遗骸安葬仪式”；国家以最高礼仪庄重迎接第六批在韩志愿军烈士遗骸归国，隆重举行安葬仪式，截止目前共迎回 599 位中国人民志愿军烈士遗骸；开展烈士遗骸 DNA 鉴定，建立数据库，用技术手段确定 6 位志愿军烈士身份和亲属情况，隆重举行志愿军烈士认亲仪式，开拓了褒扬纪念工作新领域，实现了新突破。

五是持续开展英烈精神宣传教育活动。联合十部委开展“传承·清明祭英烈”宣传教育活动，会同中宣部在中央电视台“新闻联播”、人民日报重要版面持续开展“为了民族复兴·英雄烈士谱”专题宣传活动，开展

“铭记功勋·致敬英烈——纪念改革开放 40 周年”主题宣传活动，庆祝新中国成立 70 周年，缅怀英烈，举办“丰碑永铸·颂英烈”全国英烈讲解员大赛和书画展览等一系列宣传教育活动，牵头做好“对越自卫反击战 40 年”烈士祭扫组织服务工作，组织中国青年干部代表团等团组赴朝祭扫交流，弘扬英烈精神，传承红色基因，在全社会营造了尊崇烈士、关爱烈属的浓厚氛围。

（来源：人民网-军事频道 http://military.people.com.cn/n1/2020/0326/c1011-31649801.html）

《光荣院管理办法》政策解读

2020 年 4 月 10 日，退役军人事务部第 3 号令公布修订《光荣院管理办法》（以下简称《办法》），自 2020 年 6 月 1 日起施行。现就有关问题予以解读。

一、为什么要修订《办法》

光荣院是国家集中供养孤老和生活不能自理的抚恤优待对象，并对其实行特殊保障的优抚事业单位。修订《办法》的主要目的是进一步加强光荣院管理工作，解决光荣院管理中出现的供养对象不足、发展活力欠缺等问题。《办法》从多个方面推出养老优待新举措，施行后，所有优抚对象均可按规定申请享受光荣院相关服务。

二、新增哪些优惠

《办法》修订后切实加大了对集中供养对象的优惠力度，一是取消“集中供养对象的定期抚恤金、补助金由光荣院统一管理使用”的规定；二是明确“光荣院结合实际视情免除相关费用”，确保集中供养对象得到更多实惠。

三、服务对象范围有哪些调整

《办法》扩大了服务对象范围，在原有集中供养对象基础上新增了优惠服务和优待服务对象，使更多的优抚对象可享受光荣院优惠及优待服务。

四、申请流程有哪些变化

《办法》优化了光荣院申请入院流程，本人可通过户籍地村（社区）退役军人服务站，或居民委员会（村民委员会）提出申请，实现足不出户办理入住光荣院。

五、对立功受奖军人有哪些优待

《办法》对不同服务对象实施差异化的收费，加大对荣获个人二等功以上奖励的退役军人和荣获个人二等功以上奖励现役军人父母的优惠力度，树立贡献待遇匹配导向。

（来源：退役军人事务部
https://www.mva.gov.cn/jiedu/zcjd/202103/t20210311_45546.html）

换发《残疾军人证》等证件“十问十答”

一、换发《残疾军人证》等证件的主要考虑是什么

一是目前相关抚恤优待职能已由民政部门调整到退役军人事务部门，及时换发证件，能够更好更精准为残疾军人等对象服务。

二是近年来印刷防伪技术有了很大发展，及时换发相关证件，强化防伪技术，提高证件质量，能够更好保障相关对象优待待遇落实及合法权益维护。

二、新证为什么采用本式，而没有采用卡式

一是与卡式证件相比，本式证件具有外观特征鲜明、易于辨识、美观大方等特点，更能体现荣誉激励和社会尊崇。

二是长期以来一直采用本式，本式证件已在社会上尤其是铁路、民航和公交、旅游等部门具有很高识别度，继续沿用利于有关部门和服务网点识别，保证交通、旅游等优待待遇落实。

三是本式证件具有抚恤关系转移等信息变更备注功能，相关变更情况可在证件变更栏中充分显示，更方便查看和掌握。

三、为什么《残疾军人证》沿用了现有名称

在 2004 年换证时，已将《革命伤残人员证》更改为《残疾军人证》，更改原因当时已专门发文(优安函〔2005〕32 号)作了说明。

一是取消“革命”二字，使名称更符合时代特点和法言法语的要求。

二是将“伤残”改为“残疾”，主要是为了与《国防法》保持一致，《国防法》明确规定“国家和社会抚恤优待残疾军人，对残疾军人的生活和医疗给予特别保障。”另外，军人致残既包括因伤致残，也包括因病致残，使用“伤残”无法涵盖病残情形。

四、新证在哪些方面提高了质量

一是证件封皮采用优质纸基充皮纸，封皮材料环保、可降解，不含对人体有害物质。

二是证件内页采用高安全防伪纸，不含荧光增白剂，具有明显防伪特征。

三是在印刷工艺上，采用了纽索底纹、彩虹印刷、双色套印等先进技术。

四是植入高频、超高频两种芯片，适应当前信息技术发展要求，为将来拓展应用留足空间。

五、新证采用了哪些防伪技术

主要采用了荧光纤维、固定水印、安全线防伪、团花设计、无色荧光图案、光变油墨、手绘图案等 10 余种纸张和印刷等防伪技术，可有效防止证件造假，更好维护服务对象合法权益。

六、新证为什么取消了“残疾情况”记录栏目

主要是为了更好地保护残疾人员的隐私权，更加人性化。另外，“残疾情况”已在残疾人员评残档案中详细记载，无需在证件上显示。

七、证件换发时间等是如何规定的

新证换发工作自 2020 年 8 月 1 日开始，至 2021 年 7 月 31 日结束。换证期间，新旧证件均有效。从 2021 年 8 月 1 日起，旧证作废。

为不影响残疾人员按规定享受交通、旅游等优待，本次换证采取以旧证换新证的方式进行。残疾人员持旧证和个人照片(4 张 2 寸近期正面免冠白底彩色证件照片；人民警察须着制式常服)到县级人民政府退役军人事务部门申请换证，退役军人事务部门审核之后暂不收取旧证，待申请人领取新证时再将旧证收回。在异地工作、生活的残疾人员，应在残疾抚恤关系所在地换发证件。

八、行动不便的残疾人员如何换证

退役军人事务部下发的《关于换发〈残疾军人证〉等证件的通知》，明确要求各地退役军人事务部门要强化服务意识，改进工作作风，组织基层工作人员主动与服务对象联系对接，对行动不便的残疾人员要登门温馨服务，确保把好事办好。

九、凭《残疾军人证》主要享受哪些社会优待

《残疾军人证》作为残疾军人享受优待的有效凭证，在交通、旅游方面使用率较高，主要优待为：免费乘坐市内公共汽车、电车和轨道交通工具；乘坐境内运行的火车、轮船、长途公共汽车和民航班机享受减收正常票价 50%的优惠；博物馆、纪念馆、美术馆等公共文化设施和实行政府定价或指导价管理的公园、展览馆、名胜古迹、景区，按规定减免门票。另外，残疾军人还可以按规定在本地医疗优待定点服务机构，以及在境内购买车(船)票或值机、安检、乘车(船、机)时享受优先服务。

伤残人民警察凭《伤残人民警察证》与残疾军人享受同样的优待。

十、残疾军人退出现役后应何时转移残疾抚恤关系

按照有关规定，残疾军人退役或者向政府移交，必须自军队办理了退役手续或者移交手续后 60 日内，向户籍迁入地的县级人民政府退役军人事务部门申请转入抚恤关系，转移关系按照相关政策规定执行。

（来源：退役军人事务部
https://www.mva.gov.cn/jiedu/zcjd/202007/t20200723_41173.html）

《关于做好烈士亲属异地祭扫组织服务工作的意见》政策解读

退役军人事务部、公安部、财政部、交通运输部、文化和旅游部等 5 部门联合印发《关于做好烈士亲属异地祭扫组织服务工作的意见》（以下简称《意见》），对做好烈士亲属异地祭扫组织服务工作作出明确规定。

为什么要出台《意见》？哪些烈士亲属符合异地祭扫组织保障范围？有哪些组织服务方式？可享受哪些服务保障？办理流程是什么样的？请看有关解读：

一、请问《意见》出台的主要考虑是什么

由于历史等原因，许多革命战争年代牺牲的烈士没有安葬在其亲属户籍所在地或者常住地。近年来，烈士亲属到异地祭扫烈士的愿望越来越强烈。据统计，2019 年清明假期三天，前往各地烈士纪念设施祭扫的烈士亲属约 15 万人，其中绝大多数是跨区域祭扫的烈士亲属。

所以，做好烈士亲属异地祭扫组织服务工作，满足烈士亲属缅怀纪念需求，是新时代烈士褒扬工作的重要内容，是政府和社会各界的共同责任，对大力弘扬英烈精神、关心关爱烈士亲属具有重要意义。

党中央高度重视英烈褒扬工作，习近平总书记等中央领导同志多次就尊重关心烈属作出重要指示。《意见》的出台，是贯彻落实党中央、国务院部署要求的实际举措，有利于建立健全异地祭扫长效工作机制，规范组织服务工作，在全社会树立缅怀英烈、尊重烈属的良好风尚。

二、十六年前，云南省嵩明县烈士母亲赵斗兰多年后才前往边境烈士陵园祭扫烈士儿子赵占英的视频和照片引起社会广泛关注，《意见》出台后是不是就可以很好解决这类问题了

针对烈士亲属异地祭扫，有关部门一直高度关注，2010 年国家就曾经出台过相关政策，可以基本解决赵斗兰母亲等类似的需求。但随着形势的发展，相关规定已不能满足烈士亲属的祭扫意愿和实际工作需要。《意见》的出台就是以需求为导向，适应新时代异地祭扫工作发展需要，切实做好烈士亲属异地祭扫组织服务工作，保障好、实现好烈士亲属权益。《意见》在祭扫服务对象、组织祭扫频率、经费保障标准、审核办理流程及相关证明文件样式等方面进行了规范和明确，为有困难的烈士亲属解决出行和费用方面的难题提供了政策依据。相信随着《意见》的执行，烈士亲属“祭扫难”的问题能得到根本解决。

三、《意见》关于异地祭扫范围有何新规定

《意见》明确，因烈士未安葬在其亲属户籍所在地或者常住地省份，烈士亲属前往烈士安葬地或者纪念地省份开展祭扫纪念活动的，各地按规定提供服务保障。对比此前制度，有两方面政策突破：一是明确了“安葬地”的概念，指出“安葬地是指烈士墓或者骨灰存放处”，烈士墓包括单体墓和合葬墓，但不包括衣冠冢；二是增加了“纪念地”的概念，充分考虑安葬在境外或在境内无明确安葬地的烈士情况，指出“在我国境内无明确安葬地的，可就近选择一处专门纪念烈士的纪念堂馆、碑亭、塔祠、塑像或者篆刻烈士姓名的烈士英名墙作为纪念地”。

四、《意见》规定保障的异地祭扫组织服务对象包括哪些烈士亲属

《意见》规定“异地祭扫组织服务对象包括烈士的父母（抚养人）、配偶、子女、兄弟姐妹，如确无上述人员的，可包括祖父母、外祖父母、孙子女、外孙子女、女婿、儿媳、公、婆、岳父、岳母等”。对比原制度，该规定适度扩大了适用范围，充分考虑到无父母（抚养人）、配偶、子女、兄弟姐妹的情况，更加体现人文关怀，从政策层面加大了对烈属的关心关爱力度。

五、烈士亲属异地祭扫的组织服务方式有哪些

《意见》明确了“组织祭扫”和“自行祭扫”两种方式，符合条件的烈士亲属可以自行选择祭扫方式，均享受相应服务保障。对比此前制度，一方面是提高了祭扫频率，从“每三年一次”调整为“每年一次”， 同行人员不超过三人，更加符合祭扫习俗，基本能够满足烈士亲属的祭扫需求；另一方面是考虑到部分烈士亲属年岁较大或者身有残疾、体弱多病的情况，明确需自行安排 1 名身体健康的亲属陪同祭扫。

六、烈士亲属异地祭扫期间可享受哪些组织服务保障

《意见》明确了烈士亲属异地祭扫的组织保障标准，针对参与组织祭扫的烈士亲属，由负责组织的县级以上人民政府退役军人事务部门承担省际城市间交通及食宿费，由烈士安葬地或者纪念地县级人民政府退役军人事务部门承担当地交通及食宿费；针对自行祭扫的烈士亲属，祭扫回程后凭“烈士亲属异地祭扫介绍信”回执，由户籍所在地或者常住地县级人民政府退役军人事务部门按照当地机关工作人员国内差旅费处级及以下标准给予定额补助。其中，省际城市间交通费按照火车票标准计算，食宿及当地交通费按照 3 天计算。保障主体和保障标准的明确，可较好地解决此前各地操作过程中不规范、不统一的情况。

七、烈士亲属异地祭扫期间还可享受哪些优先优惠政策

《意见》规定了烈士亲属异地祭扫期间在交通出行和文化服务方面的优先优惠政策。交通出行方面，异地祭扫的烈士亲属在祭扫活动期间乘坐交通工具，凭“烈士亲属异地祭扫证明书”或者“烈士亲属异地祭扫介绍信”可优先购票或值机、安检、乘车（船、机），并可使用优先通道（窗口）；祭扫车辆在祭扫活动期间，凭“烈士亲属异地祭扫证明书”或者“烈士亲属异地祭扫介绍信”可优先通行，并优先享受加油、加水和车辆维修等服务。文化服务方面，异地祭扫的烈士亲属，在祭扫活动期间到国有文化文物系统所属博物馆、纪念馆、美术馆等公共文化设施和实行政府定价或指导价管理的公园、展览馆、名胜古迹、景区，凭“烈士亲属异地祭扫证明书”或者“烈士亲属异地祭扫介绍信”享受减免门票优惠政策。

八、请您介绍一下烈士亲属异地祭扫的办理程序

《意见》明确异地祭扫办理程序包括提出申请、制定计划、开具证明、通报信息四个环节。符合条件且有异地祭扫意愿的烈士亲属，每年 8 月 1 日前向户籍所在地或者常住地县级人民政府退役军人事务部门提出下一年度异地祭扫申请，提供相关信息。县级人民政府退役军人事务部门汇总审核祭扫需求，提出下一年度异地祭扫计划，并逐级上报至省级人民政府退役军人事务部门，由省级人民政府退役军人事务部门统筹安排本地区异地祭扫活动。组织祭扫的县级以上人民政府退役军人事务部门，在祭扫活动前统一开具并保管“烈士亲属异地祭扫证明书”；自行祭扫的烈士亲属，由县级人民政府退役军人事务部门审核后开具“烈士亲属异地祭扫介绍信”。

九、《意见》出台后如何部署实施和广为宣传，让政策落地生效呢

首先是健全工作机制、加强部门协同。《意见》要求各地各部门切实加强烈士亲属异地祭扫组织服务工作的组织领导，强化政治责任和使命担当，在地方各级党委和政府的统一领导下，退役军人事务部门统筹协调，公安、财政、交通运输、文化旅游等部门各司其职、分工协作、密切配合。其次，《意见》要求各地结合实际制定具体实施办法和辖区内祭扫规范，切实做好本地区烈士亲属异地祭扫组织服务工作。最后，我们正在以“文明祭扫从我做起，英烈精神代代相传”为主题，制作《文明祭扫宣传手册》、海报和视频，在各级退役军人服务中心（站）和烈士陵园发放，公布优先优惠政策，提倡安全、有序、文明、和谐祭扫。

（来源：退役军人事务部 https://www.mva.gov.cn/jiedu/zcjd/202007/t20200723_41196.html）

权威解读：如何进一步提升移交政府安置的军队离休退休干部服务管理水平

退役军人事务部等 6 部门印发《关于进一步提升移交政府安置的军队离休退休干部服务管理水平的通知》（以下简称《通知》）。

《通知》的出台基于怎样的考虑，确立了什么目标和导向？针对备受军休干部关切的医疗、养老、疗养等方面，《通知》亮出了什么硬核举措？日前，退役军人事务部军休服务管理司有关负责人就相关问题进行解读。

一、关于《通知》的出台背景和意义

军队离退休干部移交政府安置管理，是党中央、国务院和中央军委作出的重大战略决策，是服务军队实现新老交替的必然要求，也是支持国防和军队建设的重要举措。目前，移交政府安置的军队离休退休干部（以下简称“军休干部”）有 24 万多名。近年来，全国军休系统坚持以习近平新时代中国特色社会主义思想为指导，深入贯彻落实习近平总书记关于军休工作的重要指示精神，按照退役军人事务部党组要求，牢固树立以军休干部为中心的理念，采取有力措施，加大工作力度，推动军休工作创新发展，有力保障军休干部安享幸福生活。

但从实际工作看，还存在服务供给不平衡不充分、服务管理手段单一、社会化服务程度不高等问题，亟需适应新形势新要求，为做好军休工作提供政策支持。为此，退役军人事务部会同有关部门出台《通知》，目的是与时代接轨，与社会接轨，推动服务管理保障模式创新发展，全面提升军休服务管理水平。

二、关于加强军休干部思想政治引领工作

突出军休干部的思想政治工作，填补政策空白，是《通知》的一个鲜明特点。《通知》对落实军休干部阅读文件、参加重要会议、重大活动、参观见学等制度提出新要求，适应军休干部党员居住生活特点，对按规定设置基层党组织、落实“三会一课”等制度、加大组织活动支持力度以及党员管理等作出了新规定。动员军休干部发挥政治优势、经验优势、威望优势、专业优势，讲好时代故事，传承红色基因，投身公益和志愿服务活动，为党和人民事业作出新贡献。

三、关于保障军休干部养老就餐出行等举措

“养老难”“就餐难”“出行难”等，近年来军休干部比较关注的诉求，在《通知》中得到很好回应。《通知》明确，采取对接多元化养老服务资源、自办、引入或签约外卖配送，搭建网上约车服务平台等方式，扩大服务供给，为军休干部尤其失能、失智、独居、空巢等重点人员提供便捷优质优惠的保障。这些规定，适应了社会化服务方向，回应了军休干部关切，为解决军休干部急难愁盼问题提供了政策支撑。

四、关于军休干部医疗健康服务优先

针对提升军休干部医疗健康服务，《通知》首次以文件形式规定，军休干部到军队医院看病，可在挂号、就诊、检查、治疗、取药、入院等方面享有与同职级现役军人同等水平的优先，以及就诊场所、病房条件优待。规定军休干部每年健康体检 1 次。鼓励地方医疗卫生机构在军休干部集中居住区域设置医疗点，解决军休干部打针拿药难的问题。

五、关于建立军休干部荣誉疗养制度

着眼营造崇尚英雄、学习英雄、关爱英雄的浓厚氛围，《通知》首次提出在国家层面建立军休干部荣誉疗养制度，要求地市级及以上人民政府退役军人事务部门同步建立军休干部荣誉疗养制度，并对参加人员、组织方式、疗养内容作出具体规定，丰富了尊崇政治内涵，填补了现行政策空白。

六、关于拓宽军休服务渠道

统筹军队和地方老干部休养资源，《通知》首次提出建立军地“休养

资源共享、文化活动共建”机制，协调地方管理的老干部活动场所和军队建设的离退休干部活动场所对军休干部开放。这一规定，有利于融通军队和地方各类军休服务资源，促进军地老干部工作融合发展。针对军休资源不均衡问题，要求各地采取多种方式盘活机构用房资源。

七、关于加大军休机构监督力度

《通知》强调，加大对军休机构检查督导力度，将军休服务管理工作纳入退役军人事务核查督办范围，以及双拥模范城（县）评比表彰等考评体系。同时，建立以军休干部满意度为主要内容的服务管理工作评价体系，突出对军休机构主要负责人的考评。这些规定，有利于激发军休机构和人员的工作活力，增强服务动力。

八、关于下一步将开展的工作

各地要充分认识军休干部服务管理工作的重要意义，切实提高政治站位，根据通知精神，结合本地区实际，制定配套措施和办法，明确责任分工，加强协调配合，确保各项工作落地落实。

（来源：退役军人事务部
https://www.mva.gov.cn/sy/xx/bnxx/202011/t20201109_43077.html）

《立功受奖军人家庭送喜报工作办法》政策解读

退役军人事务部、中央军委政治工作部、中央军委国防动员部联合印发《立功受奖军人家庭送喜报工作办法》（以下简称《办法》），于2020年12月21日起施行。为推动政策落实，有关方面负责人于2020年12月24日接受了新华社记者专访，予以解读。

问：为什么出台《办法》

答：送喜报工作发源于革命战争年代，曾极大激发了我军指战员奋勇杀敌的高昂士气。做好继承和发展，有利于发扬优良传统、服务部队备战打仗。

近年来，各地广泛开展送喜报活动，取得良好效果。但是，随着工作的深入、形势的变化，送喜报工作需要进一步规范，确保把好事办好。

《办法》明确了送喜报工作原则和军地职责分工，规范了寄送流程、送达仪式、待遇落实等方面的要求，对做好送喜报工作具有重要意义。

问：喜报送给谁

答：根据《办法》，喜报是现役军人荣获由军队授予个人的八一勋章、荣誉称号、一等功、二等功、三等功等奖励后，将这一喜讯报送给其家庭的书面文帖。送喜报地址为立功受奖军人指定的一处家庭住址，原则上为父母、配偶或者实际抚养人家庭住址。

军队文职人员和参战、支前的预备役人员立功受奖的，参照《办法》实施。

问：喜报谁来送

答：根据《办法》，喜报由立功受奖军人家庭所在地退役军人事务部门和人民武装部有关同志共同送达。

对荣获八一勋章、荣誉称号的，由省级人民政府退役军人事务部门负责同志和省军区（卫戍区、警备区）负责同志为其家庭送喜报。

对荣获一等功的，由地（市）级人民政府退役军人事务部门负责同志和军分区（警备区）负责同志为其家庭送喜报。

对荣获二等功的，由县级人民政府退役军人事务部门主要负责同志和县（市、区）人民武装部负责同志为其家庭送喜报。

对荣获三等功的，由县级人民政府退役军人事务部门负责同志和县（市、区）人民武装部有关同志为其家庭送喜报。

问：如何送喜报

答：送喜报坚持彰显荣誉、简朴热烈、军地协同、属地负责的原则。送喜报时，应当举行相应送喜报仪式。对于送喜报数量较多、时间较集中的，可以举行集体仪式。

仪式根据实际情况合理安排，可以包括宣读喜报、为立功受奖军人家庭主要成员佩戴绶带或者大红花、送交喜报等环节。

《办法》还提出，送喜报仪式可以邀请立功受奖军人本人和单位代表参加。

问：喜报什么时间要送到

答：立功受奖军人家庭所在地军地有关单位，原则上要在收到喜报和奖励通知书后 20 个工作日内将喜报送至立功受奖军人家庭。

对因家庭成员外出等原因，喜报无法按时送达的，立功受奖军人家庭所在地县级人民政府退役军人事务部门要主动联系协调，商定送达时间。

问：立功受奖军人家庭有什么待遇

答：《办法》明确，各级人民政府退役军人事务部门要落实立功受奖军人家庭有关待遇。

县级人民政府退役军人事务部门要在八一或者春节期间，走访慰问当年度立功受奖军人家庭。建立荣获一等功及以上奖励立功受奖军人家庭走访慰问联系制度，掌握家庭成员情况，确定联系人，及时帮助解决困难。

问：如何抓好送喜报工作的落实

答：《办法》提出，军队有关单位和省级人民政府退役军人事务部门要对送喜报工作进行指导和检查督促，确保送喜报工作落实到位。

（来源：新华社，记者梅世雄

http://www.xinhuanet.com/mil/2020-12/24/c_1210945807.htm）

《关于加强退役军人司法救助工作的意见》解读

中共中央政法委员会、最高人民法院、最高人民检察院、公安部、司法部、退役军人事务部联合印发《关于加强退役军人司法救助工作的意见》（以下简称《意见》）。为深化认识理解，针对性做好退役军人司法救助工作，有效维护退役军人合法权益，推动政策落实落地，现予解读。

一、关于出台《意见》的主要考虑

党中央、国务院对困难群众兜底保障工作高度重视。习近平总书记强调，要坚持以人民为中心的发展思想，扎实做好保障和改善民生工作，实实在在帮助群众解决实际困难，兜住民生底线。退役军人保障法规定，国家建立退役军人帮扶援助机制。贯彻落实党中央有关决策部署，需要各级各有关部门以高度的政治自觉、责任担当和专业精神，创造性地做好困难退役军人帮扶援助工作，切实让他们共享成果、得到实惠、受到尊重。

司法救助是困难退役军人帮扶工作的重要内容，对依法解决退役军人在法律诉讼中面临的急迫困难、维护退役军人合法权益、促进社会和谐稳定具有重要意义。近年来，国家有关部门和天津、重庆、浙江等地积极推动退役军人司法救助、法律帮扶工作，探索积累了一些实践经验。最高人民检察院连续两年将退役军人司法救助内容纳入全国人民代表大会审议的年度工作报告。各级人民检察院主动对接退役军人事务部门，建立工作联动机制，对遭受不法侵害的退役军人和军人军属，及时给予司法救助，产生了良好社会反响。结合有关部门和部分地区探索积累的经验，有必要根据新的形势和要求，制定规范性文件，进一步做好退役军人司法救助工作。

二、关于退役军人司法救助工作的概念界定

根据中央政法委、财政部、最高人民法院、最高人民检察院、公安部、司法部《关于建立完善国家司法救助制度的意见（试行）》，最高人民法院《关于加强和规范人民法院国家司法救助工作的意见》，最高人民检察院、国务院扶贫开发领导小组办公室《关于检察机关国家司法救助工作支持脱贫攻坚的实施意见》等，结合当前国家司法救助工作实践，将退役军人司法救助工作的概念界定为，人民法院、人民检察院、公安机关、司法行政机关在办理案件过程中，对遭受违法犯罪侵害或者民事、行政侵权，无法通过诉讼、仲裁获得有效赔偿、补偿，生活面临急迫困难的退役军人采取的辅助性救济措施。对受到侵害但无法获得有效赔偿的退役军人当事人，由国家给予适当经济资助，帮助他们摆脱生活困难、渡过难关，既彰显党和政府对退役军人的民生关怀和尊崇优待，又有利于实现社会公平正义，促进社会和谐稳定。

三、关于退役军人司法救助工作部门的职责

退役军人司法救助工作主要由党委政法委、人民法院、人民检察院、公安机关、司法行政机关和退役军人事务部门负责推动。《意见》提出，要建立相关部门参加的退役军人司法救助工作机制，加强退役军人司法救助工作，完善政策供给、体现优先尊重，形成救助帮扶合力。同时，明确了各部门在退役军人司法救助工作中的职责。

党委政法委应加强退役军人司法救助工作的协调和指导。

人民法院、人民检察院开展退役军人司法救助工作，应积极与同级有关办案机关和退役军人事务部门对接，引导并帮助其落实待遇保障和帮扶援助政策。对在管辖地有重大影响且救助金额较大的退役军人司法救助案件，上下级法院、检察院可以进行联动救助。

公安机关在办理落户、流动人口登记等行政事项时，为退役军人申请并享受有关政策待遇提供便利条件。

司法行政机关通过运用公共法律服务平台、鼓励律师参与志愿服务等方式，优先为退役军人提供法律咨询、法律援助等公共法律服务，为其申请国家司法救助以及通过法律手段保障自身权益提供法律帮助。

退役军人事务部门应了解核实退役军人面临的实际困难和现实表现，发现符合国家司法救助条件的，及时将其相关信息移送同级办案机关，并积极采取措施落实困难退役军人待遇保障和帮扶援助等相关政策。

四、关于退役军人司法救助工作的主要原则

基于退役军人为国防和军队建设作出的重要贡献，与普通人作为案件当事人相比，《意见》坚持对退役军人优先救助、联动救助、高效救助、精准救助、多元救助的理念，体现兜底线、救急难，要求有关单位加强工作对接、提供便利条件、联合帮扶援助，共同助力退役军人解困。《意见》提出，在开展退役军人司法救助工作中，应当遵循以下原则：

一是坚持辅助性救助。对同一案件的同一救助申请人只进行一次性国家司法救助。对于能够通过诉讼、仲裁获得赔偿、补偿的，应当通过诉讼、仲裁途径解决。

二是坚持公正救助。严格把握救助标准和条件，兼顾退役军人当事人实际情况和同类案件救助数额，做到公平、公正、合理救助，防止因救助不公引发新的矛盾。

三是坚持多元救助。立足济难解困，将退役军人司法救助与社会救助、帮扶援助等相衔接，切实解决退役军人实际困难和问题。

四是坚持优先救助。基于退役军人为国防和军队建设作出的牺牲奉献，对退役军人案件优先受理审查、提供司法救助和法律服务，把党和国家对困难退役军人的关心关爱落到实处，体现尊重优待。

五、关于司法救助的对象范围

鉴于中央政法委、财政部、最高人民法院、最高人民检察院、公安部、司法部《关于建立完善国家司法救助制度的意见（试行）》已对国家司法救助的对象作出了明确规定，《意见》结合当前国家司法救助工作实践，对个别条款内容进行补充完善，将司法救助的对象确定为受到侵害但无法获得有效赔偿的困难退役军人。

退役军人符合下列情形之一的，可依法申请国家司法救助：

（一）刑事案件被害人受到犯罪侵害致重伤或者严重残疾，案件尚未侦破，生活困难的；或者因加害人死亡或没有赔偿能力，无法通过诉讼获得赔偿，造成生活困难的；

（二）刑事案件被害人受到犯罪侵害危及生命，急需救治，无力承担医疗救治费用的；

（三）刑事案件被害人受到犯罪侵害致死，依靠其收入为主要生活来源的近亲属或者其赡养、扶养、抚养的其他人，因加害人死亡或者没有赔偿能力，无法通过诉讼获得赔偿，造成生活困难的；

（四）刑事案件被害人受到犯罪侵害，致使财产遭受重大损失，因加害人死亡或者没有赔偿能力，无法通过诉讼获得赔偿，造成生活困难的；

（五）举报人、证人、鉴定人因举报、作证、鉴定而受到打击报复，致使人身受到伤害或者财产受到重大损失，无法通过诉讼获得赔偿，造成生活困难的；

（六）追索赡养费、扶养费、抚育费等，因被执行人没有履行能力，造成申请执行人生活困难的；

（七）对于因道路交通事故等民事侵权行为以及行政机关及其工作人员的违法侵权行为造成人身伤害，无法通过诉讼、仲裁、保险理赔等方式获得赔偿，造成生活困难的；

（八）根据实际情况，认为需要救助的其他退役军人。

对于退役军人具有以下情形之一的，一般不予司法救助：

（一）对案件发生有重大过错的；

（二）无正当理由，拒绝配合查明案件事实的；

（三）故意作虚伪陈述或者伪造证据，妨害诉讼的；

（四）在诉讼中主动放弃民事赔偿请求或者拒绝加害责任人及其近亲属赔偿的；

（五）生活困难非案件原因所导致的；

（六）已经通过社会救助措施，得到合理补偿、救助的；

（七）法人、其他组织提出的救助申请。

六、关于退役军人司法救助工作的机制建设

为推动退役军人司法救助工作的有序开展，《意见》提出，各级党委政法委、人民法院、人民检察院、公安机关、司法行政机关、退役军人事务部门要建立相关工作机制和制度，更好地维护和保障退役军人合法权益。

一是建立部门联动机制。相关部门要建立常态化沟通协调机制、信息共享及工作会商机制，分别确定相关内设机构具体负责衔接工作和日常事务。

二是建立优先办理机制。办案机关或法律援助机构受理退役军人司法救助或者法律援助申请时，应开辟“绿色通道”，予以优先办理或先行救助处理，并及时向同级退役军人事务部门核实该退役军人相关情况。

三是建立救助效果评估机制。对获得国家司法救助的退役军人，办案机关配合同级退役军人事务部门完善相关台账，开展跟踪、回访，动态了解其获得救助和帮扶援助情况，及时进行司法救助效果评估。

四是建立基层工作衔接机制。加强基层退役军人服务机构与基层政法各单位的工作衔接，建立点对点的退役军人法律帮扶联动工作平台，在法律咨询、法律援助、人民调解、司法调解等方面提供及时、便捷、周到的服务。

七、关于退役军人司法救助工作的政策衔接

当前，退役军人帮扶解困政策措施主要包括民政部门的社会救助、政法各单位的司法救助、退役军人事务部门的帮扶援助、社会力量的关心关爱等。按照保障和改善民生既要尽力而为、又要量力而行，与经济发展相协调、与社会进步相适应的总体要求，为提升综合帮扶、精准帮扶效果，《意见》提出，办案机关和退役军人事务部门应积极推动国家司法救助工作与困难退役军人帮扶援助措施的衔接融合，共同参与和配合做好相关救助工作。对未纳入国家司法救助范围或者获得国家司法救助后仍面临生活困难的，引导鼓励社会各方面力量，采取产业扶持、就业帮扶、教育支持、医疗救助等措施，帮助退役军人早日走出生活困境。

（来源：退役军人事务部
https://www.mva.gov.cn/jiedu/zcjd/202101/t20210106_44156.html）

退役军人事务部就业创业司有关负责人就《关于促进退役军人到开发区就业创业的意见》答记者问

退役军人事务部、国家发展改革委、科技部、财政部、自然资源部、商务部、海关总署、税务总局等 8 部门联合印发《关于促进退役军人到开发区就业创业的意见》（以下简称《意见》）。退役军人事务部就业创业司有关负责人就《意见》相关问题回答了记者提问。

问：如何理解《意见》所称的退役军人和开发区

答：《意见》所称退役军人，特指自主就业退役军人，包括自主择业军转干部、复员干部和自主就业退役士兵等。

《意见》所称开发区，是指经济技术开发区、高新技术产业开发区、海关特殊监管区域等国家级开发区和经济开发区、工业园区、高新技术产业园区等省级开发区，具体可参照《中国开发区审核公告目录》。

问：《意见》出台的主要考虑是什么

答：退役军人是重要的人力资源，是社会主义现代化建设的重要力量。自主就业退役军人回到地方实现稳定就业，是他们服务贡献社会、实现个人价值、分享改革发展成果的主要方式。

我国开发区经过 30 余年发展，在经济和社会发展方面取得了巨大成就，成为我国新型工业化发展的引领区、高水平营商环境的示范区、大众创业万众创新的集聚区、开放经济体制创新的先行区，在吸纳就业和推动创业方面发挥着重要的载体平台作用。引导开发区支持退役军人就业创业，既有利于拓宽自主就业退役军人就业创业渠道，也有助于退役军人在开发区优惠政策支持下，提高就业创业质量和水平。

问：《意见》出台的政策导向是什么

答：一是保障优先优待。引导各方保障退役军人“在同等条件下优先、普惠基础上优待”的权益。

二是注重维护公平。在尊重市场规律和维护就业政策相对公平的前提下，鼓励和扶持退役军人就业创业。

三是坚持因地制宜。考虑到各地发展差异，《意见》提出由各地根据实际情况制定具体举措。

问：《意见》的主要内容有哪些

答：《意见》共 4 章 13 条，主要涉及落实扶持政策、积极促进就业、优化创业环境、加强服务管理等方面。

第一章落实扶持政策，主要强调各方要确保落实现有优惠优待和就业保障政策。

第二章积极促进就业，旨在从开发区及相关范围内，积极拓宽就业渠道和岗位，并加强地方与开发区有关部门的就业信息共享。

第三章优化创业服务，提出引导鼓励政府、社会组织等，加大对退役军人的创业优惠优待和资金扶持。

第四章加强服务管理，提出开发区内对创业退役军人提供支撑服务、优先服务和诚信管理。

（来源：退役军人事务部 https://www.mva.gov.cn/jiedu/zcjd/202102/t20210209_44979.html）

《关于进一步做好义务兵家庭优待金发放工作的通知》政策解读

为规范义务兵家庭优待金发放工作，退役军人事务部、财政部、中央军委国防动员部近日联合印发《关于进一步做好义务兵家庭优待金发放工作的通知》（以下简称《通知》）。现就有关问题予以解读。

一、为什么出台《通知》

优待义务兵家庭是拥军优属工作的重要内容，发放家庭优待金是优待义务兵家庭的具体举措。近年来，各地认真落实相关法律法规要求，积极开展家庭优待金发放工作，取得良好效果。

为落实党中央、国务院、中央军委决策部署和退役军人保障法，退役军人事务部、财政部、中央军委国防动员部联合印发《通知》，规定了家庭优待金发放工作中军地各级相关部门的职责、中央和地方各级财政的分担原则，明确了发放标准、发放流程、发放时间等方面的具体要求，对平衡兵役义务、鼓励青年参军报国、服务部队备战打仗具有积极意义。

二、家庭优待金发放标准如何确定

家庭优待金标准由各省（区、市）参考本省（区、市）城乡居民年人均消费支出水平等因素合理确定，实行城乡统一。各省（区、市）家庭优待金标准，不得低于中央财政定额补助标准，不应高于本省（区、市）上年度城镇居民人均消费支出水平。目前高于上年度城镇居民人均消费支出水平的省（区、市），可维持现有水平，暂不调整。

对入伍大学生义务兵、服役部队驻地在艰苦边远地区（西藏、新疆等）的义务兵家庭可以适当增发家庭优待金。

三、家庭优待金由谁领取

义务兵本人在入伍前应指定家庭优待金领取人。领取人一般为义务兵家庭主要成员。义务兵和领取人须在《义务兵家庭优待金领取人银行卡信息采集表》上共同签字确认。特殊情况下，义务兵本人领取家庭优待金的，应经义务兵本人申请、县级兵役机关核实同意。

四、家庭优待金发放时间如何计算

家庭优待金发放时间从批准入伍时间开始计算，每服满 6 个月义务兵役发放一次，不满 6 个月按 6 个月发放，原则上不超过两年。

因身体条件不合格淘汰退出、提前退役等未服满两年义务兵役的义务兵家庭优待金，战时义务兵的家庭优待金，根据实际服役时间发放。义务兵在服役期间提干、考入军校、提前选改为军士后，不再享受家庭优待金。

故意隐瞒病史或采取非法手段取得入伍资格被注销入伍手续的，以及因违法违纪或拒服兵役等原因被军队除名或开除军籍的义务兵不予发放。

对推后离队的义务兵，推后离队期间的家庭优待金按实际推后月数相应计算发放。

五、家庭优待金由哪个部门负责发放

义务兵家庭优待金由义务兵批准入伍地县级退役军人事务部门，根据当地县级兵役部门提供的领取人相关信息组织发放。

六、相关要求什么时候落实

《通知》要求各地财政部门要会同退役军人事务部门、兵役机关，及时确定或调整本省（区、市）2021 年 1 月之后批准入伍的义务兵的家庭优待金发放标准。省级征兵办公室负责制定下发《义务兵家庭优待金领取人银行卡信息采集表》。

七、如何确保发放到位

《通知》提出各地要提高政治站位，充分认识发放家庭优待金的重要意义，加强组织领导，抓好贯彻落实，确保家庭优待金足额、及时发放，切实发挥家庭优待金的褒扬激励作用。

各级退役军人事务部门、财政部门和兵役机关要加强信息沟通，密切协调配合，形成工作合力，落实落细各项要求。

省级退役军人事务部门要会同财政部门、兵役机关每年组织一次核查，确保政策落实。

（来源：退役军人事务部
https://www.mva.gov.cn/jiedu/zcjd/202102/t20210221_45146.html）

《关于做好国家综合性消防救援队伍面向退役士兵招录消防员工作的通知》政策解读

退役军人事务部办公厅、应急管理部办公厅联合印发《关于做好国家综合性消防救援队伍面向退役士兵招录消防员工作的通知》（以下简称《通知》）。现就有关问题予以解读。

一、为什么出台《通知》

退役军人是重要的人力资源，促进他们实现稳定就业对于更好实现退役军人自身价值、助推经济社会发展意义重大。为拓宽退役士兵就业渠道，提高部分适合退役士兵就业岗位招录退役士兵比例，退役军人事务部与应急管理部积极对接，研究推动国家综合性消防救援队伍面向退役士兵招录消防员工作，制定出台《通知》，进一步加大对退役士兵就业支持力度。

二、《通知》主要推出哪些优惠政策

一是将退役士兵作为消防员的重要招录来源，拿出不少于年度消防员招录总规模的三分之一指标招录退役士兵。

二是开辟专门通道，单列专项计划，将退役士兵就业发展与加强国家综合性消防救援队伍建设相结合。

三是明确国家综合性救援队伍面向退役士兵招录消防员举措办法，在宣传推广、人员招录、档案转接、业务培训等方面明确职责分工，完善招录工作机制。

四是录用后，服现役年限计入工作时间，按有关规定确定衔级职级和工资待遇。原部队任职工作经历作为录用后任职使用重要参考。

三、《通知》中明确的招录对象范围包括哪些

面向对象主要为自主就业退役士兵。其中，将退役士兵年龄放宽至24

周岁，对原在部队从事通信、防化、航空、潜水等专业取得相应资质的，年龄可放宽至 28 周岁，对中共党员、立功受奖、烈士遗属给予优先招录。

四、如何确保《通知》有效落实

坚持“服务队伍、优势互补、制度推动、务实高效”原则，各级应急管理部门与退役军人事务部门建立对接机制，加强信息沟通，严密组织实施，确保形成同向发力、协作互动工作格局，共同完成面向退役士兵招录消防员工作。

（来源：退役军人事务部 https://www.mva.gov.cn/jiedu/zcjd/202108/t20210810_49434.html）

退役军人事务部就业创业司负责人就《退役军人事务部等 16 部门关于促进退役军人投身乡村振兴的指导意见》答记者问

2021 年 8 月 16 日，退役军人事务部、农业农村部、国家发展改革委、教育部、工业和信息化部、财政部、人力资源社会保障部、自然资源部、住房城乡建设部、文化和旅游部、中国人民银行、税务总局、市场监管总局、中国银保监会、全国工商联、国家乡村振兴局等 16 部门联合印发《关于促进退役军人投身乡村振兴的指导意见》（以下简称《意见》）。退役军人事务部就业创业司负责人就《意见》相关问题回答了记者提问。

问：出台《意见》的背景是什么

答：民族要复兴，乡村必振兴。乡村振兴是实现中华民族伟大复兴的一项重大任务。习近平总书记和党中央高度重视乡村振兴，强调要“举全党全社会之力推动乡村振兴”，指出“乡村振兴，人才是关键”，要求引导和鼓励包括退役军人在内的各类人才返乡创业就业，支持乡村发展。今年年初，中办、国办印发《关于加快推进乡村人才振兴的意见》，其中多次提到退役军人，将退役军人作为乡村振兴人才的重要来源，鼓励他们在农村广阔天地大施所能、大展才华、大显身手。在这一背景下，退役军人事务部会同农业农村部、国家发展改革委等部门出台了《关于促进退役军人投身乡村振兴的指导意见》，积极促进退役军人投身乡村振兴，助推农业农村现代化建设。

问：《意见》的主要内容有哪些

答：《意见》包括“扩宽就业渠道”“强化培育赋能”“加强政策支持”“优化服务保障”共 4 部分 13 条。

第一部分明确了引导退役军人投身乡村振兴创业就业的重点方向，包括到乡村重点产业创业就业、领办新型农业经营主体、参与乡村建设和基层治理等，为退役军人“指路”，充分发挥退役军人能吃苦、能创新、能领航的突出特质，在适合岗位、领域就业。

第二部分主要是通过引导参加学历教育、加强涉农类职业技能培训、做好农业创业培训，提升退役军人相关技能，为退役军人“夯基”，使其更好参与乡村振兴、实现人生价值。

第三部分对涉及人、钱、地等多方面的相关政策作了梳理和延伸，通过在财税、金融、生产要素等方面给予支持，为退役军人“助力”，解决退役军人在乡创业就业的困难。

第四部分是做好公共服务、提供配套支持、强化宣传表彰，给退役军人“服务激励”，让退役军人在广大农村舞台创业就业时眼里有路、心里有底、身上有劲。

问：《意见》有哪些突出特点

答：《意见》有 5 方面突出特点：一是战略意义大。积极服务党中央乡村振兴的重大战略和中心工作，立足退役军人这一人力人才资源，推动乡村人才振兴，从而进一步为全面推进乡村振兴、加快农业农村现代化助力。二是覆盖人群多。涉及全部农村籍退役军人和有志返乡入乡的广大退役军人，人数达上千万。三是涉及部门广。《意见》是退役军人事务部成立以来就业创业方面会签部门最多的文件，涉及农业农村部、国家发展改革委等 15 个部门。四是内容生态全。既关联就业、创业、教育、培训、精神激励等就业创业工作全链条，也涵盖产业、项目、资金、税收、土地、用电、社保等涉农发展全要素。五是政策有突破。如引导退役军人从事乡村教师、农业经理人、乡镇人民调解员等职业方面，首次明确“在同等条件下优先聘用”；如在农村整治用地指标使用方面，在原来的统筹安排中，首次突显“优先用于退役军人”；如在相关部门联合选树先进典型及表彰活动中，首次强调“同等条件下优先考虑”退役军人或积极招用退役军人的企业等。

问：《意见》出台有哪些意义

答：退役军人是重要的人力人才资源，是社会主义现代化建设的重要力量。出台《意见》，一方面，能够激励退役军人响应国家号召、投身国家战略，在乡村扎根干事创业、实现人生价值。另一方面，有助于推动农村基层社会治理现代化能力提升，有助于推动农业农村经济社会更快更好发展，有助于推动乡村国防动员能力进一步强化。

（来源：退役军人事务部
https://www.mva.gov.cn/jiedu/zcjd/202108/t20210825_50056.html）

《关于全面做好退役士兵教育培训工作的指导意见》政策解读

2021年9月7日，退役军人事务部、教育部、财政部、人力资源社会保障部和中央军委政治工作部、训练管理部、国防动员部联合印发《关于全面做好退役士兵教育培训工作的指导意见》（以下简称《意见》）。现就有关问题予以解读。

一、为什么要出台《意见》

退役军人事务部组建以来，始终坚持把退役军人教育培训和就业创业工作摆在突出位置，把通过教育培训实现稳定就业作为重要任务，着力加强顶层设计和制度建设，在军地各相关部门大力支持下，取得了明显成效。当前，在立足新发展阶段、贯彻新发展理念、构建新发展格局的形势任务下，进一步改革完善退役军人教育培训政策制度体系的要求十分迫切。

一是落实中央要求。党中央高度重视退役军人教育培训工作，对教育培训工作的各个方面作出一系列明确细致要求，同时，《中华人民共和国退役军人保障法》的出台，也为教育培训工作提供了根本遵循，需要出台政策文件加以落实。

二是适应形势变化。近年来，科教兴国、人才强国、区域发展、乡村振兴等一系列国家战略全面推进，终身教育改革、职业教育改革、职业技能提升行动深化实施，产业升级、技术变革趋势愈发迅疾，为退役军人教育培训工作带来新的发展机遇。另一方面，随着国防和军队改革推向深入，退役士兵整体文化素质提升也对教育培训工作提出新的调整需求。

三是回应基层呼声。一直以来退役士兵教育培训政策在支持鼓励广大退役士兵获取更多学习深造机会，提升综合素质和就业能力方面发挥了积极作用。经过十多年的发展，政策实施情况有了较大变化，基层实践中也面对一些亟需解决的体制机制问题、政策落实问题和发展中的问题，需要以创新举措加以疏解。

二、《意见》能为退役士兵带来哪些政策优惠

一是提供更多学习机会。《中华人民共和国退役军人保障法》第三十二条规定："国家建立学历教育和职业技能培训并行并举的退役军人教育培训体系"。引导士兵走好退役后第一步并在职业发展生涯中持续培养赋能，是实现稳定就业和高质量就业的关键。《意见》提出"建立包括适应性培训、职业技能培训、学历教育和终身学习的教育培训体系"，让退役士兵在接受学历教育和技能培训的同时，能够通过适应性培训快速转变角色、融入社会，能够在职业发展过程中伴随终身学习，全面增加学习机会，有效提升职业能力。

二是给予更全面学习资助。《意见》提出，自 2019 年秋季学期起，对通过全国统一高考或高职分类招考方式考入普通高等学校的全日制在校自主就业退役士兵学生均实行学费减免，实现了退役一年内和一年以上自主就业退役士兵资助待遇相一致，减免最高标准按照《学生资助资金管理办法》规定的本专科生每人每年 8000 元执行。为充分缓解退役士兵的工学矛盾和生活压力，《意见》还提出，全日制在校退役士兵学生全部享受本专科生国家助学金，参加全日制中等职业教育的，按规定享受中等职业教育国家奖助学金和免学费政策。此外，《意见》中提到的由政府部门组织的适应性培训、职业技能培训都是免费的，可以同时享受。

三是保障更多学习选择。为向退役士兵提供更多样、更高质、更可及的培训，《意见》提出，在职业技能培训中引入学历证书＋若干职业技能等级证书制度（1＋X 证书制度）和学分银行制度，鼓励教育培训机构对接共享优质培训资源，纳入更多培训机构，由自主就业退役士兵自主选择。

对于已经就业的退役士兵，《意见》鼓励用人单位定期组织岗位技能提升和知识更新培训，支持就业合作签约企业提供多渠道、多层级、多频次的教育培训。《意见》还提到，建设全国退役士兵网络学习平台，未来，退役士兵可根据自身需要选择在线学习。

三、《意见》对退役士兵的适应性培训有哪些规定

首先，适应性培训的实施主体是各地退役军人事务部门，由省（区、市）退役军人事务部门结合实际统筹安排。

其次，适应性培训要在自主就业退役士兵返乡报到后及时组织实施，培训时长不少于 80 学时。

第三，适应性培训内容包括思想政治和安全保密教育、退役政策及相关法律法规、心理调试、职业指导、人才测评和培训就业推介等。

第四，适应性培训的形式相对灵活，可以是线下集中教学，也可以采用“互联网＋培训”等多种手段。

第五，在培训监管上，要对适应性培训定期评估，确保培训效果。

四、《意见》在退役士兵的职业技能培训方面有哪些创新

一是紧跟国家职业教育改革形势，引入 1＋X 证书制度和国家学分银行制度，建立学习成果认定、积累和转换机制，帮助退役士兵对接更多优质培训资源，鼓励退役士兵获取更多职业技能。

二是加强培训的全流程管理，联网设立退役士兵教育培训台账，加强实名制、规范化管理，实现培训资金省级统筹，实现省域内的异地培训。

三是在培训时长上提出结合培训项目实际，科学设定学时要求，使职业技能培训的组织更加灵活。

四是鼓励各地依托现有资源统筹建立退役军人就业创业园地，实现优势互补、资源共享，发挥引领示范作用。

五是加强承训机构管理，以签订承训合同、定期考核评估为监管抓手，严把培训质量。

五、《意见》对退役士兵的学历教育有哪些政策利好

《意见》对不同学历起点退役军人的学历深造提出了优惠政策。

对于退役大学生士兵，支持复学，可按规定转专业，免修公共体育、军事技能和军事理论等课程，并允许适当延长修业年限。

对于高等职业院校退役士兵学生毕业后继续攻读普通本科、成人本科可按照教育部门有关规定免试入学。

对于本科学历退役士兵学生参加全国硕士研究生招生考试，符合政策条件的可享受加分照顾或免初试优待。

对于初中学历退役士兵学生，其参加中职教育实行注册免试入学。

对于高中学历退役士兵学生，其报考高职院校可参加单独招生，免文化素质考试；符合条件的参加全国普通高考、成人高考，可按规定享受加分照顾。

此外，依托高职扩招专项工作，退役士兵可选择适合就业的行业系统内的高职院校就读，通过签订定向培养协议等方式，实现“入学即入职”。

六、《意见》如何促进退役士兵终身学习

从政策顶层设计上，将退役士兵培训纳入国家终身职业技能培训制度体系，共享政策红利。

从培训实施主体上，鼓励用人单位和签约合作企业为退役士兵提供岗位技能提升和知识更新培训，拓展职业上升空间。

从培训形式上，建设全国退役士兵网络学习平台，开展网络教学、信息推送、职业能力倾向测试、学习台账登记等，面向退役士兵提供在线学习服务。

从培训供给上，建立政府引导、多方参与的网络培训资源共建共享机制，鼓励各类教育培训机构在网络学习平台上发布优质课程、开展线上培训。

七、《意见》如何体现军地协调衔接

明确服役期间的职业技能储备培训和离队前教育的实施主体是军队，要求县级以上地方人民政府退役军人事务部门积极主动配合驻地部队按需开展“送技能进军营”、定期开展“送政策进军营”等活动。

明确退役后的适应性培训、学历教育、职业技能培训和终身学习的实施主体为地方政府部门。

在学历教育方面，提出将士兵服役期间的学历教育和非学历教育学习成果按规定记入国家学分银行，实现退役前后学习成果贯通连续。

在职业能力建设方面，推动军地建立军事专业与职业对应目录和军地职业技能证书衔接机制，士兵在军队获得的部分军事专业资格证书，在退役后就可视作对应的地方职业同级技能证书，具有同等效力，无需重新鉴定评价。

目前，公安部门已经出台了军车驾驶证换领机动车驾驶证便利措施，帮助退役士兵实现“驾龄连续”。

八、《意见》如何落地生效

为促进《意见》落地落实，《意见》进一步明确在退役士兵教育培训工作中军地相关部门职责，各级退役军人事务部门统筹本地退役士兵教育培训工作，加强与各相关部门的分工协作，共同推进政策落实。同时，《意见》提出，注重宣传引导，发挥退役士兵主体作用，鼓励和引导广大退役士兵积极参与，维护好广大退役士兵切实利益。

（来源：退役军人事务部

https://www.mva.gov.cn/jiedu/zcjd/202110/t20211011_51649.html）

《关于加强和改进退役军人人事档案管理利用工作的意见》政策解读

2021年11月9日，退役军人事务部、教育部、财政部、人力资源社会保障部、国家档案局、中央军委政治工作部、中央军委国防动员部联合印发《关于加强和改进退役军人人事档案管理利用工作的意见》（以下简称《意见》）。现就有关问题予以解读。

一、为什么要制定出台《意见》

一是推进退役军人工作高质量发展的需要。贯彻落实习近平总书记关于退役军人工作重要论述，推进工作高质量发展，需要把做好退役军人人事档案管理利用工作作为一项重要基础工程来抓，积极适应军地相关改革，围绕退役军人人事档案管理利用，进一步完善政策措施，健全工作机制，夯实基层基础。

二是维护退役军人合法权益的需要。退役军人人事档案事关退役军人就业安置、待遇核定等切身利益，事关做好退役军人服务保障、安全保密、帮扶援助等具体工作。随着退役军人各项优惠政策的制定出台，退役军人人事档案的价值作用日益凸显，需要及时补齐政策“空白点”，连通工作“衔接点”，有效提升退役军人人事档案服务管理水平。

二、《意见》对哪些具体事项进行了规范

按照于法周延、于事有效的原则，根据《中华人民共和国退役军人保障法》《中华人民共和国档案法》《干部人事档案工作条例》《军队档案条例》等法律法规规定，《意见》重点对明确职责分工、规范档案交接、严格档案审核、实行分类管理、有序转接档案、完善基础设施、建立数字档案、改进日常服务等8个方面进行了明确和规范。

三、退役军人人事档案移交和审核有哪些规定

根据《中华人民共和国退役军人保障法》规定的安置方式，《意见》明确退役军人人事档案由军队相关单位政治工作部门区分转业、逐月领取退役金、复员、自主就业、安排工作、退休、供养等不同安置方式，向退役军人事务部门和相关部门进行移交，并要求退役军人人事档案转递按规定通过机要渠道邮寄或派专人取送，严禁由退役军人本人自行携带。同时，《意见》对军人退役时军队相关单位整档审核以及退役军人事务部门和相关部门接收人事档案后的审档分别提出了要求，确保档案真实准确、军地工作无缝衔接。

四、《意见》实施后新移交的退役军人人事档案如何管理和存放

《中华人民共和国退役军人保障法》明确，安置地退役军人事务部门应当按照国家人事档案管理有关规定，接收、保管并向有关单位移交退役军人人事档案。据此，《意见》提出，本《意见》实施后移交的退役军人人事档案，按照分类归集、属地管理的原则，根据不同安置方式确定相应管理机构。其中，对于转业军官、安排工作退役士兵、复学的普通高等学校在校学生退役士兵的人事档案，分别由退役军人接收安置单位和学校进行管理，退役军人事务部门仅留存数字档案；移交人民政府安置的退休军人和集中供养退役军人的人事档案，由安置地退役军人事务部门委托所属军休服务管理机构、优抚医院存放管理；作其他方式安置的退役军人人事档案，由安置地退役军人事务部门委托所属退役军人服务中心存放。

五、《意见》实施前存放在相关部门的退役军人人事档案如何转接

按照积极稳妥、循序渐进的原则，对《意见》实施前存放在其他部门的退役军人人事档案，由安置地退役军人事务部门牵头，指导所属退役军人服务中心会同原档案管理单位进行全面摸底造册，建立工作台账，制定转接计划，分批分步进行交接。考虑到此项工作的复杂性，《意见》明确各地可在有条件的地区先行试点，再逐步推开，原则上于 2023 年底前完

成。同时，为避免档案重复移交和保持工作的延续性，《意见》明确，对已经存放在各级档案馆的退役军人人事档案，由其继续管理；对已设置自主择业专门管理服务机构的地区，自主择业军队转业干部人事档案仍由其继续管理。

六、《意见》实施前因特殊原因由退役军人本人保存的人事档案如何处理

考虑到此项工作的特殊性，《意见》明确实行一事一批，按照个人自愿申请、县级审批的程序办理，并规范了具体流程，统一了《退役军人人事档案移交申请表》式样。同时提出对于退役军人根据审核交接后的人事档案提出相关待遇申请等事项的，由安置地退役军人事务部门按照一事一审的原则，商军地有关部门对相应档案材料另行审核。

七、关于基础设施完善和档案数字化工作有何要求

一方面，聚焦退役军人人事档案管理需要，《意见》要求各级退役军人事务部门要按照相关标准加快档案库房建设，夯实硬件基础。对自建库房确有困难的地区，提出可继续委托档案管理机构暂时保管退役军人人事档案，同时要加快协调推动自建档案库房工作，兼顾了工作的原则性和灵活性。另一方面，为提高退役军人人事档案管理信息化水平，《意见》要求各级退役军人事务部门要按照相关技术标准，对退役军人人事档案分类进行数字化工作。即：对于本意见实施后县级以上退役军人事务部门新接收的年度退役军人人事档案，由其指导所属退役军人服务中心及时完成数字化工作。对于本意见实施后从各部门按规定接收的历年退役军人人事档案，以及由军休服务管理机构、优抚医院、自主择业军转干部管理服务机构等部门管理的退役军人人事档案，由相关退役军人事务部门指导所属退役军人服务中心于 2025 年底前完成档案数字化工作。

八、在改进退役军人人事档案日常服务方面有哪些要求

《意见》要求各级退役军人事务部门根据人事档案管理法规规定，因地制宜，聚焦档案收、管、存、用、安全、保密等事项，建立健全符合国家档案标准、体现退役军人特点的人事档案管理利用制度，确保工作有章可循、有据可依。提出地方各级退役军人服务中心要明确承担退役军人人事档案日常保管利用工作的机构和人员，逐步建立完善“统一存放，免费服务”工作机制，优化办理流程，提高服务质效。同时，对暂时委托档案机构管理的退役军人人事档案，要求退役军人事务部门结合工作实际，制定托管办法，确保档案存放管理安全、使用规范便捷。退役军人人事关系和劳动关系按有关法律法规执行。

（来源：退役军人事务部 https://www.mva.gov.cn/jiedu/zcjd/202111/t20211124_53411.html）

《〈烈士光荣证〉管理工作暂行规定》政策解读

为规范《烈士光荣证》制作、颁授、管理等工作，退役军人事务部近日制定《〈烈士光荣证〉管理工作暂行规定》（以下简称《暂行规定》）。现就有关问题予以解读。

《暂行规定》共 7 章 33 条，具体分为总则、制作、颁授、持证烈士遗属变更、证件补发、监督管理和附则。第一章总则明确了《烈士光荣证》的证书属性和管理工作原则。第二章规范烈士证书的制发对象、制作单位、制作时间，并逐项明确烈士证书样式和内容。第三章规范烈士证书颁授工作，明确了举行颁授仪式的时间、地点、参加人员、组织主体和工作方案要求等，并对持证烈士遗属资格条件、颁授仪式流程和跨地区颁授方式等进行规范。第四、五章规范持证烈士遗属变更和烈士证书补发工作，明确申请要件及工作程序。第六章对烈士证书管理监督问责作出规定，严肃依规处理各类渎职不当行为。第七章对办理时限、涉外因素和新旧两版烈士证书衔接及法律效力等进行明确。

《暂行规定》坚持以人民为中心的发展思想，相较于以往有关规定和做法，进行了三个方面完善：一是完善持证烈士遗属变更程序。按以往工作惯例，持证烈士遗属一经确定一般不再变更。为满足烈士遗属去世后其他符合持证条件的烈士遗属希望变更的需要，《暂行规定》对变更持证烈士遗属和完善相关工作流程做了规范。二是明确证书补发情形。在实际工作中，烈士遗属因烈士证书遗失、损毁等情形，申请补发证书。《暂行规定》明确了可补发烈士证书的有关情形。同时，为强化烈士证书荣誉性，对补发条件和程序进行了规范。三是强调新旧证书衔接。《暂行规定》明确了《烈士证明书》等旧版证书均合法有效，参照《烈士光荣证》管理。

（来源：退役军人事务部 https://www.mva.gov.cn/jiedu/zcjd/202111/t20211123_53372.html）

《退役军人、其他优抚对象优待证管理办法（试行）》政策解读

2021年11月15日，退役军人事务部正式印发《退役军人、其他优抚对象优待证管理办法（试行）》（以下简称《优待证管理办法》）。现就有关问题予以解读。

一、关于《优待证管理办法》出台的背景

2020年1月，退役军人事务部等20部门联合印发《关于加强军人军属、退役军人和其他优抚对象优待工作的意见》，提出“建立优待证制度”，逐步为退役军人和“三属”（烈士遗属、因公牺牲军人遗属、病故军人遗属）统一制作颁发优待证。2021年1月1日起施行的《中华人民共和国退役军人保障法》，将国家发放优待证写入法律。

为落实党中央、国务院决策部署和相关法律法规要求，规范优待证相关管理工作，退役军人事务部在深入调查研究、反复研究论证、广泛征求意见基础上，制定出台了《优待证管理办法》。

二、关于《优待证管理办法》出台的意义

出台《优待证管理办法》，是深入贯彻习近平总书记关于退役军人工作重要论述、全面落实《中华人民共和国退役军人保障法》、积极推动退役军人工作高质量发展的具体举措，充分体现了党和政府对广大退役军人和其他优抚对象的关心关爱，有利于提升广大退役军人和其他优抚对象的荣誉感、获得感，有利于在全社会营造“让退役军人成为全社会尊重的人，让军人成为全社会尊崇的职业”的浓厚氛围。

三、关于《优待证管理办法》的主要内容

《优待证管理办法》共9章52条，3个部分。

第一部分为总体要求，包含第一、二章，共16条。明确了优待证制

发的目的依据、相关定义、适用范围、工作原则、信息支持、职责分工、功能等。

第二部分为优待证各个环节的工作要求，包含第三至八章，共 32 条。明确了申请、审核、制发、补换、收回、监督管理等全周期过程的要求。

第三部分为附则，即第九章，共 4 条。明确了遗属界定、施行时间等。

（来源：退役军人事务部 https://www.mva.gov.cn/jiedu/zcjd/202112/t20211213_54031.html）

退役军人事务部修订《军队离休退休干部服务管理办法》政策解读

2021年12月1日，退役军人事务部第5号令公布修订《军队离休退休干部服务管理办法》（以下简称《办法》）。为回应关切、推动落实，退役军人事务部军休服务管理司负责同志就有关内容予以解读。

一、关于总体考虑

2014年出台的《军队离休退休干部服务管理办法》距今已有7年。近年来，军休服务管理工作内外部环境发生深刻变化，退役军人工作法律法规和政策文件相继出台，军休服务管理机构（以下简称军休机构）从民政部门转隶至退役军人事务部门，社会保障制度、医疗卫生体制、养老服务等改革深入推进，军休干部日益增长的美好生活需要对军休服务管理工作提出新要求，迫切需要对原《办法》进行修订。

新《办法》对标近年来出台的退役军人工作法规政策，与相关领域改革政策相衔接，吸收各地军休服务管理工作有益经验，在保持原框架结构基础上，从加强党的领导、丰富服务内容、创新服务方式、加强机构建设等方面，对原《办法》逐条修订，形成现条款37条。

二、关于加强党的领导

《办法》坚持党领导一切的原则，明确军休干部服务管理坚持党的领导，由退役军人事务部门主管，军休服务管理机构具体组织实施；改进和创新军休干部党组织工作，增强党组织的政治功能和组织力。

三、关于丰富服务内容

《办法》坚持以满足军休干部需求为中心，加强军休干部思想政治工作，引导军休干部继续发扬人民军队优良传统，永葆政治本色；落实军休干部荣誉疗养制度，组织服役期间或移交安置后作出突出贡献的军休干部参加疗养；推进军休老年大学建设，满足军休干部终身学习需求；鼓励和支持军休干部发挥自身优势，继续贡献力量。

四、关于创新服务方式

《办法》适应新时代新形势新要求，坚持共性服务和个性化服务相结合，对失能、失智、重病、高龄、独居、空巢等军休干部提供重点照顾；推进社会化服务，为军休干部提供多元服务；加强信息化建设，发挥网络“军休所”等信息化平台作用，实现精准服务。

五、关于加强机构建设

《办法》坚持强基固本，要求军休机构加强基础设施建设，因地制宜开展适老化改造，建立必要的室外文化体育活动场地，创造良好休养环境；加强安全管理，制定并落实卫生、灾害等突发事件应急预案，增强风险防控和应急处置能力；配齐配强工作力量，通过引进专业化服务等渠道充实工作力量；建立以军休干部满意度为主要内容的服务管理工作监督考评体系，定期对军休机构及其负责人进行测评，建立工作人员绩效考核、岗位交流制度，按有关规定做好奖惩工作。

六、关于贯彻落实

通过宣传报道、政策培训、会议部署、典型引领、督导检查等多种方式，要求各地提高政治站位，结合本地区实际抓好贯彻落实，切实提高军休服务管理水平，不断增强军休干部获得感幸福感荣誉感。

（来源：退役军人事务部 https://www.mva.gov.cn/jiedu/zcjd/202112/t20211208_53899.html）

《关于加强退役军人法律援助工作的意见》政策解读

2021年12月7日，退役军人事务部、司法部联合印发《关于加强退役军人法律援助工作的意见》（以下简称《意见》）。现就有关问题予以解读。

一、关于制定出台《意见》的必要性

退役军人法律援助工作是加强退役军人服务保障的重要举措，是维护退役军人合法权益的一项重要民生工程。推进退役军人法律援助工作，对于建立健全退役军人权益保障机制，完善公共法律服务体系，具有重要意义。中共中央办公厅、国务院办公厅《关于完善法律援助制度的意见》和法律援助法提出，各有关部门要推动完善法律援助制度。退役军人保障法明确规定，“公共法律服务有关机构应当依法为退役军人提供法律援助等必要的帮助”。同时，结合部分地区探索积累的经验，有必要根据形势和要求，制定出台规范性指导意见，进一步做好退役军人法律援助工作。

二、关于总体要求和工作目标

《意见》提出，要紧紧围绕广大退役军人实际需要，依法扩大法律援助范围，提高法律援助服务质量，确保退役军人在遇到法律问题或者合法权益需要维护时获得优质高效的法律帮助。退役军人法律援助工作坚持党的领导、以人为本、政府主导、改革创新的原则，强调创新工作理念、机制和方法，实现退役军人法律援助申请快捷化、审查简便化、办案标准化。到2022年，基本形成覆盖城乡、便捷高效、均等普惠的退役军人法律援助服务网络；到2035年，基本形成与法治国家、法治政府、法治社会基本建成目标相适应的退役军人法律援助供给模式。

三、关于退役军人法律援助工作的体系保障

《意见》提出，各地可以根据实际工作情况在退役军人服务中心（站）设立法律咨询窗口，为退役军人提供法律咨询、转交法律援助申请等服务。法律援助机构可以根据工作需要在退役军人服务中心设立法律援助工作站，在乡镇、街道、农村和城市社区退役军人服务站设立法律援助联络点，就近受理法律援助申请。司法行政部门可以整合公共法律服务资源，积极引导律师等法律人才为退役军人提供法律援助服务。鼓励和支持法律援助志愿者在司法行政部门指导下，为退役军人提供法律咨询、代拟法律文书等法律援助。推动援务公开工作，对法律援助申请条件、流程、渠道和所需材料等进行公示。

四、关于退役军人法律援助的覆盖范围

《意见》提出，在法律援助法规定事项范围基础上，根据当地经济社会发展水平和退役军人法律援助实际需求，依法扩大退役军人法律援助覆盖面。退役军人事务部门要在法律咨询窗口、法律援助工作站（联络点）安排专业人员为来访退役军人提供法律咨询，全面了解案件事实和来访人法律诉求。司法行政部门要为退役军人开辟法律援助绿色通道。有条件的地区，可以在“12348”公共法律服务热线平台开通退役军人专线，优先为退役军人解答日常生产生活中遇到的法律问题。

五、关于退役军人法律援助的工作机制

《意见》提出，退役军人事务部门、司法行政部门要加强沟通协调，密切工作配合，建立制度化、规范化的工作衔接机制。退役军人法律咨询窗口、法律援助工作站（联络点）可以接受退役军人的法律援助申请，经初步审查，符合法律援助条件的，应当及时转交法律援助机构办理，也可以引导申请人通过法律服务网在线申请。法律援助机构对退役军人的法律援助申请，可以优先受理、优先审查、优先指派，注意挑选对退役军人工作有深厚感情、熟悉涉军法律和政策、擅长办理同类案件的法律援助人员为退役军人提供法律援助服务。

六、关于退役军人法律援助的服务方式

《意见》提出，要加大普法宣传教育，增强退役军人法治意识。完善便民服务机制，通过入户走访、座谈沟通等多种方式，及时了解退役军人法律援助需求。加强退役军人法律援助信息化建设，推动科技创新成果同退役军人法律援助工作深度融合，通过服务窗口、电话、网络等多种方式为退役军人提供法律咨询服务。对老年、残疾等行动不便的退役军人，视情提供电话申请、上门服务。

七、关于退役军人法律援助工作的组织领导

《意见》提出，各级退役军人事务部门、司法行政部门要认真履行组织、协调和指导退役军人法律援助工作的职责，加强沟通协调，建立制度化、规范化的工作衔接机制。法律援助机构要丰富服务内容，创新服务方式，不断提高为退役军人提供法律援助服务的能力和水平。建立退役军人法律援助工作责任履行情况考评机制、报告制度和督导检查制度。加强法律援助工作跟踪指导，及时总结推广实践证明行之有效的典型做法和有益经验。加强舆论引导，宣介退役军人法律援助工作成效，对在退役军人法律援助工作中做出突出贡献的组织和个人，按照有关规定给予表彰、奖励，促进退役军人法律援助工作健康持续创新发展。

（来源：退役军人事务部
https://www.mva.gov.cn/jiedu/zcjd/202112/t20211230_54851.html）

《退役军人逐月领取退役金安置办法》政策解读

2021 年 12 月 24 日，退役军人事务部、中央组织部、教育部、公安部、财政部、人力资源社会保障部、住房和城乡建设部、国家税务总局、国家医疗保障局、中央军委政治工作部、中央军委后勤保障部等 11 个部门联合印发《退役军人逐月领取退役金安置办法》（以下简称《办法》）。现就有关问题予以解读。

一、关于制定出台《办法》的背景和意义

习近平总书记站在党和国家全局的高度，作出改革强军的重大战略决策。这是实现中国梦强军梦的时代要求，是强军兴军的必由之路。根据中央军委政策制度改革部署，对服役满规定年限的退役军官、退役军士，可以逐月领取退役金方式安置。《中华人民共和国退役军人保障法》随之将逐月领取退役金安置方式确立下来。

制定出台《办法》，一是贯彻落实军事政策制度改革部署的具体举措，将党中央决策部署和国家法律要求转化为制度安排，进一步健全完善新形势下退役军人安置制度体系。二是推进军官职业化的重要保障，将服役年限或担任军官年限作为逐月领取退役金安置的基本条件，使大多数军官通过稳定服役达到这一条件，保障初中级军官以充裕的时间培养历练，进一步提升职业能力、增强专业化水平。三是提高军士制度吸引力的重大创新，契合延长中高级军士服役年限的改革方向，为服役达到一定年限的退役军士提供更多“后路”，有利于引导他们长期稳定服役，更好服务部队备战打仗。四是实现退役军人安置工作创新发展的有力支撑，适应当前地方干部人事制度、机构编制管理、户籍制度、劳动力要素市场化配置等改革要求，通过建立逐月领取退役金安置制度，引导退役军人积极融入社会就业创业，既使其得到妥善安置，又能够充分发挥人才资源的社会效益。

二、关于制定出台《办法》的基本情况

围绕做好《办法》起草工作，军地相关部门深入学习领会习近平新时代中国特色社会主义思想，认真分析研究问题、不断解决问题，多方听取意见、广泛凝聚共识。

一是军地密切协同。退役军人事务部、军委政治工作部、军委后勤保障部成立联合攻关课题组，军地领导多次召开专题会议研究部署，明确重点攻关方向，要求按照时间节点，密切协同推进。二是深入研究论证。在全面梳理比较退役安置和相关领域政策法规、国内和国外退役军人安置制度的基础上，深入分析逐月领取退役金安置制度的功能定位、内在机理、改革要求，特别是对人员范围、退役金基数、调整机制、计发比例等关键问题，进行多案对比、建模推算，并与中央组织部、财政部、人力资源社会保障部、国家医保局等中央和国家机关有关部门进行充分沟通协调。三是广泛听取意见。形成《办法》初稿后，先后赴 8 个省（区、市）军地单位实地调研，召开 10 余次座谈会，多次书面征求中央和国家有关部门，各省（区、市）人民政府，军队各大单位和军委机关部门的意见，还广泛听取部队官兵的意见，请专家组进行了评审评估，在此基础上反复修改完善，最大限度凝聚了各方共识。

三、关于研究制定《办法》的主要考虑

《办法》坚持以习近平新时代中国特色社会主义思想为指导，全面贯彻习近平强军思想，深入落实习近平总书记关于退役军人工作重要论述，坚持服务经济社会发展，服务国防和军队建设，统筹不同时期安置政策，通过制度创新、方法创新，建立与经济发展水平相适应、与军地改革相衔接、与服役贡献相结合的退役军人移交安置制度，更好满足广大退役军人对美好生活的新期待，为实现中国梦强军梦作出新的贡献。

《办法》起草过程中主要把握了 4 条原则。

一是统筹设计、军地兼顾。通盘考量不同安置方式的制度内涵、不同退役军人的服役特点、军地不同待遇保障体系的改革要求，坚持一体筹划、衔接平衡，确保制度设计经得起历史和实践的检验。二是政策调控、鼓励为军。坚持退役待遇与服役贡献相匹配，向获得功勋荣誉表彰、在艰苦边远地区和特殊岗位长期服役、担任作战部队主官的退役军人倾斜，树立服役时间越长、贡献越大、退役保障越好的导向。三是多措并举、综合优待。把握制度目标导向和功能定位，享受待遇既体现尊重优待，又做到合理公平，并且设置多种政策渠道，从养老、医疗、住房、家属安置等方面给予综合性优待保障，努力解决后顾之忧。四是科学施策、积极稳妥。妥善处理当前与长远、历史与现实、继承与创新的辩证关系，平衡好制度改革前后关系和不同类别退役军人之间利益关系，保证制度平稳落地运行。

四、关于逐月领取退役金的适用条件

军官逐月领取退役金的适用条件，主要沿用《现役军官管理暂行条例》关于“担任军官满 16 年、担任军士和军官累计满 16 年”的规定，并对从优秀士兵中选拔生长军官、直接招录地方高校毕业研究生、特招地方专门人才等来源渠道的军官，增设了相对合理的适用条件。军士逐月领取退役金的适用条件，主要根据军事政策制度改革部署要求，明确为担任军士满 16 年（服役满 18 年），或者晋升四级军士长以上军衔后，在本衔级服役满 6 年且服役累计满 14 年。这样设置，既契合新的军士制度改革方向，有利于牵引技术成熟骨干长期服役，在黄金年龄段为部队多作贡献，也能够确保享受政策人员具有一定规模，避免条件过高造成政策效用低的问题。同时，考虑到大学毕业生军士、招收军士，由于高定军衔，有的未达到担任军士 16 年的条件就要退役，因此适当放宽了这类群体的年限条件。

五、关于退役金的发放机制

《办法》明确，逐月领取退役金的退役军人达到国家法定退休年龄前，依据担任军官（军士）年限，按照计发基数一定比例逐月发放退役金；退休后，按照规定享受基本养老金、职业年金等养老保险待遇，并继续保留一定比例退役金发放至终身。退休前融入社会养老保险体系、退休后享受相关待遇，主要是贯彻党的十九大提出的全面实施全民参保计划重大部署，针对军人退役到地方后身份属性转换的实际，将其纳入社会保障体系，这样既适应国家社会保障制度改革的要求，又从制度上为其尽快融入社会创造条件。同时，逐月领取退役金的退役军人达到法定退休年龄后保留一部分退役金，也全程体现了对军人职业贡献的特别褒奖。

六、关于退役金的标准和调整机制

逐月领取退役金的标准和调整机制是一种新的制度设计。退役金标准主要以保障基本生活需求为依据，以引导融入社会、鼓励就业创业为牵引，采用相对独立的计发基数，依据担任军官（军士）年限，按照计发基数一定比例发放。其中，计发基数主要针对逐月领取退役金的退役军人工作生涯“半程在军队、半程在地方”的特点，参考现阶段各衔级军人工资和城镇单位就业人员平均工资，综合确定为相对合理的固定值；计发比例综合考虑军官（军士）服役年限、到地方安置去向和薪酬待遇的不同，担任军官（军士）16 年的退役金计发比例差异化设置为 60%、50%，每多 1 年计发比例增加 2%，担任军官（军士）时间越长、退役金水平增长越快。同时，为建立科学合理、公开透明的退役金调整机制，给退役军人选择这一安置方式提供相对清晰的预期，《办法》综合考虑就业人员工资收入、物价水平等因素，明确参照机关事业单位和企业退休人员基本养老金调整幅度和频次调整退役金。

七、关于《办法》中退役金增发情形

中央相关政策规定，对担任作战部队主官的转业干部，以及功臣模范、长期在艰苦边远地区和特殊岗位服役的退役军人安置时予以倾斜，《办法》充分考虑这几类群体的服役贡献，针对性设置了退役金增发情形。主要有四个方面。

一是依据军队功勋荣誉表彰类别项目合理设置退役金增发比例，增设战功和表彰增发项目，多次立功受奖的增发比例可以在一定幅度内累加，既把握功勋荣誉激励的适度性，又保持奖项、贡献与退役金增发比例相匹配。二是在西藏自治区、三类以上艰苦边远地区服役满 10 年的，统一设置 5%的退役金增发比例，超过 10 年的增发比例根据艰苦等级适当体现差异，更加精准体现服役贡献。三是对从事飞行、舰艇、涉核等特殊岗位工作满 10 年的退役军人，退役金计发比例增加 5%，既合理体现服役贡献，又与转业安置优待政策衔接平衡。四是对担任作战部队师、旅、团、营级单位主官累计满 3 年的退役军官，退役金计发比例增加 2%，适度体现对主官岗位责任与付出的褒奖。

八、关于《办法》中如何优待艰苦边远地区服役退役军人

党中央、国务院、中央军委对长期在艰苦边远地区服役官兵优待问题高度重视。近年来在交流使用、待遇级别调升、子女入学、医疗保健、退役安置去向等方面出台一系列优惠政策。《办法》除了设置在西藏自治区、三类以上艰苦边远地区服役满 10 年增发退役金优待政策外，还从 3 个方面给予了倾斜：一是对在艰苦边远地区服役的官兵，根据国家和军队有关规定，军队地区津贴计入退役养老保险补助和职业年金的月缴费工资计算项目，退役时补助资金转移至地方，体现对艰苦边远地区服役的退役军人的普惠优待。二是对在西藏自治区、三类以上艰苦边远地区服役满 10 年，安置在上述地区且按照规定缴纳基本养老保险的，按照“在哪里工作生活、享受哪里待遇”的原则，给予相关待遇保障，体现对安置在西藏自治区、三类以上艰苦边远地区退役军人的叠加优待。三是对在海拔 3500 米以上地区服役且安置在该类地区的，在该类地区每服役 1 年，退休后保留退役金比例多增加 1%，最多可以多保留 10%，体现对高海拔地区服役的退役军人的特殊优待。这样明确，符合中央对在艰苦边远地区安置退役军人优待的政策精神，也有利于引导官兵长期稳定守边戍疆。

九、关于《办法》中逐月领取退役金退役军人其他待遇保障

逐月领取退役金的退役军人普遍服役时间较长，退役后再就业稳定性和预期收入不确定，养老、医疗、住房等刚性需求需要给予合理保障。《办法》将相关待遇纳入地方社会保障体系，明确退役后要参加社会基本养老和医疗保险，并享受相应待遇，对确有特殊困难而无法就业的，医疗保险给予倾斜照顾。服役期间的住房公积金，在其离队时根据本人意愿可以一次性发给本人，也可以转移至安置地，按照安置地规定享受使用权益。申请安置地保障性住房时，同等条件下优先安排。这样规定，既符合融入社会保障的制度设计原则，也保障了退役军人的切身利益。另外，在就业创业扶持、家属子女安置、抚恤优待等方面也作了规范。

十、关于已经退役的人员是否适用《办法》

逐月领取退役金作为一种新的退役安置方式，适用于 2021 年 1 月 1 日《中华人民共和国退役军人保障法》施行后退役的退役军人，此前已经退役的退役军人，仍按照以往有关规定予以安置和服务管理。一直以来，党中央、国务院、中央军委对广大退役军人十分关心，特别是退役军人事务部门成立以来，针对部分退役军人面临的实际困难，在社会保险、就业扶持、困难帮扶等方面出台了一系列政策。地方各级党委、政府也拿出具体举措，建立了帮扶援助机制。下一步各级各部门还将以贯彻落实《中华人民共和国退役军人保障法》为契机，不断加强和改进退役军人服务保障工作，增强退役军人的荣誉感、获得感、幸福感。

（来源：退役军人事务部 https://www.mva.gov.cn/jiedu/zcjd/202201/t20220120_55371.html）

退役军人事务部印发《退役士兵教育培训政策摘要二十三条》

2021年12月23日，退役军人事务部深入贯彻习近平总书记关于退役军人工作重要论述，归集整理教育培训现行政策，印发《退役士兵教育培训政策摘要二十三条》（以下简称“二十三条”），要求各地各级退役军人事务部门深入学习、熟练掌握，建立政策落实台账，加强宣传引导和检查督导，切实增强退役军人获得感幸福感。

退役士兵教育培训政策摘要二十三条

一、学历教育政策

退役士兵重点关心的学历教育政策，涵盖中高职、专升本、成人本科、普通本科、以及研究生教育的招考、复学、资助、培养及管理等方面的优惠政策要点，搭建退役士兵学历提升便捷通路，助力退役士兵提升核心竞争力。

（一）招考政策

1. 中等职业教育。退役士兵申请就读中等职业学校，经学校考核同意，可免试入学，并纳入年度招生计划。《教育部关于进一步落实好退役士兵就读中等职业学校和高等学校相关政策的通知》（教职成函〔2014〕4号）

2. 高职（大专）。退役士兵可免于文化素质考试，由各校组织与报考专业相关的职业适应性面试或技能测试。《教育部办公厅 退役军人事务部办公厅 财政部办公厅关于全面做好退役士兵职业教育工作的通知》（教

职成厅函〔2019〕17号）

3. 专升本。从2022年招生起，高职（专科）毕业生及在校生（含高校新生）应征入伍，退役后完成高职（专科）学业的，申请专升本，免于参加文化课考试。有关高校组织相关的职业适应性或职业技能综合考查，综合评价，择优录取。《教育部办公厅关于做好2022年普通高等学校专升本考试招生工作的通知》（教学厅〔2021〕8号）

4. 成人本科。退役士兵参加全国成人高考，增加10分投档。高职（专科）毕业生及在校生（含高校新生）应征入伍，退役后在完成高职（专科）学业的前提下，可免试入读普通本科，或根据意愿入读成人本科。《教育部关于进一步落实好退役士兵就读中等职业学校和高等学校相关政策的通知》（教职成函〔2014〕4号）及有关文件

5. 普通高考。自主就业（自谋职业）退役士兵可在其全国普通高考统考成绩总分的基础上增加10分投档。在服役期间荣立二等功以上或被大军区以上单位授予荣誉称号的，增加20分投档。退役考生在与其他考生同等条件下优先录取。《教育部关于进一步落实好退役士兵就读中等职业学校和高等学校相关政策的通知》（教职成函〔2014〕4号）

6. 研究生招考。①考试优待：高校学生应征入伍服现役退役，达到报考条件后，3年内参加全国硕士研究生招生考试，初试总分加10分，同等条件下优先录取。在部队荣立二等功以上，符合全国硕士研究生招生考试报考条件的，可申请免试（初试）攻读硕士研究生。《关于促进新时代退役军人就业创业工作的意见》（退役军人部发〔2018〕26号）、《教育部关于印发〈2022年全国硕士研究生招生工作管理规定〉的通知》（教学函〔2021〕2号）

②单列计划：设立“退役大学生士兵计划”，专门招收退役大学生士兵攻读硕士研究生。纳入“退役大学生士兵”专项计划招录的，不再享受退役大学生士兵初试加分政策。符合条件的退役士兵可申请在“退役大学

生士兵计划”和初试加分政策之间调剂。《关于做好 2016 年“退役大学生士兵专项硕士研究生招生计划”招生工作的通知》（教学厅〔2015〕9号）、《教育部关于印发〈2022 年全国硕士研究生招生工作管理规定〉的通知》（教学函〔2021〕2 号）

（二）退役大学生士兵复学政策

7. 保留学籍。入伍前已被普通高等学校录取并保留入学资格或保留学籍的退役士兵，退役后 2 年内允许入学或复学。《教育部关于进一步落实好退役士兵就读中等职业学校和高等学校相关政策的通知》（教职成函〔2014〕4 号）

8. 转专业。经学校同意并履行相关程序后可转入本校其他专业学习。《教育部办公厅关于进一步做好高校学生参军入伍工作的通知》（教学厅〔2015〕3 号）

9. 免修课。免修公共体育、军事技能和军事理论等课程，直接获得学分。《退役军人事务部等七部门关于全面做好退役士兵教育培训工作的指导意见》（退役军人部发〔2021〕53 号）

10. 学习期限。允许适当延长修业年限。《退役军人事务部等七部门关于全面做好退役士兵教育培训工作的指导意见》（退役军人部发〔2021〕53 号）

11. 就业。参加国家组织的农村基层服务项目人选选拔，以及毕业后参加军官人选选拔的，优先录取。《教育部关于进一步落实好退役士兵就读中等职业学校和高等学校相关政策的通知》（教职成函〔2014〕4 号）

（三）教育资助政策

12. 学费减免。自 2019 年秋季学期起，对通过全国统一高考或高职分类招考方式考入普通高等学校的全日制在校自主就业退役士兵学生均实行学费减免。目前的学费减免标准是，本专科生每生每年最高不超过 8000 元，研究生每生每年最高不超过 12000 元。《退役军人事务部等七部门关于全面做好退役士兵教育培训工作的指导意见》（退役军人部发〔2021〕53号）、《关于印发〈学生资助资金管理办法〉》的通知（财科教〔2019〕19号）

13. 助学金。全日制在校退役士兵学生全部享受本专科生国家助学金。现行标准为每生每年3300元。《关于调整职业院校奖助学金政策的通知》（财教〔2019〕25号）、《退役军人事务部等七部门关于全面做好退役士兵教育培训工作的指导意见》（退役军人部发〔2021〕53号）

（四）高职扩招专项工作中退役军人的管理及培养

14. 免修课程。取得职业技能等级证书的，根据证书等级和类别按规定免修相应课程。服役经历可以视作相关岗位实习经历和参加社会实践活动。《关于全面做好退役士兵职业教育工作的通知》（教职成厅函〔2019〕17号）

15. 修业年限。实行弹性学制，学业年限3—6年。《教育部办公厅关于进一步做好高职学校退役军人学生招收、培养与管理工作的通知》（教职成厅函〔2020〕16号）

16. 考核。针对退役军人学生单独设计考核评价方法，积极探索考试与考查相结合、过程性考核与课程结业考试相结合、线上考试与线下考试相结合，对退役军人学生的学习成果进行多元评价，为退役军人学习提供方便。《教育部办公厅关于进一步做好高职学校退役军人学生招收、培养与管理工作的通知》（教职成厅函〔2020〕16号）

二、技能培训政策

技能培训政策包括免费培训、经费保障、激励措施、普惠政策等，帮助自主就业退役士兵从军事人才向社会急需技能人才转变，更好实现高质量稳定就业。

17. 免费培训。自主就业退役士兵可在达到法定退休年龄前接受一次免费职业技能培训（免学杂费、免住宿费、免技能鉴定费，并享受培训期间生活补助）。《关于促进新时代退役军人就业创业工作的意见》（退役军人部发〔2018〕26号）、《退役军人事务部等七部门关于全面做好退役士兵教育培训工作的指导意见》（退役军人部发〔2021〕53号）

18. 省级统筹。地方各级退役军人事务部门在省域内建立培训资金省级统筹机制，实现培训待遇省域内通兑。《退役军人事务部等七部门关于全面做好退役士兵教育培训工作的指导意见》（退役军人部发〔2021〕53号）

19. 经费保障。技能培训经费由各级财政负担，中央财政予以专项补助。有条件的地区在经费方面可对参战、军龄长、有立功受奖表现、所学技能多等级高的退役士兵学员适当倾斜。《国务院 中央军委关于加强退役士兵职业教育和技能培训工作的通知》（国发〔2010〕42号）、《退役军人事务部等七部门关于全面做好退役士兵教育培训工作的指导意见》（退役军人部发〔2021〕53号）

20. 普惠政策。退役军人参加职业技能提升行动接受培训，可按有关规定享受当地免费培训政策，符合条件的困难退役军人可享受生活补贴。所需资金在职业技能提升行动专项经费中列支。参加培训并取得证书的人员，原则上每年可享受不超过3次补贴资助，但同一职业同一等级不可重复享受。《关于做好退役军人职业技能培训工作的通知》（退役军人办发〔2019〕37号）

三、适应性培训政策

适应性培训政策包括培训时长、内容、方式等，帮助自主就业退役士兵及时转变角色，融入社会，再立新功。

21. 培训时长。不少于80学时。《退役军人事务部等七部门关于全面做好退役士兵教育培训工作的指导意见》（退役军人部发〔2021〕53号）

22. 培训内容。适应性培训要强化思想政治引领，面向自主就业退役士兵开展安全保密教育，树牢组织纪律意识；宣讲退役政策，普及相关法律法规；开展心理调适，促进角色转换；实施职业指导，分析就业创业形势，引导合理就业预期；组织人才测评，提供就业推荐、职业培训项目推介。《退役军人事务部等七部门关于全面做好退役士兵教育培训工作的指导意见》（退役军人部发〔2021〕53号）

23.培训方式。采用“互联网+培训”等多种教学手段，灵活安排教学，定期开展培训评估，确保教学效果。《退役军人事务部等七部门关于全面做好退役士兵教育培训工作的指导意见》（退役军人部发〔2021〕53号）

（来源：退役军人事务部 https://www.mva.gov.cn/sy/xx/bnxx/202201/t20220107_55052.html）

后　记

为帮助退役军人事务系统广大干部深入学习领会习近平新时代中国特色社会主义思想，特别是习近平总书记关于退役军人工作重要论述，深入学习贯彻中央对退役军人工作的部署要求，抓好退役军人工作法律法规和有关政策规定的落实，我们选编了《退役军人工作政策法规汇编与解读》，主要供退役军人事务系统干部学习培训使用。

该书重点收录了2018年1月至2021年12月制定、修订的有关退役军人工作的法律法规、部门规章、规范性文件及政策解读等内容，突出政治性、权威性和指导性，是退役军人事务领域重要的工具书，也是开展有关教育培训工作的辅导教材。

在本书学用过程中，如有修改意见和建议，请发电子邮件至：tyjrpxzxjcc@163.com，联系人和联系电话：肖建飞（010）84512843，李转业（010）84513264；微信号：pxzxjcc2843。

退役军人事务部退役军人培训中心

2022年6月